朝鮮後期社會와 文化

成 周 鐸

朝鮮後期
社
會와 文化

成周鐸 著

서경문화사

序

　나는 시골의 비교적 부유한 가정에서 태어나 儒敎 교육을 받고 자라났다. 중학교 다닐 때 장티프스에 걸려 수개월 동안 앓고 일어나니 8.15 해방이 되었다. 하는 수 없이 그대로 눌러 앉아 다음 학년까지 四書 공부를 하게 된 것이 내가 평생 漢籍을 자료로 공부하게 된 동기가 되었다. 그 후 6.25 동란 등 격동기의 세월을 보내면서 충남대학교에서 만학을 하게 된 나는 지도교수 劉元東 선생님으로부터 학사 학위논문으로「芝峰 李晬光研究」를 해서 제출하라고 하는 命을 받고 열심히 공부해서 제출한 바 있다. 그 때 논문을 45년 만에 지금 내놓고 읽어 보았더니 내용과 문장 등 부끄럽기 한량없는 내용이었다. 그러나 6.25 사변 후 당시의 실정으로서는 漢書를 소화 할 수 있는 학도가 별로 없었던 터여서 모교 조교로 발탁되는 영광을 가지게 되었으니 나는 정말로 축복 받은 학도였다. 장티프스를 앓은 것이 오히려 전화위복이 된 셈이다. 그 때 나를 지도해 주셨던 劉元東 선생님께서는 1994년 1월 천수를 다 하고 召天하심에 그 분의 은덕을 입은 많은 제자들이 모여 初終之禮를 마치고 사적을 기록한 紀績碑를 세워 그 공덕을 치하한 바 있다.

　각설하고 모교에서 敎學을 담당하게 된 나는 역사철학에 관심이 있어 그 방면에 공부를 하다가 학교 사정으로 박물관과 백제연구소를 창설하고 城址조사와 향토 문화재조사에 종사하게 되었다. 그러던 중 78년도에「懷德鄕案」의 발견으로 향약에 관한 논문을 쓰게 되면서 이 후 이와 관련된 논문을 6~7편 발표하게 되었다. 이들의 내용은 주로 栗谷과 尤庵, 同春堂 선생에 광련된 것이었다. 이와 같은 경향은 아마도 家學의 영향이 컸던 것으로 생각된다.

畿湖名賢인 위의 세분에 대해서 공부하다가 최근 그 계파를 달리하는 明齋 尹拯 선생에 관련된 자료를 공부하면서 '懷尼關係'의 미묘한 문제를 알게 되었다. 두 분 선생이 師弟之間에서 老少分黨으로 이어져 그 골이 깊은 채 많은 세월이 흘러 내려왔다. 조선 후기 학계와 정계에 큰 영향을 끼친 尤庵선생이 초야에 묻혀 숨을 죽이고 사는 제자 명재 선생에 대해서 그렇게 모질게 몰아 부칠 수가 있는 것인지 明齋年譜와 家狀을 읽고 동정심이 나기도 하였다. 당시 두 분 사이는 그렇게 되었다 하더라도 후학들은 그 매듭을 풀고 화합의 마당으로 나서야 되지 아니할까 부질없이 생각해본다.

돌이켜 생각해보건대 나는 처음에 역사철학을 공부하려 시도하다가 城址공부에 매달리게 되었고, 또 틈틈이 사회사 공부를 하다가 평생을 소모했다. 한 마리 토끼를 쫓아서 잡아야 할 터인데 세 마리를 쫓아다니다가 한 마리도 못 잡은 격이 되고 만 것이다. 이제와서 후회해 본 들 무슨 소용 있겠는가?

그런데 평생을 한반도 내에서 그것도 남한 안에서 한국사 공부의 테두리를 벗어나지 못하고 살던 내가 10여 년 전 中國의 문호개방으로 그곳의 문물을 접하게 되었고, 최근에는 세계문화의 발상지를 찾아 다니면서 뒤늦게 견문을 넓히다보니 나는 참으로 우물안 개구리로 살아 왔구나 하는 것을 깨닫게 되었다. 이제 원점으로 되돌아가서 나의 힘이 다하는 데까지 처음 시도해 보았던 '歷史哲學' 공부를 다시 하여 有終의 美를 거두어 보려고 한다. 학문의 시작을 그것으로 하였으니 끝맺음도 그것으로 해 볼 예정이다. 이것이 나의 역사적 사명이 아닐까 스스로 생각해 보기도 한다.

附編에 수록한 박현숙의 「燕岐鄕案硏究」는 필자가 이 논문을 지도하였고 또 필자가 소개한 '연기향안강조자료'와도 관련이 있어 본인의 양해를 얻어 이 책 말미에 수록하기로 하였다. 혹 이 방면에 관심 있는 분들에게 도움이 되었으면 하는 바램에서이다.

　　이 책을 발간하는데 도움을 준 박순발 충남대학교 백제연구소장과 출판을 담당해 준 서경문화사 김선경 사장에게 감사의 뜻을 표하면서 序에 대신한다.

2002년　12월
錦屛山 아래 貞民精舍에서
成 周 鐸

第 1 編   鄕約과 社倉

01

栗谷鄕約의 현대사적 재조명

1. 서
2. 서원향약 立議의 역사적 배경
3. 서원향약 입의문의 자료분석
4. 서원향약의 현대사적 재조명
5. 결

1. 서

율곡의 향약에 대해서는 그간 수 편[1]의 논문이 발표되어 그 진상이 많이 밝혀진 바 있고, 이보다 앞선 시기의 향약연구는 『조선초기향약연구』[2]가 있다. 이러한 연구결과를 토대로 최근에는 「조선후기의 향약연구」[3]가 발표되어 조선후기 향림사회의 일

---

1) 김영돈, 1974, 「율곡향약의 정신 및 영향에 대한 고찰」, 『明大논문집』 7집, 명지대학교.
   차용걸, 1980, 「향약의 설립과 실행과정」, 『한국사론』 8집, 국사편찬위원회.
   김경식, 1982, 「율곡향약의 사회교육사상」, 『학위논총』, 원광대학교.
   김무진, 1984, 「율곡이이의 향약변용」, 『홍익사학』 창간호, 홍익대학교 사학회.
2) 김무진, 「율곡 향약의 사회적 성격」, 『學林』 5, 연세대학연구회, 1983.
   김영태, 「율곡 이이의 향약변용」, 『홍익사학』 창간호, 홍익대학교 사학회, 1984.

면을 향약연구를 통해서 밝힌 바도 있다.

이 글에서는 조선후기 향토사회에 큰 영향을 끼친 서원향약에 대해서 여씨향약과 관련시켜 살펴본 후 현대사회에도 부합되는 제도인지 알아보기고 하겠다. 고찰하는 순서는 첫째로 서원향약 입의의 역사적 배경에서 서원향약이 朱子의 여씨향약에서 영향을 받아서 제정되었다고 하는 통설을 정리해보고, 이와 상반되는 한국 고유의 협동과 단결정신에서 자생했다고 하는 최근의 신학설을 소개해 보기로 하겠다. 둘째로는 서원향약의 立議文과 규약을 통해서 율곡의 사상적 배경과 진의를 알아보고 주자의 증손여씨향약자료와 비교·검토해보기로 하겠다. 셋째로는 서원향약의 현대사적 재조명에서 인륜과 도덕에 바탕을 둔 향약의 교화운동이 현대에도 맞는 규약인가를 알아보는 순서로 하겠다.

2. 서원향약 立議의 역사적 배경

황해를 사이에 두고 중국대륙과 인접해 있는 우리 한반도는 정치, 경제, 군사, 사회, 문화 등 모든 면에 걸쳐서 많은 영향을 받았다. 정치적·군사적으로는 멀리 漢의 사군을 한반도 서북부 지방에 설치한 이후부터 가까이는 6.25 사변 참전에 이르기까지 수많은 영향을 한반도에 끼쳐왔던 것이다. 그 가운데 사상과 문화적인 면도 예외일 수는 없다.

이 글에서 고찰해보고자 하는 향약도 중국 宋대에 제정되어 실시된 여씨향약을 본받아서 우리나라도 제정·실시되었다고 하는 것이 그동안의 통설로 되어 있다.4)

---

3) 향촌사회연구회 편, 1990, 『조선초기향약연구』, 민음사.

즉 향약은 송 강희 9년 12월(1076)에 呂大鈞四兄弟가 향리인 陝西省 藍田縣에서 교화를 목적으로 창안한 德業相勸, 過失相規, 禮俗相交, 患難相恤의 사대강령으로 성립된 규약을 '향약'이라고 한 데에서 비롯되었다고 한다.5) 주자는 이 사대강령을 기초로해서 덕업상권을 德目과 業目으로 세분하고 덕목에는 부모에게 효도하고, 국가에 충성하는 것 등 20여 항목과 업목에는 讀書窮理, 習禮明敎 등 20개 항목으로 세분하였고, 과실상규에는 6개 항목과 예속상교에는 16개 항목 그리고 환난상휼에는 7개 항목으로 세분하고 있으며 각 항목에는 다시 많은 세칙으로 구성되어 있다.6)

주자에 의해서 새로 규정된 위의 증손여씨향약은 고려 말 주자의 성리학이 수용되면서 조선 초기에 지방에 따라 실시하게 되었는데7) 이때 성리학에 조예가 깊은 정몽주, 길재, 김숙자, 김종직, 김굉필, 조광조로 계승되는 사림파에 속하는 학자들에 의해서 수용 실시하게 되었다. 이 사림파 학자들은 小學之道를 행하고 향약을 실시하고 賢良科 설치를 주장하였는데 훈구파에 의해 사림파가 제거됨으로서 선조 때까지 조심스러운 논의만 있어왔다. 그후 명종 11년에 예안에서 실시된 퇴계향약과 명종 15년에 율곡이 서문을 쓴 파주향약 등이 명맥으로 계승되어 오다가 본격적인 논의는 선조 6년(1573) 대사간 許曄에 의해 제창되어 鄕約文의 印頒을 허락받는 단계까지 이르렀다. 이보다 2년 전인

---

4) 김용덕, 1990, 「향약신론 : 총서」, 『조선후기향약연구』, 향약사회연구회, 13쪽.
5) 김무진, 주1 – 4) 16쪽.
6) 율곡전서(하) 권16, 잡저 3, 율곡사상연구원, 35~353쪽; 주자대전 권74, 내번, 궁화시곡, 23~30쪽.
7) 김무진, 주4), 17쪽.

1571년(선조 4), 율곡은 서원향약을 제정하여 실시한 바 있다.

　이와 같은 그동안의 견해를 달리하는 주장이 최근 학계에 발표되었다. 즉 여씨향약의 영향이라든가 수용을 기다려 나타난 현상이 아니고 향약이 수용되기 훨씬 전부터 아마 그 대강은 마을의 역사와 더불어 있었던 자생적인 것이라는 것이다. 다시 말하면 마을에서의 공동체적인 생활 즉 상부상조하던 동리주민 상호간의 도움, 협동과 자치야말로 오랜 전통을 가진 습관으로 이것이 곧 향약으로 발전했다는 주장이다.8)

3. 서원향약 입의문의 자료분석

　다음에는 서원향약 입의문을 단으로 나누어서 분석해보기로 하겠다.

　제1단

　鄕約古也, 同鄕之人, 守望護相助, 疾病相救, 出入相扶, 且使子弟, 受教於家塾, 黨序州序, 以惇孝悌之義, 三代之治隆俗美, 由是焉.

　이것은 하·은·주 삼대에 걸쳐서 같은 마을 사람들이 상부상조하는 향약으로 미풍양속을 이루고 살아왔다는 것인데 이것은 효제(충신)의 의리를 가정과 학교에서 교육을 통해서 이루어졌다고 하는 것이다.

　제2단

　世衰道微, 政荒民散, 教替於上, 俗敗於下, 烏可忍哉

---

8) 김용덕, 동 주3), 13~17쪽.

세상은 갈수록 각박해지고 왕도정치는 점점 사라져서 정치는 갈피를 못 잡게 되고 인심마저 떨어지고 말았다. 그 위에 상부상조하는 향약교육이 지도층 상부에서부터 폐기하게 되자 미풍양속은 일반사회에서 사라지고 말았으니 한탄스럽다는 것이다.

제3단

余以迂儒, 叨守大邑, 不閑政務, 固多疵累, 惟是化民, 成俗之志, 惓惓不已, 玆與鄕中父老, 商議導迪之方, 鄕人皆以爲莫如申明鄕約, 蓋此邑 自李使君增榮, 始申鄕約, 厥後, 李公還因以損益之, 規模可觀, 第恨李公還朝, 鄕人意沮, 意爲文具, 余承二侯之囑, 遂採前規, 參以呂氏鄕約, 煩者簡之, 疏者密之, 更爲條約, 雖不敢自爲得中而勸懲之術, 庶幾無大滲漏遍矣.

향리사회를 미풍양속으로 교화시키는 방법은 향약을 통한 교화운동으로 만이 성취할 수 있다고 생각하고 향림인사들과 상의한 후 규약제정을 결정하였는데 앞서 작성되었던 향약과 여씨향약을 참조해서 새로 제정하였다는 내용이니 율곡의 정신을 가장잘 나타내주고 있는 내용이다.

제4단

旣而竊思, 邑主無躬行之實, 則無以今契長, 契長非正直之士, 則無以糾鄕人, 鄕人之趣善去惡, 繫於契長, 契長之觀感激勵, 擊施邑主, 余當數出善言, 自勗不懈, 契長有司, 亦體我之意, 先自修飾, 以起鄕人, 鄕人若無疾視之意, 以致草偃, 嗚守懋成哉, 隆慶五年, 秋, 訊, 認齊書.

이것은 지도자격인 계장들이 솔선수범하지 않으면 향민들이 따르지 않아서 성사될 수 없고, 정직한 계장이 아니면 또한 성공할 수 없다는 것이니 작게는 한 가정에서 크게는 국가에 이르기까지 통용되는 중요내용이라고 할 수 있다.

제5단

凡善惡之事, 皆自立約後, 行賞罰, 約前雖有罪惡, 約後依前不改, 然後乃論罰, 右示契長有司等.

都契長4인, 계장25인(每掌1인) 童家訓誨1인, 읍장1인, 마을마다 別檢을 둠.

입약전의 죄악을 논하지 않을 것과 유사 구성의 내용으로 되어 있다.

제6단

선악책을 비치하도록 했는데 그 내용은 다음과 같다.

착한 자	악한 자
能孝父母	不孝不慈
能友兄弟	不友不悌
能治家庭	不敬師傅
能睦親故	夫婦無別
能和隣里	琉薄正妻
能以儒行持身	朋友無信
能以義訓子弟	臨喪不哀
能守廉介	不敬犯事
能廣施惠	崇信異端
能動學問	輕蔑禮法
能動組織	好作淫祀
能遵約令	施類不曉
能與人有信	隣里不和
能導人有信	少陵長, 賤陵貴
能解人爭鬪	從酒賭博

能救人患難　　　好訟善鬪
能伸人冤枉　　　恃强凌弱
能辯人曲直　　　造言誣毀
　　　　　　　　不勤租賊
　　　　　　　　不畏法令
　　　　　　　　營私太甚
　　　　　　　　挾妓宴飮

위의 선자 18개항과 악자 23개항 및 增損여씨향약의 규약을 표로 만들어보면 다음과 같다. 먼저 서원향약을 例示하겠다.

서원향약	
善	惡
能孝父母	不孝不慈
能友兄弟	不友不悌
能治家庭	不敬師傅
能睦親故	夫婦無別
能和隣里	琉薄正妻
能以儒行持身	朋友無信
能以義訓子弟	臨喪不哀
能守廉介	不敬祀事
能廣施惠	崇信異端
	輕蔑禮法
能勤租賊	好作淫祀
能遵約令	族類不曉
能與人有信	隣里不和
能導人爲善	少陵長凌貴
能解人爭鬪	縱酒賭博
能救人患難	好訟喜鬪
能伸人冤枉	恃强凌弱
能辯人曲直	造言誣毀
	不動租賊
	不畏法令
	營私太甚
	挾妓宴飮
	怠惰廢事

增損呂氏鄉約鄉約		
德業相勸		

德業相勸:

見善必行
聞過必改
能治其身
能治其家
能事父兄
能教子弟
能御童僕
能肅政教
能事長上
能睦親故
能擇交遊
能守廉介
能廣施惠
能守奇託
能救患難
能導人爲善
能規人過失
能爲人謀事
能爲家集事
能解鬪事
能俑俑是非
能與利除害
能居官擧職

事父兄教子弟
待妻妾
事長上 接朋友
教後生 御僮僕
至于讀書
治田營家 濟物
畏法令
今勤租賦
好禮樂射御書敎

過失相規	禮俗相交	患難相恤
犯義之過	1. 尊幼輩行	患難之事七
1. 酗博鬪訟	尊者, 長者,	1. 水火
2. 行止踰違	敵者, 少者,	2. 盜賊
3. 行不業遜	幼者	3. 疾病
4. 言不忠信	2. 造請拜揖	4. 死喪
5. 造言誣毀	(凡三條)	5. 孤弱
6. 營私太甚	3. 請召迎送	6. 誣枉
犯約之過	(凡四條)	7. 貧乏
1. 德業不相勤	4. 慶弔贈遺	(細則省畧)
2. 過失不相規	(凡四條)	
3. 禮俗不相成		
4. 患難不相恤		
不修之過		
1. 交非其人		
2. 遊戲怠惰		
3. 動作無儀		
4. 臨事不恪		
5. 用度不節		
(細則省畧)		

4. 서원향약의 현대사적 재조명

율곡은 1536년(중종 31) 강원도 강릉 북평촌 외가에서 태어났다. 30세에 예조정랑, 31세에 이조정랑, 33세에 사헌부지평, 36세에 청주목사가 되어 서원향약을 제정해서 향민교화에 힘썼다. 그러나 발병으로 불과 9개월만에 사임하고 율곡리로 돌아와서 牛溪 成渾과 더불어 교우연마하면서 살았다. 39세에 우승지가 되어 「만언봉사」를 왕에게 올린 바 있으며 40세에 홍문관부제학이 되어 『성학집요』를 편찬해서 올린 바 있다. 46세에 사헌부 대사헌과 이조판서에 임명되어 試取士에 힘썼고, 그후 홍문관 예문관 대제학이 되어 『경연일기』를 완성한 바 있다. 47세(선조 15, 1581)에 이조판서로 임명되었을 때 구폐개혁과 현사등용에 힘을 썼으며, 『인심도심설』, 『학교규범』, 『학교事目』을 지어 교육의 지침을 마련했다. 48세에 任賢, 養軍·民足財用, 固藩屛, 備戰馬, 明敎化 등의 『時務大條』를 올린 바 있고, 그해 3월에 십만양병을 주장한 바 있다. 그때는 동서분당으로 조야가 양분된 때라 율곡은 이를 조정하려고 노력했지만 삼사의 탄핵으로 관직을 사퇴하고 나서 율곡리로 돌아왔다. 7월에 해주 石潭으로 돌아온 바 9월에 판돈녕부사 그리고 이조판서로 임명되어 10월에 상경한 바 있다. 그러나 뜻을 펴보지 못한 채 다음해(49세, 선조 17, 1584) 연초에 발병하여 서울 대사동에서 서거하였다.

율곡이 생존했던 조선시대 중기는 사대사화로 말미암아 사림들의 사기가 위축되어 있었던 시기였으며, 그 여파로 동서분당까지 발생하는 시기였다. 동서분당의 내용은 왜란을 불러일으키는 원인이 되기도 했다. 이와 같은 시기에 처해있었던 율곡은 정치 참여에는 출사와 퇴사의 반복이었으며 학문에서는 실학을 주장하고, 싱군이 되는 길을 가르치며 십만양병을 청하고 폐정을 개혁하며 동서분당의 극력조정과 민중교화에 진력하였으니 그 근본은 민본사상에 있었다. 선생은 출사와 퇴사의 반복 속에서도 부패척결과 사회교화를 통해서 이상적인 왕도정치구현을 실행해 보려고 하였다.[9]

　서원향약은 위에서 언급한 바와 같이 율곡이 청주목사로 부임해 제정한 것인데 서원향약의 취지문격인 입의와 규약에서 율곡의 기본사상을 도출해보기로 하겠다.

　모든 유학자들이 다같이 하·은·주 시대를 왕도정치가 행해졌던 이상세계로 생각하고 있는 것처럼 율곡도 그와 같은 사상적 기조 위에 정치와 교육 모든 면에 걸쳐서 체계화하고 있었음은 위에서 제시한 바 있는 향약 제1단의 내용에서부터 잘 알 수 있다. 즉 삼대에는 井田制度에 의해서 한마을을 이루고 살던 향민들은 守望相助, 질병상구, 出入相扶하는 협동정신을 바탕으로 향약이 행해졌으며 이를 가정이나 학교에서 교육함으로서 효제의 의리가 연마해져 미풍양속이 진작되었다는 것이다.

　생각해보건대, 왕도정치의 기본사상은 어진 정치와 덕치로서 국가를 다스려야 하며 천하대권도 인심에 따라서 禪讓한다는 것이 기본으로 되어 있으니 그 좋은 예가 堯舜의 선양사례이다. 인심의 향배에 따라 천하대권도 授受하게 되니 일반국민들은 상부상조하는 협동정신으로 살게 마련이다. 이와 같은 사상을 잘 표현해주는 말이 說文의 「王, 天下所歸往也, 董仲舒曰古之造文者, 三畫而連其中, 謂之王, 三者, 天地人也, 而三通之者也」와 書傳洪範의 「天子作民父母, 以爲天下王」이 하고 할 수 있다. 이와 같은

---

9) 김경식, 주1 – 3), 12~17쪽.

사상은 천심이 곧 인심이요, 인심이 곧 천심이라고 하는 것을 의미하는 것이다. 이러한 이상적인 왕도정치 시대가 춘추전국시대 이후로 사라져 패도로서 국가를 다스려왔다. 南宋 때 주자는 왕도정치의 이상을 재현시켜보고자 실시한 것이 향약의 교화를 통한 실천운동이다. 그런데 이 향약은 위의 표에서 제시한 바와 같이 네 가지 강령에 57개 항목과 이를 다시 세분해서 실시하는 세칙으로 구성되어 있다. 주자보다 약 450년 뒤에 태어난 율곡은 조선시대 중엽이라고 하는 특정시대에 태어나서 향약을 통해서 왕도정치를 재현시켜보고자 하는 의도에서 서원향약을 제정했던 것이다. 이때의 특수성에 비추어 450년 전에 실시했던 주자의 增損呂氏鄕約을 취사선택해서 새로운 향약을 제정하게 된 것은 당연한 일이라 하겠다. 먼저 사대강령도 삭제하고 선자 41, 악자 15개 항목, 총 29개 조목으로 제정했다. 그 내용에서는 孝, 悌, 睦, 信을 바탕으로 하는 齊家修身之道와 구인환난, 能勤租賦 등 국민이 해야 할 의무에 이르기까지 고루 삽입하고 있으며, 이와 상반되는 행동은 하지 말라고 하는 조항으로 대별되어 있다. 이 조목에는 여씨향약에서 취택해온 것으로 보이는 유사한 조목이 있으니 그것은 다음과 같다.

西原鄕約	增員呂氏鄕約
能孝父母	孝於父母
臨喪不哀	喪致其哀
不敬祀事	祭盡其哀
能友兄弟	友于兄弟
能治家庭	正家以禮
能睦親故	睦親交隣
能守廉介	貧守廉介
營私太甚	營私太甚
能勤租賦	能勸租賦
與人有信	言必忠信
導人爲善	導人爲善
救人患難	能救患難
辯人曲直	能俑是非

위에서 예시한 바와 같이 서원향약의 선자 14개 항목 중 전부가 여씨향약의 내용과 유사하며 그 가운데 營私太甚, 導人爲善, 能勤租賦 등 3개 항목은 한 글자도 틀리지 않고 채택해서 인용했음이 분명하다. 그러나 율곡은 父老들과 더불어 상의한 후 향약을 제정했음이 주자의 증원여씨향약과 다르다. 향촌인사들의 합의과정을 거쳐서 서원향약을 제정했다고 하는 것은 여론을 중요시하는 오늘날 민주정치의 기본이념과 같다고 할 수 있으니 그때와 지금의 정치체제는 비록 다르다고 할지라도 기본이념만은 같이 하고 있다고 하겠다. 이것이 바로 민주정치는 왕도정치라고 할 수 있는데 필자는 이것을 人本政治라고 하는 말로 대신하고 싶다. 율곡은 또한 전임자였던 李增榮과 李遴因이 선행해서 제정실시했던 전규를 답습해서 향약을 제정했다고 했는데 그 내용은 밝혀진 바가 없어서 알 길이 없다. 앞에서 언급한 바와 같이 최근 학자들에 의해서 향약은 공동체적인 생활에서 자생한 것이라고 하는 주장이 있으나 율곡의 서원향약만은 주자의 여씨향약을 당시 향촌사회의 실정에 맞도록 제정했다고 하는데 그 의의를 찾아볼 수 있다. 좀더 구체적으로 말하자면 우리나라 고대의 '두레'와 같은 협동, 협조의 자치생활에 근거를 두고 주자의 여씨향약을 접목시켜 당시의 시의에 맞게 제정한 것으로 보인다.

이와 같이 좋은 향약은 실천력 있고 정직한 인사에 의해서만이 성과를 얻을 수 있다고 주장하고 있다. 즉 한 고을(읍)을 맡아서 다스리는 읍주(목사)가 실천하지 않는다면 계장들에게 권위가 설 리 없고 계장이 정직한 인사가 아니라면 향인들 즉 국민들이 따르지 아니할 것이니 가장 중요한 것은 읍주와 계장들에 달려 있다는 것이다. 또한 양자가 상이한 점은 율곡의 서원향약에는 취지문 격인 입의문이 규약 앞에 편집되어 있는데 주자의 여씨향약에는 그것이 말미에 편집되어 있는 점 등이라 하겠다.

중국에서는 송나라 때 주자가 그리고 조선시대 중엽에는 율곡이 향약의 교화를 통해서 이상적인 왕도정치를 실현하려고 노력하였다. 그러나 다같이 여의하게 성취하지 못한 점이 공통된 점이라고 할 수 있다. 주자와 율곡이 생존했던 당시와 현재를 비교하면 어떠한가? 정치, 경제, 사회 모든 부분에 걸쳐서 外的, 물질적으로는 많은 진보가 있는 것은 사실이나 내적, 정신적으로는 퇴보하고 있는 것이 현실이 아닌가 한다. 一言而弊之하고 부자자효의 천륜마저 단절된 세상이니 여타지사는 거론할 필요조차 없다고 생각한다. 인간의 본연의 상부상조와 협동정신이 이제는 부자상극, 부부불화, 형제불목, 상호불신, 사회불화 등 모든 것이 상생원리가 아닌 상극원리로만 치닫고 있는 것이 세상사적 현실이다. 이와 같은 현실은 무엇에 기인한 것일까? 그것은 인간자신의 본성을 상실한 채 외적인 물질문명만 발달시켜 내려온 데 그 원인이 있다고 생각한다. 다시 말하면 修己治人하는 동양의 정신문명이 상실된 채 이권에만 혈안이 되어 있는 물질문명의 가속화가 인류문명을 이 지경까지 몰아넣고 만 것이다. 이와 같은 시점에서 가장 시급한 정책은 인간본성의 회복에 있는 것이다. 즉 인간이 인간자신을 알아야 한다는 말이다. 인간은 물질세계를 정복지배하다가 인간자신의 본성을 상실하고 만 것이다. 그러므로 가장 시급한 것은 인간성 회복, 도덕성 회복에 있는 것이다. 다시 말하면 이제는 상극의 원리가 아닌 상생의 원리 즉 상부상조의 협동공동체적 생활의식이 부활되어야 한다는 말이다.

상극의 원리는 작게는 사신의 파멸을 초래할 뿐만 아니라 나아가서는 사회의 불안, 국가의 파경까지 몰고 오게 마련이니 향약의 상부상조하는 공동체적 의식만이 자신의 살길이요, 제가하는 방법이며 국가와 세계가 안정되는 길이라고 생각한다.

5. 결

율곡의 서원향약 입의문을 중심으로 한 자료분석을 통해서 다음과 같은 몇 가지 결론을 얻을 수 있다.

첫째로 율곡이 제정한 서원향약의 사상적 배경은 仁政과 덕치로 치세했던 삼대의 왕도정치사상에 뿌리를 두고 있으며, 그 학통은 중국에서는 주자로 계승되었고 우리나라에는 여말, 선초 사림파들에 의해서 계승되어서 율곡으로 계승되고 있음을 밝힌 바 있다. 율곡은 仁政과 덕치로 치세하던 삼대에는 효제충신에 기본정신을 두고 이를 향약으로 삼아서 동향인들이 상부상조하는 협동정신으로 살아왔다고 전제하고 이것은 가정교육과 학교교육을 통해서 성과를 얻고 있음을 밝히고 있다.

둘째로 삼대지치 이후 패도로 전락해 내려오는 사회를 송나라 때 주자는 향약을 통해서 복구해보려고 했는데 율곡도 같은 생각으로 서원향약을 통해서 교화를 시도해보려고 했다. 그런데 율곡은 향약을 제정하기에 앞서 향촌의 父老 및 향인들과 더불어 상의한 결과 향약을 통한 교화 만이 왕도정치를 구현할 수 있다고 하는 합의하에 제정, 실시하게 되었는데 이것은 민의를 존중하는 선생의 사상적 일면을 엿볼 수 있다. 이것이 바로 민본사상인데 오늘날에는 민주주의라고 할 수 있으며 고대에는 왕도정치사상이다. 이것을 필자는 人本주의사상이라고 표현하고자 한다.

셋째로 율곡은 서원향약을 제정함에 있어서 선임자인 이증명, 李遴因 양 목사가 제정실시한 향약과 여씨향약을 참작한 후 제정했다고 밝히고 있다. 양 목사가 선행해서 제정했던 향약의 내용이 무엇인지 알 길은 없다. 최근 향약연구학자들이 주장하는 바와 같이 협동과 자치의 공동체적 의식에서 제정되었는지도 모르겠으나 규약조문이 모두 여씨향약에서 발췌한 것이며, 심지어는 한 글자도 틀리지 않는 조목이 13개 조목 가운데 3개 조목이나 있어 그 영향을 많이 받고 있음을 알 수 있다. 그러므로 재래의 협동정신은 정신적으로 계승되었다고는 볼 수 있어도 직접적인 자료로는 고증하기 어렵다.

넷째로 지도자인 목사와 계장 등 유사들이 먼저 솔선수범해야 한다는 것을 강조하고 있는 점이다. 이것은 바로 一人이 定天下할 수 도 있고 亡天下할 수도 있다고 하는 논리와 직결되어 있으니 작게는 한 가정에서부터 크게는 천하국가에 이르기까지 같은 원리라고 생각한다.

다섯째로 삼대지치 이후 현대에 이르기까지 인간은 중상과 모략, 권모와 술수로 살아왔으며, 약육강식의 상극과 상쟁 속에서 살고 있다. 이것은 인류 역사의 발달을 상호투쟁에 의해서만이 발전할 수 있다고 보는 상극원리에 입각한 견해라고 볼 수 있다. 그 결과 인간은 물질문명을 발달시켜 세계와 우주를 정복하는 단계까지 도달했지만, 그 자신의 본성을 잃어버려 인류도덕에 바탕을 두고 향약의 교화로서 이상적인 정치를 실현해보고자 했던 율곡의 향약교화운동이 절실히 요구되고 있다. 율곡은 여씨향약을 참작하였지만 당시 서원지방에 맞는 향약을 제정해 실시한 깃처럼 오늘날 우리는 현실에 맞는 덕목의 향약을 만들어 교화를 통해 인간을 순화시켜나가야 할 것이다. 인간본성의 회복이 가장 시급한 현실문제로 대두되고 있는 것이다.

「懷德鄕約」考

1. 懷德鄕約의 발견 경위

大德郡이라는 명칭은 1935년 11월 5일 일제시대 지방행정제도의 개편에 따라 大田을 府로 승격시키면서 대전의 '大'자를 따고 本郡의 本名이었던 懷德縣의 '德'자를 따서 생겨났다.

『三國史記』「地理志」에 의하면 대덕군은 百濟時代에는 雨述郡에 속했으며, 우술군은 현재 儒城地方으로 알려진 奴斯只縣과 현재 九則面 德津里로 알려진 赤鳥縣 등 2개 현을 관할하고 있었다. 우술군 내에는 현 鎭岑地方도 포함되어 있었으나 이 글에서 논하고자 하는 회덕지방과는 관계가 적어 생략하기로 한다.

대덕군의 전신이었던 우술군은 新羅 통일 이후 景德王 16년에 이르러 州郡 개편에 따라서 比豊郡으로 개명되었으며, 高麗 顯宗 때에 이르러 회덕현이라 부르는 한편, 公州牧에 속해 있었고 朝鮮時代에는 懷德縣으로 불리어 내려왔다.

그런 까닭에 대덕군 일대는 백제시대부터 전해 내려오는 유적 뿐만 아니라 선사시대 유적과 유물들도 많이 출토되고 있다. 특히 조선시대 후기에는 尤庵 宋時烈(1607~1689), 同春堂 宋浚吉(1606~1672), 霽月堂 宋奎濂(1630~1709) 등 큰 학자들이 배출되어 당시의 정계와 학계를 주름잡기도 했던 고장이다.

이와 같이 오랫동안 문화의 중심지이었던 대덕군이 근래 이르러서 그 면모가 변해졌다. 즉 회덕현의 일부에서 살림을 꾸려가던 대전시가 시세 확장에 따라서 회덕지방 治所의 중심지이었던 현재의 회덕면사무소 앞까지 점유하기에 이르렀고, 서북쪽으로는 儒城地方까지 접경하기에 이르렀던 것이다. 뿐만 아니라 현재 대덕군 내의 儒城面, 炭洞面, 九則面 일대는 대덕연구학원단지가 되었고, 북면 일부와 동면의 대부분은 大清 댐 공사로 영원히 수몰되기에 이르렀다.

이와 같은 상황 속에서 大德郡守 曹基鐸은 앞으로 없어질지도 모르는 대덕군의 기록을 남겨두어야겠다는 사명감으로 필자에게 조사와 편찬을 위촉했다. 이러한 연유로 필자는 1977년 6~12월까지 약 6개월 동안 대덕군 내의 문화재를 조사했는데, 「懷德鄉約」은 懷德鄉校를 조사하던 중 이곳 典校 宋廷憲의 호의로 입수하게 된 것이다. 회덕향안의 발견으로 당시 회덕지방의 관습과 생활상 그리고 사회개선 방안의 일면을 알 수 있게 되었으며, 특히 조선후기 큰 학자이며 정치계에서도 명성이 높았던 우암 송시열, 동춘당 송준길, 제월당 송규렴의 합작 手澤本이었다고 하는 데서 더욱 큰 의의가 있을 것이다. 이하 「회덕향약」의 내용을 서지학적 입장에서 살펴보고자 한다.

2. 解題

회덕향안은 崇禎 壬子 九月 日 鄕人 恩津 宋時烈 序로 날짜가 명시되어 있다. 숭정 임자년은 顯宗 13년 즉 1672년으로 이때 향약이 이루어졌음을 알 수 있다.

이 책은 세로 35.5cm, 가로 27cm, 총 41張으로 되어 있고, 「懷德鄕案序」한 장내는 14行으로 (半張에는 7행) 되어 있으며, 한 줄에는 12자씩 쓰였고, 모두 3장 4행으로 되어 있다. 글은 우암이 지었으며, 글씨는 동춘당이 썼는데 「懷德鄕案序文」은 모두 5백 44자이다.

다음에 懷德鄕案規約者 (즉 회원) 명단은 17장에 이미 내려오던 1백 60명의 이름을 우암 친필로 기록하고 있으며, 뒤의 10張 중 고쳐진 9명의 명단을 제외한 76명은 우암의 친필이다. 그리고 그 뒤에 붙어 있는 13명의 명단은 우암의 친필이 아닌데, 庚申二月二十七日과 辛酉七月初七日의 연·월·일이 기입되어 있어서 살펴본 즉 회덕향약이 이루어진지 8년과 9년 뒤인 1680년과 1681년에 추가가입한 회원의 명단이 기입된 것이다. 이름은 한 장에 10명씩 썼고 총인원은 郡守 宋世協 외 2백 57명이다. 명단은 官職, 姓名, 字, 生年干支順으로 적었고, 자와 간지는 두 줄로 적혀 있다.

그 뒤로 한장 반은 「鄕約序」가 霽月堂 宋奎濂書로 해서 편찬되어 있는데 동춘당의 필체와 동일해서 식별하기가 어렵다. 동춘당의 宗孫 宋容時가 보관하고 있는 필첩과 제월당 宗家에 보관하고 있는 필첩을 대조해보았는데 역시 비슷하였다. 후손인 송정현, 송신노 늘은 사제관세였음으로 필세가 비슷한 깃으로 진해

내려오고 있다고 하여 그 의견을 따르기로 했다.

서문은 한장에 20행식(반장은 10행) 되어 있고, 일행에 16자씩 총 4백 61자이다. 다음에 다섯장 반은 德業相勸, 過失相規, 禮俗相交, 患難相恤의 규약이 역시 제월당의 친필로 적혀 있으며, 이 안에는 부조가 첨기되어 있다. 附條에는 향약조직의 규약이 적혀 있다.

끝으로 두 장은 상중하등 벌칙의 규약이 적혀 있는데, 벌칙은 총 29개조로 되어 있고 형벌은 極罰, 上罰, 中罰, 下罰, 下次罰 등의 순서로 되어 있다. 극벌만은 하인으로 하여금 관가에 고하게 되어 있다. 이것도 역시 제월당이 썼으며, 한 장에 20행(반장 10행), 일행에 16자씩 쓰였다. 이렇게 해서 「회덕향약」은 총 41장으로 되어 있다.

다음은 이 글의 제목에 대해서 해명하고자 한다. 회덕향약의 표지에는 「회덕향안」으로 적혀 있고 우암의 서문에도 「懷德鄕案序」라고 기록되어 있어, 제목을 「회덕향안」으로 정하려 했으나 필자 의견으로는 향안은 「懷德鄕約舊案」의 의미가 강하여 제월당이 쓴 「鄕約序」의 이름을 따서 「회덕향약」이라고 붙였다. 특히 '향약'이라는 명칭은 우리가 일상생활에서 쓰는 낯익은 말이기에 채택하게 된 것이다. 다음은 향약을 만든 선생들의 약력을 간단히 소개하고자 한다.

우암 송시열은 선조 40년(1607) 옥천에서 출생하였고, 효종 9년(1658), 52세에 예조판서, 동년에 이조판서, 현종 9년(1668) 62세에 우의정, 67세에 좌의정을 역임하고 숙종 15년(1689)에 83세를 일기로 정읍에서 賜死되었다. 시호는 文正이라 내렸다. 우암의 향약에 대한 기록은 현종 11년, 64세에 「相觀會序」[1]를 지어

준 일이 있고, 「회덕향약」은 우암이 65세에 작성한 것으로 감안
해볼 때 관직에 올라서 활약하면서도 향토의 교화사업을 게을리

---

1) 「相觀會序」송자대전 권138 서 4~5장(杞溪兪君命新氏來自京裏以諸
君子之意, 敎余曰吾儕里閒人朝暮相聚, 尺謝謝笑語而無所用心, 殊甚
無謂顧與同志若干人略倣呂氏鄕約立爲條制, 以相規戒吾子如不以爲不
可則願爲一言以序之, 且潤色其條制而仍爲名號以賜之則當奉承而不敢
違也, 餘辭謝不敢而其請愈力則謹穰竊惟念, 古無鄕約之名而其義則已見
於周官三物八刑之制, 其目詳矣. 朱夫子以周官, 爲周公運用天機, 爛
熟之書, 而至朱子所以增損呂氏四條之文則凡化民成俗之方, 無不纖悉
可行於萬世而無疑矣. 我朝立國以來屢以此頒下州縣而民莫肯聽, 從長
民者亦怠而置之 惟靜菴先生, 當路之日, 緊著行之, 而不悅者, 專事譏
誚, 群居之士, 稍自修飭則目之以小學之契, 譏誚不已而卒釀大禍, 善類
殲焉. 嗚呼其不辛也哉. 幸而 明宣之際, 世敎復明, 鄕約之議, 漸起, 退
溪先生修之於禮安, 栗谷先生, 行之於坡州, 蔚有成效士習復正 厥後數
十年旋被姦兇剚剝, 至於大倫大徑, 亦皆斁塞則佗又何說逮, 夫 聖祖之
世, 屢値喪亂, 未遑敎法, 以至于今則有不可言者矣. 今諸君子, 慨然有
志於斯斷然默行之此其陽復之期乎. 夫在匹夫之勢, 爲法所拘, 而不得
行其志者, 何限, 今此事尙屬自己, 而私尙講明不係公衆則其孰能禦之,
亦幸有慕而從之者矣而, 況退溪先生以其鄕遠於王畿而以道泥不行爲歎,
栗谷先生以其州厠於兩京而以王化所先爲說, 今諸君子遊居輦轂之下, 文
獻之所萃會, 遠外之所觀瞻則旣異乎 退溪之所歎而尤進於栗谷之所說
矣, 講行之豈不易易而流行之又不滂沛乎. 所慮者, 名徒存而實則蔑事,
方初而謗已起使, 論治者, 諉之以爲古道眞不可行矣, 此非但一事一時
之害而已也, 此則諸君子所當知也. 然張子嘗曰始持期服, 恐人非笑, 己
亦自羞, 自後, 雖小功亦服之, 人亦以爲熟, 己亦熟之, 天下大患, 只是
畏人非笑 此乃眞經歷實勘當語也, 今日事亦在諸君子, 自熟而熟之於人
而已, 彼非笑者, 正朱子所謂百千蚊蚋, 鼓發狂閙者我何動一髮, 願諸君
子, 相與勉之哉. 若其潤色之云則, 淺陋者, 彼其任矣. 惟諸君子悉取周
官及朱子增損呂氏約及退溪栗谷二先生所定之, 宜於今者而行之則, 夫
誰曰不可, 又朱子大全, 有公移二編率多牖民之語, 亦可參互也. 至其號
名之稱則, 輦轂之下, 鄕以約爲名, 似不著題, 若取程子朋友, 相觀而善
之, 語及溫公, 眞率會之意, 柟之以相觀會, 似自諸君子以爲如何時, 崇
禎上章閹茂淸和下澣恩津宋時烈叙.

하지 않은 선생의 일면을 엿볼 수 있는 자료이다.

동춘당 송준길은 우암보다 1년 연상으로 선조 39년(1606)에 출생하여 인조 14년(1636) 31세에 예산현감, 효종 8년(1657) 53세에 호조판서, 동년 9월에 대사헌, 동년 10월에 이조판서, 54세에 병조판서를 역임하고, 현종 13년(1672) 12월 5일 향리인 회덕 송촌에서 67세를 일기로 하세하니 시호를 文正이라 내리고 영의정을 증직하였다. 회덕향약은 동춘당이 작고하던 그해 9월에 만들어진 것으로 그의 遺筆 중 공식적으로 기록되어 확인할 수 있는 친필로 된 최후의 작품이다.

제월당 송규렴은 이조판서 國詮의 아들로 인조 8년(1630)에 출생하여 동춘당에게 수학을 하였고, 19세에 司馬試, 25세에 明経科에 급제한 후, 효종조에 舒川군수, 숙종 6년(1680) 51세에 司諫·修撰·司成, 工曹參議, 大司諫을 역임하였다. 그후 안변부사, 충청감사, 대사헌 등을 역임한 후 숙종 25년(1699) 70세에 耆社하니 知樞議政府右參贊禮曹判書를 수여하였고, 숙종 35년(1709) 80세를 일기로 사망하자 시호를 文僖라 내렸다. 「향약서」는 제월당이 43세 되던 해에 쓴 서문이다.

3. 內容檢討

1) 회덕향안서

서문에서 우암은 현종 13년(1672년) 이전에도 이미 향안이 있었는데, 어떤 서생이 잃어버려서 다시 이것을 찾아볼 길이 없어지게 되자, 동춘당 송준길이 이를 고민하여 새 향약을 만들게 되니, 구향안보다 자세하고 좋다고 밝히고 있다.

다음에는 호서지방에는 연산 김씨, 尼山 윤씨, 회덕 송씨의 3대 족성이 있는데 비록 성은 다르다 하더라도 서로 혼인하게 되어 舅甥間의 척분이 되므로 사실은 일족과 같다고 강조하고 경주 김씨, 연안 이씨, 동래 정씨, 반남순천 박씨 그리고 황씨, 한씨, 연씨, 변씨, 노씨, 양씨 등이 같은 지방에 서로 자리잡고 살고 있으니, 상부상조하면서 사는 것이 합당하다고 주장하고 있다. 주자는 同由에서 출생한 후 譚溪에서 성장하였으며, 고정에서 말년을 보냈는데 경건하게 살던 그의 생활태도로 그곳에 사는 주민들에게 더욱 공경을 받게 되었으며 우리들도 이를 본받아서 행해야 할 것으로 생각한다고 밝히고 있어서 주자로부터 학통이나 향약에 관한 영향을 받고 있음을 간접적으로 보여주고 있다. 다음에는 예악과 수신에 대해서 설명하고 있는데 즉 禮가 있는 곳에 樂이 있게 마련이라고 언급하고 있다. 원래 악이란 예에서 나오게 되는 것이니, 이것은 천도의 자연한 이치로서 인간이 좌지우지 할 수 있는 것이 못된다고 주장하고 있다. 비록 흥만성쇠가 있다 하더라도 공경함과 예절의 대의인즉 오늘날까지 없어지지 않고 전해 내려오니 향약의 의의도 이러한 의미에서 크다고 할 수 있다. 사회의 기본단위는 가정이며 가정의 기본은 자기일신에 있으니 일신이 부정하면 비록 골육지간이라도 반목이 생기게 마련이어서 鄕黨州里에 죄를 받지 않을 수 없을 것이다. 그러므로 사람은 孝, 勤, 禮, 讓, 忠, 信, 篤, 敬 등의 덕목을 닦아서 수신제가 하게 되면, 이것은 마침내 국가 전체에 행하게 될 것이므로 중요하다고 할 수 있다. 이 향약은 비록 금방 실행되기는 어렵겠지만 이 도리를 아는 것만이 수신제가는 물론 교화를 시킬 수 있으므로 앞으로 후학들에게 기대하는 바가 크다

고 밝히고 있다. 끝으로는 崇禎壬子九月日鄕人恩津宋時烈序라고
기명되어 있다.

2) 명단

앞서 예시한 바 있는 명단에서 볼 수 있는 바와 같이 총 2백
58명의 회원명단이 기록되어 있다. 그 내용은 전부터 내려오던 1
백 60명과 후에 가입한 98명 등 총 2백 58명의 명단인데, 당시
지방인사의 명단을 알 수 있게 된 것이 이 향약의 의의 중에 하
나이다. 동춘당 송준길은 전자부터 가입된 명단에 기록되어 있
고, 우암 송시열과 제월당 송규렴은 「회덕향안」이 편찬될 때의
가입자 명단에 기록되어 있으며 계축년 별유사로 지목된 송시주
와 이경익은 후자에 끼어 있다.

본문에 「一鄕之中, 又有南宋北姜之稱故姜氏爲次多焉矣」라고
하여 송씨와 강씨가 가장 많다고 한 바와 같이 회원성씨별 인원
수도 송씨, 강씨 순으로 되어 있다. 즉 송씨 1백 96명, 강씨 36
명, 박씨 31명, 이씨 20명, 김씨 10명, 노씨 10명, 변씨 9명, 한씨
9명, 연씨 8명, 황씨 5명, 양씨 5명, 정씨 4명, 나씨 4명, 조씨 1
명, 계 2백 58명이다. 한편 호서의 3대 족벌로 연산 김씨, 尼山
윤씨, 회덕 송씨로 서문에는 명시되어 있는데도 불구하고, 김씨
는 10명의 회원이 있어 총 성씨 14종류 중 5위를 점유하고 있고
이산 윤씨는 한명도 없는 것을 보면 거리상의 관계도 있지만 역
시 노소당파의 배경으로 회원에 가입하지 않은 것으로 생각된다.

3) 향약서

향약서문은 제월당 송규렴이 짓고, 쓴 것이다. 내용은 향리마

다 향약이 있는 것은 국가에 교육기관이 있어서 국민을 교화시키는 것과 같은 것이니, 향약을 가지고 향리 즉 지방을 교화시킨다는 것은 국가의 교화사업과 다를 것이 없다는 것이다. 국가의 단위는 방대하지만 향리인즉 협소한 편이니, 작은 데서부터 잘 다스려서 국가 전체에 그 교화가 파급되기를 바란다는 것이다. 향약은 남전 여씨가 시작한 것을 주희가 그 제도를 완비해놓았는데, 아직까지 이 제도가 잘 실행되었다고 하는 말은 들은 적이 없다고 하였다.

우리 나라에서는 이율곡이 여씨향약을 모방해서 실시하다가 곧 폐지되고 말았으니 한탄할 일이라는 것이다. 우리 회덕지방은 예의바른 지방으로 알려져 있는데도 선현들의 유풍이 점점 사라지고 있는 형편이니 애석한 일이 아닐 수 없다. 이러한 연유로 책을 만들어서 『藍田遺議』라고 했는데, 이것은 趙松年(미상)이 여씨향약을 모방해서 만든 제도를 가감해서 만든 것이다. 이 절목들을 약정된 규약대로 실행하면 수신, 제가, 치국, 평천하의 거창한 사업도 마침내는 이루어지게 될 것이니, 회원들은 모름지기 刻苦勉勵해서 이 규약을 준수해야 할 것이라고 서문에서 밝히고 있다. 끝에는 「崇禎壬子九月日鄕人恩津宋奎濂書」라고 하여 전기 「회덕향안」 말미에 붙인 우암의 기명과 같은 방식으로 쓰고 있다.

4) 향약내용

「회덕향약」(동약)2)의 내용은 여씨향약과 같이 덕업상권, 과실

---

2) 유홍렬, 1938, 「조선향약의 성립」, 『진단학보』 제9십, 140쪽(이 글에서는 '향약'을 '洞約'으로 쓰고 있는데 현실에 맞는 적절한 표현이

상규, 예속상교, 환난상휼의 4개 조복의 강령으로 되어 있고, 이
에 대한 선행자나 범행자는 향적에 기록하여 유사가 이를 가지
고 있게 되어 있는데, 「朱子增損呂氏鄕約」도 이와 같으나3) 이퇴
계의 예안향약4)이나 이율곡의 서원향약5)과는 다르고, 율곡이 말

다.).

3) 「주자증손여씨향약」의 4대 강령은 다음과 같다(一曰德業相勤, 二曰
過失相規, 三曰禮俗相交, 四曰患難相恤, 여씨향약 정속 언해, 태학사,
1978).

4) 『퇴계집』 서, 기, 跋, 墓碣誌銘, 국역 퇴계집 Ⅱ, 고전국역총서 1976,
440쪽(父母不順者, 兄弟相鬪者, 家道悖亂者, 事涉官府有關鄕風者, 忘
作威勢援官行私者, 鄕長陵辱者, 守孀婦誘脅汚奸者.

以上極罰 上中下

親戚不睦者, 正妻疏薄者, 隣里不好者, 儕輩相毆罵者, 不顧廉恥汚壞土
風者, 特强陵弱侵奪起爭者, 無賴結黨多約狂悖者, 公私聚會是非官政
者, 造言構虛陷立罪累者, 患難力及 坐視不救者, 受官差任憑公作弊者,
婚姻喪祭 無故過時者, 不有執綱 不從鄕令者, 不伏鄕論 反壞仇恐者,
執綱徇私 冒入鄕參者, 舊官餞亭 無故不參者.

己上中罰 上中下

公會晩列者, 紊坐失儀者, 座中喧爭者, 空坐退使者, 無故先出者.

己上下罰 上中下

元惡鄕吏, 人吏民間作弊者
貢物使濫徵價物者, 庶人陵蔑士族者

5) 柳洪烈, 1930, 「조선향약의 성립」, 『진단학보』, 128쪽, 西原鄕約.
置都契長四人, 每掌內谷置契長一人, 童蒙訓誨一人, 色掌一人, 每里各
置別檢, 一, 置善惡籍, 以昭勸戒. 所謂善者, 能孝父母, 能友兄弟, 能
治其家 能睦親故, 能和隣里, 能以儒行持身, 能以義訓子弟, 能守廉介,
能廣施惠, 能勤學問, 能謹租賦, 能遵約會, 能與人有信, 能導人爲善,
能解人爭鬪, 能救人患難, 能伸人憲枉, 能辨人曲直之類, 所謂 惡者,

不孝不慈不友不悌不敬師傅, 夫婦無別, 疏薄正妻, 朋友無信, 臨喪不哀, 不敬祀事, 崇信異端, 輕蔑禮法, 好作淫祀, 族類不睦, 隣里不和, 少陵長賤陵貴, 縱酒賭博, 好訟喜鬪, 悖强凌弱, 造言誣毁, 不謹租賦, 不畏法令, 營私太甚, 挾妓宴飮, 怠惰廢事之類, 有司色掌別檢掌其籍, 隨所聞從實記之

一, 四孟朔擇無故之日, 掌內同約者皆會講信, 一里中有喪, 色掌別檢奔告有司, 同約之人, 各出米一升空石一葉贈之, 氷葬時各出壯丁一名助之, 士族役多則專軍給之, 役少則折半給之, 其餘不役人數收米各一升給之,

一, 凡干喪事, 聚會時毋得設杯盤飮酒, 狂者以輕蔑禮法論

一, 凡有家故不得已遷葬者, 具有告官, 若惑於風水得已不已及過期不葬者, 以崇信異端論,

一, 年壯處女貧甚過時未嫁者, 報官給資裝, 約中亦隨宜抉助.

一, 有遇闔家病患疾患農事者, 里中各出力耕耘以助.

一, 年三十以下非文非武者, 皆令讀小學孝經童子習等書, 不讀者論罰.

一, 民間凡有爭訟者, 皆就契長有司辨其曲直, 契長有司開諭曲者以止其訟, 契長有司若不能獨斷, 則直于約中, 士類會議分釋開論, 曲直明著而曲者猶不止 則以非理好訟論, 若自鄕中不能自斷, 則聽其告官.

一, 笞四十以下則契長有司自斷, 過此則報告.

一, 官吏官奴等 周行閭里 求請作弊者 及勸農色掌等 村民侵嘖者, 一一摘發報官治罪, 一草竊穿窬者, 摘發治罪.

一, 無故屠牛者治罪, 若有不得已之故, 宰殺則具由告契長.

一, 無罪之人 橫被誣枉, 將受刑戮, 則同約連各報官伸理.

一, 憚於修飾不欲參約, 或違約作過 終不悛改者, 報官怡罪後 黜鄕.

一, 犯罪須卽治者, 不待四孟之會, 隨宜論罰.

一, 凡報官之事, 若非四孟之會, 則通于約中諸員, 他員滿三員, 然後商議報官.

一, 都契長一年一度 會各面契長有司于一處議約法.

一, 契長有司 若有慝公營私 不明不正者, 都契長 報官取改 色掌別檢則各掌內契長有司糾察其實, 甚者改之.

년에 만든 「海州一鄕約束」6)과는 서로 같은 점이 많아서 회덕향약은 율곡의 「해주일향약속」을 근거로 해서 만들어졌고, 그 근거는 주자의 「주자증손여씨향약」7)을 모방하여 만들어졌음을 알 수 있다.

덕업상권의 세행항목은 '見善必行' 등 31개 항목으로 되어 있는데, 특히 동약인들은 상호권장해서 이를 실행하도록 했다. 선행자와 불선행자는 모두 향부에 기록해두도록 하였으며, 선행자는 향적에 올리고 관청에 보고하도록 되어 있다.

과실상규는 불효부모, 不知兄弟 등 29개 항목으로 되어 있는데, 중요골자는 부모불효, 형제불목, 老小 간의 무질서를 경계하고 있고 특히 이익만을 추구하거나 세금포탈, 隱結耕食 등의 행위를 금하고 있다. 「주자증손여씨향약」의 과실상규 세목 중에는 첫째 酗博鬪訟, 둘째 行止踰違, 셋째 行遜不恭, 넷째 言不忠信, 다섯째 造言誣毁, 여섯째 營私太甚 등과 상호비교해보면 이 내용들은 사회질서를 유지하는 데 가장 중요한 덕목들이다. 과실상규의 세목을 동약인들은 서로 경계해야 하며, 조그마한 과오는 대중 앞에서 훈계하도록 하고, 그래도 순종하지 않는 경우에는 의리로서 깨우쳐 주되, 공식적으로 사과하게 하고 개준한 자는 향

-, 都契長 約有報官之事則 不時相通聚會.

-, 各掌內契長與鄕所相通時用關子, 通于都契長則牒呈, 都契長則不與鄕所通文字(자세한 주는 생략했음)

6) 유홍렬, 앞의 책, 132쪽(「海州一鄕約束」 (前略) 凡一鄕約束有四一曰德業相勤, 二曰過失相規, 三曰禮俗相交, 四曰患難相恤 凡善惡之表著異者書于善籍惡籍 改過則炙之 (後略) 여씨향약과 같이 위의 4덕목을 골자로 해서 「해주일향약안」은 성립되었기 때문에 세칙은 생략하고 '회덕향약'과 비교, 검토했다.

7) 앞의 책, 「주자증손여씨향약」 참조.

적에 올려주되, 끝까지 개준하는 빛이 없는 자는 輕重에 따라서 상, 중, 하 벌칙으로 다스리도록 되어 있다. 특히 대죄를 저지른 자는 관청에 고발해서 죄를 다스리도록 규정하고 있다.

예속상교는 尊者(年上三十歲以上者), 長者(二十歲以上年長者), 敵者(年上下不滿十歲者), 少者(年下十歲以下者), 幼者(年少二十歲以下者) 등으로 나누고 장자에 대한 예우를 중점으로 두고 있다. 한편 동약인(회원) 들은 기쁘고 슬픈 일에 서로 돕도록 되어 있는데 혼사에는 닭이나 꿩을 부조로 하고, 하인 중 60세 이상 회원은 역사에서 면제하도록 하고 있으며, 父母己妻四喪의 애사에는 유사가 통지를 받는 대로 즉시 통문을 돌리는 한편 보상이 되어서 장례는 물론 소상, 대상이 날 때까지 돌보아주고 3년상이 끝난 다음에는 동약인(회원)들이 모여서 위로해주도록 약정하고 있다.

끝으로 환난상휼은 수화, 질병, 老弱, 誣狂, 빈핍 등 5종류로 나누어 상부상조하도록 되어 있다. 수화의 환난에 대하여서는 대소에 따라 15~30명을 출역시켜 돌보아주도록 하고 있으며, 질병환난에 대하여서는 작은 병에는 문병을 하고 심한 경우에는 약을 지어서 돌보아주도록 하였다. 유사는 환자소유의 전답에 파종, 제초, 수확 등 제반사를 돌보아주도록 약정하고 있다.

孤弱者는 자력이 있는 자는 자립할 수 있도록 돌보아주고, 侵欺者에 대하여는 관가에 고발하며, 수절과부는 불량자들로부터 특별히 보호하도록 규정하고, 誣狂者는 관가에 고하도록 하며, 안빈낙도하는 빈핍자는 구제해주도록 규약을 맺고 있다.

규약을 위반한 자는 죄의 경중에 따라서 극형, 상, 중, 하, 하차별의 벌을 받도록 되어 있고, 특히 타인을 손상시키는 말이나 행동을 하는 자도 경중에 따라서 처벌하도록 약정하고 있다.

규약에 가입한 자는 매월 1일에 향사당이나 향교에서 집회하도록 되어 있으며, 회의 당일에 특별한 일이 있는 경우에는 다른 날로 집회하도록 규정하고 있다. 그리고 3월과 9월에는 전 회원이 모여 강론하도록 되어 있으며, 국상일이나 회원 중에 상고가 있는 경우에는 집회를 순연하도록 하고 있다.

집회일에는 집회장소에 일찍이 나와야 하며, 회원들이 모두 모이면 유사는 앉아서 규약을 크게 읽어 회원들에게 주지시키도록 하는데 혹 그 뜻을 모르는 자가 있으면 질문을 하게 한다. 이 때에 선행자와 불선행자를 전체 회원들에게 공개하며, 유고자에 대해서는 명단만 제출하도록 하고, 중의에 의해서 상벌은 작정하도록 규정하고 있다.

5) 附條

부조로는 다음과 같은 규정을 두고 있다.

① 장의는 좌수가 담당하고, 유사는 별감이 맞도록 하고 유사의 임기는 1년으로 하되, 문장에 능하고 사리에 밝은 자가 담당하도록 한다.

② 공사원 1인은 여러 사람이 추천해서 선출하도록 하되 1년 임기로 한다.

③ 회원가입은 매년 초에 실시하며 하자가 없는 회원이 1인을 추천하도록 하며 圈點8)이 있어야 가입을 허락한다.

④ 一鄕의 풍속은 향청에서 주관하며, 상청에 과실이 있으면 전 회원이 모인 자리에서 처벌을 의논하고, 중청과 하청9)

---

8) 권점이란 참석자가 돌아가면서 후보자의 이름 위에 점을 찍는 것이다.

그리고 관속들의 과오가 있을 경우에는 공사원에게 통고해서 죄의 경중에 따라서 처벌하도록 한다. 만약에 벌을 받은 자가 반성할 기미가 없이 욕설을 하는 자는 벌을 더 주도록 하며, 심한 자는 관청에 고한다.

⑤ 좌수, 별감, 관임자들의 과오가 있을 때는 관청에 고해서 벌을 받도록 한다.

6) 벌칙

벌칙은 극벌, 상벌, 중벌, 하벌, 하차벌의 5종류로 분류되어 있고 극벌은 향적에서 제명도 하는 한편 하인으로 하여금 관가에 보고하도록 하고, 상벌은 齊馬首[10] 50, 중벌은 술 2동과 매 40, 하벌은 술 1동에 매 30, 하차벌은 술 2병에 매 20으로 되어 있다.

벌칙조목은 不孝父母, 不和兄弟, 不順父兄 등29개 조항인데 처벌내용은 부모에게 불효하거나 형제간에 불목하는 자, 어른을 공경하지 않는 자, 정처를 소박하는 자 그리고 혐의를 먹고 방화하거나 세금을 포탈하는 자를 처벌하는 내용으로 되어 있는데 처벌원칙과 내용이 각 지방실정에 맞도록 규약을 정하고 있는 것이 특징이라고 할 수 있다.

4. 회덕향약의 발견의의

이상에서 회덕향약의 발견경위와 그 내용을 살펴보았는데 그

---

9) 상청, 중청, 하청이란 향청의 대중소를 의미하는 것인지 관청의 대중소를 의미하는 것인시 미상이나.
10) 제마수란 말고동을 잡는 하인을 말한다.

의의는 다음과 같다.

첫째, 회덕향약은 당대에 유명한 학자이며 정치가이던 우암 송시열, 동춘당 송준길, 제월당 송규렴 들이 상호친목과 향토교화를 위해 이 고장 실정에 알맞은 향약을 만들었다는 데에 있다. 특히 문필로도 유명한 3분의 합작 수탁본이라는 점에서 그 진가가 더욱 높다고 할 것이다.

둘째, 제월당과 동춘당의 필체 문제이다. 회덕향안서문은 동춘당이 쓰고 향약서문은 제월당이 쓴 것으로 결론을 내렸지만 이 향약은 동춘당께서 돌아가시던 9월에 된 것이므로 과연 직접 쓸 수 있었는지 의문이 간다. 특히 후손인 송용시씨 말에 의하면 그 해 봄에 선생은 몸이 불편했던 것으로 전해지고 있다. 그러나 동춘당, 제월당 양가에서 소장하고 있는 필첩을 살펴본 결과 2인 동체라고 할 수 있는 결론을 얻기에 이르렀다. 이것은 제월당이 43세 때까지 동춘당을 모시고 수학한 결과라고 볼 수 있으니 사제간의 배경이 얼마나 큰 것인지 짐작하고도 남음이 있다.

셋째, 율곡의 해주향약이나 퇴계의 향립조약에서는 볼 수 없는 회원명단이 2백 58명이나 기록되어 있고 또 회덕향약이 성립된 다음 해에 別有司인 宋時周, 李慶翊 등의 명단이 기록되어 있는 것도 특색이다.

넷째, 회덕향약의 독자성을 들 수 있다. 「주자증손여씨향약」을 바탕으로 만들었다고 하지만 내용 가운데 사대강령은 같아도 직별의 명칭, 회의운영, 포상과 처벌 등은 이 지방 실정에 맞도록 개편되어 있다. 특히 세금포탈, 隱田耕食 등은 회덕향약만 가지고 있는 특성 중의 하나이다. 다른 향약과의 비교는 다음 과제로 미루어둔다.

다섯째, 모든 향약은 父父, 子子, 兄兄, 弟弟, 夫夫, 婦婦의 수신과 제가를 바탕으로 해서 지방풍속의 교화운동에 이바지하여 마침내 치국, 평천하의 이상을 달성하는 데 그 목적을 두고 있다. 이러한 사회개혁운동은 우리가 당면한 현 실정에도 알맞은 제도라고 생각한다.

여섯째, 그 동안 학자들이 회덕향약을 보지 못하고 우암, 동춘당의 향약관을 논했기 때문에 많은 오류를 범하고 있다. 즉 田花爲敎는 그의 저서 『朝鮮鄕約敎化史の硏究』[11]에서 "우암은 향약 교화사상에 주요인물이 아니다. 비록 우암의 相關會序가 있다고 하더라도 그것만으로 과대 평가할 수 없고 또 『조선왕조실록』이나 『송자대전』에서도 그의 주장은 찾아볼 수 없다. 이에 대해서는 동춘당도 동일하다" 하고 주장하고 있다. 그러나 이는 회덕향약의 발견으로 잘못된 주장임이 밝혀졌다. 제월당도 회덕향약에 이바지한 공으로 향약사상에서 빼놓을 수 없는 인물이다.

한편 유홍렬은 송시열의 향약[12]에 대하여 다음과 같이 논하고 있다. 숙종조의 명신 송시열도 만년에는 청주 화양동에 퇴거해서 율곡향약을 모방한 향약을 실시하였고 기타 회덕 송씨, 노성 윤씨, 연산 김씨, 柿田 성씨 등 문중에서도 송시열의 지휘로 향약을 행하였다고 주장하고 있다.

이 기록은 田花爲敎의 저서 가운데 『宋時烈と鄕約』(502쪽)에서 인용한 내용이며 田花爲敎는 富永六一의 『鄕約の一班』(13쪽)에서 인용한 것인바 富永六一의 저서에는 그 근거를 밝히지 않

---

11) 田和爲敎, 1972, 『朝鮮鄕約敎化の硏究』(宋時烈と鄕約敎化, 502쪽; 宋浚吉と鄕約, 520쪽).
12) 유홍렬, 앞의 책, 139쪽.

아서 희박한 주장이다. 회덕 송씨와 노성 윤씨는 노·소 당론으로 의견이 맞지 않는 상황이였으며 이러한 때에 우암의 향약을 받아들였다는 주장은 회원명단 중에 윤씨가 단 1명도 가입하지 않은 사실로 미루어 인정하기 어렵다.

끝으로 회원명단 중에서 향약을 만든 우암, 동춘당, 제월당 등과 직접 관련이 있는 인물을 살펴보는 한편 당시 저명인사의 인물도 고찰해보고 아울러 초기 향약 성립연도도 추정해보고자 한다.

- 宋龜壽: 尤庵 曾祖父(燕山君 3년~中宗 33년, 1497~1538)
- 宋麟壽: 송구수의 제(연산군 5년~명종 5, 6년경, 1499~1551?)
- 宋麒壽: 송구수와 사촌간(중종 1년~선조 14년, 1506~1581)
- 宋應期: 우암 조부
- 宋甲祚: 우암 부친
- 宋時熹: 우암 막내동생
- 宋基泰: 우암 아들

이상 우암계

- 宋應祥: 동춘당 종조
- 宋應瑞: 동춘당 조부(중종 5년~선조 41년, 1530~1608)
- 宋爾昌; 동춘당 부친
- 宋光栻: 동춘당 아들

이상 동춘당계

- 宋國銓: 제월당 부친
- 宋奎淵: 제월당 백씨

이상 제월당계, 이상은 회원 중 당시 저명인사이다.

- 李時稷: 호 죽창 병자호란 때 자결
- 李賓: 죽창의 부친
- 宋時榮: 병자호란 때 자결

위 명단을 보면 우암의 직계가 7명으로 가장 많고 다음이 동춘당계 4명, 제월당계 2명 순인데, 회덕향약의 전신인 회덕구향안의 성립연대는 우암의 증조부인 송구수의 생존연대인 것으로 추정되어, 그가 사망한 1538년 이전으로 소급할 것으로 보이며 이때의 주동인물은 송구수의 지친인 송인수, 송기수였던 것으로 추정된다. 이와 같은 연대의 추정이 성립된다면 이퇴계(1501년~1570년)가 작성한 1556년의 향립조약이나 이율곡(1530년~1584년)이 작성한 1561년의 서원향약, 1577년의 해주향약보다 연대가 더 앞서는 것으로, 일찍이 회덕에 향약이 실시되었음을 알 수 있다. 구안에 대한 연구는 좀더 자료를 수집한 후에 발표하기로 한다.

구안이 없어지고 난 다음에 동춘당 송준길과 우암 송시열, 제월당 송규렴 등 여러 인사들에 의해서 현종 13년(1672년)에 재정비되어 작성된 것이 회덕향약이라 할 수 있다.

5. 「회덕향안」 서문

懷德鄕案序

吾鄕舊有案 中間爲一鄕生所失 而復以聞見追記則 或有訛漏 非復其舊矣. 同春公嘗以是病焉 今年秋遂加修潤則視舊加詳矣. 余惟湖西舊有三大族之稱 盖謂連山之金 尼山之尹 而其一卽懷之我宋也. 故案中所錄宋氏最多 而一鄕之中 又有南宋北姜之稱故 姜氏爲次多焉矣. 夫金尹宋三族相與婚媾爲舅甥焉 爲甥姨焉 則名雖爲三 而其實一而已矣. 況於一鄕之內 則朱陳之好已久 而睦姻之義 尤有所異焉者矣. 其最著者 則慶州之金 延安之李 東萊之鄭 潘南順天之朴 若黃韓延邊盧梁 經緯星陳 而其桑梓連陰

吊慶無闕 則已足以接殷勤結歡愛 而最是丘壠相望 霜露同候 歲時祭祀 有無資助 負戴肴羞 交錯道路 若是者其事契恩情 雖欲不厚得乎. 昔朱夫子生於同由 長於潭溪 老於考亭 其拳拳之意 則每在於婺源紫陽 於其人必加敬焉. 然則凡人 其於祖先托體之鄉 其視之當如何哉. 禮所謂樂 樂其所自生 禮不忘其初者 實天理之自然 而人情之所不能已也. 雖其遷徙不常興替有異 而其敬禮之義 則當世講而不衰也. 然則此案之修其所係甚不甚矣. 雖然 一鄉必本於一家 而一家又本於一身 其身不正 則 雖骨肉至親之間 亦且悍然而反目矣. 其有不得罪於鄉黨州里者耶. 苟能以孝謹禮讓忠信篤敬爲主 而以修其身 以正其家 則不獨行於一鄉將以及於一國與天下可也. 其下方所錄鄉約之法 雖不能遽行於今日 然人人笥知有此道理則 其正家善俗之方 不外於此 此則不能無望於今與後之君子也.

崇禎壬子九月日鄉人恩津宋時烈序

03

尤庵 宋時烈과 懷德鄕案
－懷德鄕案에 나타난 그의 思想과 系譜를 中心으로－

1. 緖 論

「懷德鄕案」에 대하여는 그 발견경위와 해제 및 내용검토와 발견의의 등 주로 서지학적 입장에서 이미 백제연구[1]에 발표한 바 있어서 그 대강의 모습이 알려지게 되었다. 본고에서는 懷德鄕案을 편찬하는데 産婆役을 하였다고 볼 수 있는 우암 송시열 (1607~1689)의 향약사적 위치에 대한 재평가를 시도하여 보았다.

그간 향약에 대한 중요 저서와 논문으로는 日人學者 富永六一의 「鄕約の一斑」[2]을 嚆矢로 田花爲雄의 「朝鮮鄕約敎化史の硏究」[3]가 그 大宗을 이루어 왔으며 국내학자로서는 柳洪烈이 「朝

---

1) 拙稿, 1978, 「懷德鄕案考」, 『百濟硏究』 제9집, 충남대학교 백제연구소.
2) 富永六一, 「鄕約の一斑」, 서울대학교 圖書館藏本.
3) 田花爲雄, 1972, 「朝鮮鄕約敎化史の硏究」.

鮮鄕約의 成立」4)을 발표한 것이 고작인채로 향약에 대한 연구는 그 답보상태를 면치 못하고 지금까지 내려왔다. 그런데 우연히도 1978년 12월을 기하여 懷德鄕案이 발견되어 발표된 것을 계기로 1979년 2월에는 趙成敎에 의하여 「임실지방에 성행한 향약과 洞約」5)이 발표되어 임실지방의 三隱洞約과 임실향약의 자료가 학계에 소개되기에 이르렀다. 그리고 향약연구에 있어서 1978년도의 수확으로 중앙대학교 김용덕의 「鄕廳研究」6)를 들지 않을 수 없을 것 같다. 김용덕의 저서 「鄕廳研究」 중에는 鄕廳總說, 鄕廳沿革考, 十九世紀의 鄕廳, 在京所論, 安東座首考, 新出鄕規 5종에 대한 연구를 통해서 이제까지의 향청연구 전반에 걸쳐서 집대성한 역저라고 할 수 있겠는데 본인이 발표한 「懷德鄕案」은 新出鄕規 중의 하나에 속할 것으로 보여지며 특히 김용덕의 鄕廳沿革考 중에 수록되어 있는 향약과 향규의 차이점, 鄕案에 대한 해석 등은 전번에 본인이 발표한 「懷德鄕案考」의 서지학적 연구 내용발표와는 달라서 懷德鄕案에 대한 재검토가 필요하기에 이르렀다.

그런데 1979년 6월 13일에 斯文學會主催로 우암 송시열의 학술세미나가 충남대학교에서 개최되는 것을 계기로 1978년에 발표한 내용을 재검토할 필요성을 느껴 재집필하게 된 것이다. 그러므로 내용에 있어서 본문의 해석은 전에 발표한 내용을 재인용할 수밖에 없음을 미리 밝혀둔다.

그러므로 이번 논문의 내용은 鄕員 총 258명 중 106명인 41%

---

4) 柳洪烈, 1938, 「朝鮮鄕約의 成立」, 『震檀學報』제9號.
5) 조성교, 1979, 「임실지방에 성행한 향약과 洞約」, 『전라문화연구』창간호, 전라향토문화연구회.
6) 김용덕, 1978, 「鄕廳研究」, 韓國研究院.

를 점유하고 있는 송씨계열이 어떻게 懷德鄕案에 참여하였으며 그 중에서 우암계 인사는 어떻게 懷德鄕案을 통한 사회개혁정책에 참여하였는지 밝히고자 하였으며, 懷德鄕案內容에 대하여는 그 성격에 있어서 어떠한 특징을 가지고 있는지를 밝히고자 하며, 또 前年에 미진하였던 해석을 첨가하였다.

우암 송시열은 共知하는 바와 같이 정치가이면서도 학자였다. 오히려 학자로서의 그의 위치가 더욱 높지 않은가 생각되어지기도 하는데 그보다도 향약을 통한 사회개혁운동의 片貌를 대할 때 우암의 인품을 또한 감탄하지 않을 수 없다. 懷德鄕案에 대한 一考의 내용은 다음에 소개하고자 한다.

특히 이번 논문작성에 많은 교시와 자료를 제공하여 준 김용덕 교수와 송진도 선생에게 감사를 드리는 바이다.

2. 本 論

1) 懷德鄕案序文에 나타난 尤庵의 思想

「懷德鄕案」에 대한 입안취지는 그가 쓴 545자의 「懷德鄕案序」에 잘 나타나 있으니 이를 抄略하여 보면 다음과 같다.

鄕案序文內容을 검토하여 보면 懷德鄕案이 만들어지던 顯宗 13년(1672) 이전에도 이미 「舊鄕案」이 있었는데, 어떤 書生이 잃어버려서 다시 이것을 찾아 볼 길이 없게되자 同春堂 宋浚吉이 이를 고민하여 새 향약을 만들게 되니 「舊案」보다 자세하고 좋다고 밝히고 있다.

그 다음에는 湖西地方의 三大族姓은 連山金氏, 尼山尹氏, 懷德 宋氏인데, 이 三大姓氏는 비록 姓은 다르다고 하더라도 서로 혼인하게 됨으로써 舅甥間의 戚分이 되는 고로 사실은 一族과 같다고 강조하고 慶州 金氏, 延安李氏, 東萊鄭氏, 潘南順天朴氏 그리고 黃氏, 韓氏, 延氏, 邊氏, 盧氏, 梁氏 등이 하늘의 별들처럼 자리잡고 살고 있으나, 형제와 같으니 상부상조하면서 사는 것이 합당하다고 주장하고 있다. 朱子는 同由에서 출생한 후 譚溪에서 성장하였으며, 考亭에서 말년을 보냈는데 경건하게 살던 그의 생활태도로 그곳에 사는 주민들에게 더욱 공경을 받게 되었다고 한 즉 우리 凡人들도 이를 본 받아서 행하여야 한다고 밝히고 있어서 그의 學統이나 향약이 주자로부터 영향을 받고 있음을 간접적으로 시사하여 주고 있다.

  그리고 다음에는 예악과 수신에 대해서 설명하고 있으니 禮가 있는 곳에 樂이 있기 마련이라고 언급하고 있다. 즉 악이란 예에서 나오게 되는 것이니, 이것은 天道의 자연한 이치이므로 인간도 이를 본받아서 행하여야 한다. 비록 天道가 무상하고 흥망과 盛衰가 있다고 하더라도 이는 敬과 禮의 大義를 천명해 人道가 微衰하여지지 않게 하여야 될 것인즉 懷德鄕約이 수정되어야 할 곳이 적지 아니 될 것으로 안다고 말하고 있어서 새로 만들어진 懷德鄕約이 舊案에 비해서 많이 수정되었음을 알 수 있다. 또한 그는 사회개혁의 기본방침을 다음과 같이 주장하고 있다. 즉 사회의 기본단위는 一家에 있고 가정의 기본이 되는 것은 자기자신에게 있으니 一身이 부정하면 비록 骨肉之親이라 하더라도 반목이 생기게 마련이어서 鄕黨에서 죄를 받지 아니할 수 없을 것이다. 그러므로 사람은 孝, 謹, 禮, 讓, 忠, 信, 篤, 敬 등의 덕목을 닦아서 수신과 재가를 하게 되면 이것은 마침내 국가전체에 실시하게 될 것이므로 중요하다고 아니할 수 없다. 아래에 기록

한 「鄕約」은 비록 금방 실행되기는 어렵다고 하더라도, 사람마다 이 도리를 알게 되면 수신, 재가는 물론 교화시키는 방법도 이 밖에는 없을 것이므로 今後의 군자들에게 期待하는 바가 크다고 우암은 향안 서문에서 밝히고 있다. 그리고 끝에는 「崇禎壬子九月日鄕人恩津宋時烈序」라고 기록하고 있다.

이와 같이 우암 송시열의 사회교화사상은 그의 동족인 霽月堂 宋奎濂의 「鄕約序文」에서 잘 나타나고 있다. 즉 「鄕」마다 鄕約이 있는 것은 국가에 교육기관이 있어서 국민을 교화시키기가 어렵지마는 「鄕」의 단위는 작아서 국민을 교화시키기가 용이한 즉 조그마한 데서부터 교화시켜 국가전체에 미치게 하는 것이 순리이므로 향약이 가지고 있는 의의는 자못 큰 바가 있다고 강조하고 懷德鄕約의 유래가 藍田呂氏鄕約에서 비롯하여 주자에 의하여 제도의 완비를 보게 되었으나 아직까지도 잘 실행되었다고 하는 말은 들은 적이 없다.

우리 나라에 들어와서는 이율곡이 이를 실천해 보려고 노력하였으나 곧 체임해지고 말았으니 한탄스럽다고 술회하고 있다. 이 淵源은 곧 懷德鄕約이 받은 영향을 직접적으로 설명하여 주고 있는 것이라 하겠으니 유교의 道學淵源과 같은 계통임을 알 수 있다. 霽月堂 宋奎濂의 서문내용은 곧 우암 송시열의 사상내용을 부연한 것으로 볼 수 있으며 그 내용은 수신·재가·치국·평천하의 유교의 정통덕목에 기초를 두고 있음을 알 수 있으며 교화사업의 기본단위는 각 「鄕」에 두고 있음을 알 수 있어서 鄕風에 끼치는 향약의 교화가 얼마나 중요한 역할을 하고 있는가를 설명하여 주고 있다. 끝에는 역시 崇禎年號를 쓰고 이름을 기입하고 있다.

이상 우암과 霽月堂의 서문에서 懷德鄕約이 가지고 있는 연원과 의의를 잘 설명하여 주고 있으니 이것은 바로 우암과 霽月堂의 사상을 표현하여 준 내용이라고 볼 수 있다.

　이 서문 가운데서 다시 검토하여 보고 넘어 갈 것은 우암의 서문에는 「懷德鄕案序」라고 하고 있고 「案中所錄宋氏最多」라고 하여 鄕案이라고 기록하고 있는데 반하여 제월당은 「鄕約序」라고 쓰고 있으며 또 우암 서문내용에도 끝에 와서는 「其下方所錄鄕約之法」이라고 하여 「향약」이라는 용어를 사용하고 있어서 「鄕案」과 「鄕約」이 같은가 다른가 하는 의문을 주고 있다. 후의 懷德鄕約의 성격분석에서 재론하겠지마는 서문에서 만은 鄕案과 鄕約을 동의어로 혼용하고 있는 것 같다.

　우암과 제월당의 서문 가운데서 우암의 성격을 잘 나타내 주고 있는 것은 「崇禎」年號의 사용과 「鄕人 某書」라고 쓰고 있는 점이다. 즉 「崇禎」年號는 明 毅宗의 年號인데 明이 淸에게 멸망하였음에도 불구하고 대의명분을 위해서 明나라의 연호를 사용하고 있음은 그 당시 조선사회의 일반적인 추세라고 하더라도 그의 춘추대의를 잘 드러내준 일면이라고 볼 수 있으며 이와 같은 思想은 孝宗과 더불어 북벌정책을 감행하게 된 것과 상통하는 것이라고도 볼 수 있다. 끝으로 「鄕人宋時烈序」라고 하였는데 이 懷德鄕約이 재성립되던 顯宗 13년(1672)에는 서론에서 거론한 바와 같이 우암이 65세에 우의정으로 재임 중이던 시기였으나 本鄕의 교화사업을 위해서 懷德鄕案序文을 지으면서 사회개혁정책에 참여하였다고 하는 것은 그가 大를 알면서 小를 잊지 않는 일면을 드러내고 있으며 특히 「鄕人 某書」라고 서명한 것은 본심을 잊지 않는 그의 천성을 잘 나타내준 기록으로 볼 수 있다. 이 「鄕人」이라고 하는 기록은 후의 懷德鄕約의 성격분석에서 재론하겠지마는 懷德鄕約이 「鄕案」이냐 「鄕規」냐 또는 흔히 사용하고 있는 「鄕約」이냐 하는 문제와 회원가입의 가격문제를 시사하여 주는 중요한 기록이라고 볼 수 있다. 대체적으로 서문내용은 우암의 학통과 대의명분 그리고 조정의 중책으로 재임하면서 본향의 교화사업을 잊지 않고 있는 점 등은 우암의 천성을 드러내준 일면이라고 볼 수 있다.

2) 「懷德鄕案」에 나타난 恩津宋氏 系譜

우암의 懷德鄕案序文 다음에는 총 258명의 회원명단이 기록되어 있는데 「舊案」에 가입되어 있었던 160명의 명단과 후에 가입한 98명의 명단이 대부분 우암의 친필로 기록되어 있다. 이 懷德鄕約은 전술한 바와 같이 우암 송시열과 동춘당 송준길, 제월당 송규염에 재정하였는데 동춘당 송준길은 「舊案」시절부터 가입되어 있고 우암과 제월당은 懷德鄕約이 이루어지던 무렵의 명단에 가입되어 있어서 동춘당 송준길이 먼저 참여하고 있음을 알 수 있으며 그런 연유로 동춘당 송준길이 「舊案」이 없어진 것을 안타깝게 여겨 왔다고 우암은 서문에서 기록한 것으로 보인다.

본문에 「一鄕之中 又有南宋北姜之稱故 姜氏爲次多焉」이라고 하여 송씨가 가장 많고 강씨가 다음으로 많다고 하였는데 회원을 성씨별로 통계하여 보면 다음과 같다.

송씨 106명, 강씨 36명, 박씨 31명, 이씨 20명, 김씨 10명, 노씨 10명, 변씨 9명, 한씨 9명, 연씨 8명, 황씨 5명, 양씨 5명, 정씨 4명, 나씨 4명, 조씨 1명, 계 258명.

한편 우암의 서문에서는 호서의 삼대족을 연산김씨, 尼山윤씨, 회덕송씨라고 명시하고 있는데 김씨는 10명의 회원이 가입되어 있어서 총 성씨 14종류 중 5위를 점유하고 있지마는 尼山윤씨는 한 명도 가입되어 있지 않는 것도 눈에 뜨인다. 다음 총회원 258명 중 절대다수인 106명이 가입하고 있는 은진송씨는 총 인원의 41%를 점유하고 있는데 그 계보를 고찰하여 보기로 하겠다.

姓名		歷　　朝	年　代	備　考
		尤　庵　公　派		
宋龜壽	尤庵曾祖父	燕山君 3년~中宗 33년	1497~1538	雙淸堂의 5代孫
宋應期	尤　庵　祖　父	中宗 26년~宣祖 17년	1531~1584	
宋甲祚	尤　庵　　父	宣祖 7년~仁祖 6년	1574~1628	
宋時烈	尤　　　　庵	宣祖 40년~肅宗 15년	1607~1689	新懷德鄕約 主導人物 雙淸堂 八代孫 同春堂과는 13寸 四友堂, 霽月堂과는 13寸間
宋基泰	尤　庵　　子	仁祖 7년~肅宗 37년	1639~1711	
宋時默	尤庵仲兄	宣祖 38년~顯宗 13년	1605~1672	
宋時熹	尤　庵　　弟	光海君 5년~肅宗 15년	1613~1689	
宋時杰	尤　庵　　弟	光海君 12년~肅宗 23년	1620~1697	
			9人	
		圭　菴　公　派		
宋麟壽	參判·謚文忠	燕山君 5년~明宗 2년	1499~1547	雙淸堂 5代孫 宋龜壽弟
宋承祚	縣監·圭菴孫	明宗 11년~宣祖 30년	1556~1597	
			2人	
		秋　坡　公　派		
宋麒壽	號 秋坡·左參贊	中宗 2년~宣祖 14년	1507~1581	雙淸堂 5代孫 龜壽·麟壽와 4寸間
宋應漑	秋　坡　長　子	中宗 31년~宣祖 21년	1536~1588	
宋應洞	秋　坡　二　子	中宗 34년~宣祖 25년	1539~1592	
宋應泂	秋　坡　三　子	明宗 2년~光海君 3년	1547~1611	
宋碩祚	秋　坡　　孫	明宗 20년~仁祖 15년	1565~1637	
宋顯祚	秋　　坡　　孫	宣祖 11년~仁祖 16년	1578~1638	
宋錫圭	秋　坡　曾　孫	宣祖 18년~孝宗 8년	1585~1657	
宋錫胤	秋　坡　曾　孫	宣祖 23년~孝宗 1년	1590~1650	
宋錫龜	秋　坡　曾　孫	未　詳		
宋承賢	秋　坡　曾　孫	未　詳		

姓名			歷 朝	年 代	備 考
宋錫福	秋 坡 曾	孫	光海君 2년~肅宗 5년	1610~1679	
宋錫命	秋 坡 曾	孫	宣祖 34년~顯宗 5년	1601~1664	
宋之濂	秋 坡 玄	孫	未 詳		
宋道興	秋 坡 五 代	孫	仁祖 3년~肅宗 21년	1625~1677	
宋道昌	秋 坡 五 代	孫	仁祖 7년~肅宗 21년	1629~1695	
				15人	尤庵, 圭庵, 秋坡(4寸間)派 都合 26名
慈 山 公 派					
宋世協	雙青堂	玄孫	未 詳		黃海道 慈山郡守 歷任 松潭 宋枏壽의 季父
宋希慶	慈山公世協	孫	宣祖 12년~顯宗 11년	1579~1670	
宋國鼎	慈山公世協	曾孫	宣祖 38년~孝宗 9년	1605~1658	
				3人	
霽 月 堂 派					
宋枏壽	霽月堂曾祖父		中宗 32년~仁祖 4년	1591~1626	雙青堂 5代孫
宋希遠	霽月堂祖父		中宗 20년~仁祖 1년	1565~1623	
宋國銓	霽 月 堂 父		宣祖 28년~仁祖 27년	1595~1649	
宋奎濂	號 霽 月 堂		仁祖 8년~肅宗 35년	1630~1709	同春堂 弟子 懷德鄕約 序文作成 同春堂과 13寸 尤庵과 14寸 四友堂과 7寸間
宋奎淵	霽月堂伯氏		光海君 12년~肅宗 11년	1620~1685	
宋奎洛	霽月堂仲兄		光海君 14년~顯宗 12년	1622~1671	
				6人	
月 松 齋 派					
宋桂壽	月 松 齋 父 親		中宗 34년~宣祖 19년	1539~1586	雙青堂 5代孫
宋希建	號 月 松 齋		宣祖 5년~仁祖 11년	1572~1633	判官歷任
宋國著	月 松 齋 長 子		宣祖 33년~肅宗 6년	1600~1665	
宋國輔	月 松 齋 二 子		宣祖 35년~肅宗 3년	1602~1662	
宋國龜	月 松 齋 三 子		宣祖 37년~肅宗 2년	1604~1676	
宋國蓋	月 松 齋 四 子		光海君 5년~肅宗 1년	1613~1675	
宋奎昌	月 松 齋 孫		仁祖 8년~肅宗 14년	1630~1688	
宋奎禎	月 松 齋 孫		光海君 14년~顯宗 10년	1622~1669	
宋奎祥	月 松 齋 孫		仁祖 3년~肅宗 6년	1625~1680	
				9人	
聽 竹 公 派					
宋樺壽	號 聽 竹		明宗 1년~宣祖 38년	1530~1605	雙青堂 5代孫 松潭의 季氏
宋國準	號 楓 溪		宣祖 21년~孝宗 2년	1588~1651	府使歷任
				2人	

姓名			歷 朝	年 代	備 考
			同 春 堂 派		
宋應瑞	同 春 祖	父	中宗 25년~宣祖 41년	1530~1608	
宋爾昌	同 春	父	明宗 16년~仁祖 5년	1561~1627	懷德鄕約 作成에 참여
宋浚吉	同	春	宣祖 39년~顯宗 13년	1606~1672	尤庵과 13寸間
					四友堂과 10寸間
					霽月堂과 11寸間
宋光栻	同 春 長	子	仁祖 3년~顯宗 5년	1625~1664	
				4人	
			判 官 公 派		
宋應秀	判 官 世 雄	子	中宗 7년~宣祖 25년	1512~1592	郡守 歷任 同春
宋啓祿	應 秀	孫	明宗 16년~光海君 7년	1561~1615	從祖父
				2人	
			雙 溪 堂 派		
宋應祥	雙 溪	堂	中宗 19년~宣祖 17년	1524~1586	同春 從祖父
宋文昌	雙 溪 堂	子	明宗 7년~宣祖 27년	1554~1594	
宋啓昌	雙 溪 堂 二	子	明宗 12년~光海君 11년	1557~1619	
宋永吉	雙 溪 堂	孫	宣祖 10년~孝宗 5년	1557~1654	
宋光科	雙 溪 堂 曾	孫	宣祖 28년~仁祖 17년	1595~1639	
				5人	同春公, 判官公,
					雙溪公 3派 都合 11人
			四 友 堂 派		
宋 玲	四 友 堂 祖	父	中宗 29년~宣祖 25년	1534~1592	四友堂 宋國澤 祖父
宋國澤	四 友	堂	宣祖 30년~顯宗 1년	1597~1659	孝貞公 府尹歷任
					同春堂과 10寸 尤庵
					13寸間 霽月堂과 7寸
宋奎光	四 友 堂 長	子	仁祖 1년~顯宗 8년	1623~1667	縣令 歷任
宋奎輝	四 友 堂 二	子	仁祖 4년~肅宗 3년	1626~1677	監役 歷任
宋奎明	四 友 堂 四	子	仁祖 11년~肅宗 38년	1633~1712	縣監 歷任
				5人	
			潛 夫 公 派		
宋應鸞	友 松 堂	父	明宗 4년~仁祖 10년	1549~1632	
宋演祚	號 友 宋	堂	宣祖 18년~顯宗 7년	1585~1660	
				2人	
			醉 翁 堂 派		
宋希命	號 醉 翁	堂	宣祖 5년~孝宗 7년	1572~1656	同中樞府事 歷任
宋國綱	醉 翁 堂 長	子	宣祖 21년~顯宗 13년	1588~1672	
宋奎精	醉 翁 堂	孫	宣祖 39년~肅宗 9년	1606~1683	
				3人	

姓名			歷　朝	年　代	備　考
松　窓　公　派					
宋興門	松　　窓	父	明宗 2년~宣祖 28년	1547~1595	
宋綏祿	號　　松	窓	宣祖 12년~仁祖 17년	1579~1639	贈 承旨
宋日新	松　窓	孫	未　詳		
宋時尹	松　窓　二	子	宣祖 41년~肅宗 13년	1608~1687	
宋時楊	松　窓　三	子	未　詳		
宋必新	松　　窓	孫	仁祖 17년~景宗 2년	1639~1722	
宋時記	松　窓　五	子	未　詳		
宋再新	松　　窓	孫	未　詳		
宋自新	松　　窓	孫	未　詳		
宋時周	松　窓　四	子	未　詳		
				10人	
遊　善　公　派					
宋嗣昌	遊善公　璿	子	?~光海君 26년	? ~1614	
宋文祐	遊善公子	孫	宣祖 28년~顯宗 13년	1595~1672	
宋時中	遊善公子	孫	光海君 10년~孝宗 9년	1618~1658	
宋時泰	遊善公子	孫	光海君 6년~孝宗 10년	1614~1659	
				4人	
野　隱　派					
宋邦祚	號習靜・野隱	父	明宗 22년~光海君 10년	1567~1618	
宋時榮	野　　隱		宣祖 21년~仁祖 14년	1588~1636	忠顯公
宋基隆	野　　隱	子	光海君 1년~顯宗 10년	1609~1669	
宋時琰	野　　隱	弟	宣祖 32년~仁祖 18년	1599~1640	
宋時珍	野　　隱	弟	宣祖 39년~顯宗 3년	1606~1662	
宋基厚	野　　隱	侄	光海君 13년~肅宗 1년	1621~1674	
				6人	
潛　夫　公　派					
宋元祚	潛父公 汝礪 玄孫		宣祖 8년~宣祖 13년	1575~1635	
宋時逸	潛父公汝礪五代孫		宣祖 36년~仁祖 25년	1603~1647	
宋時載	〃		未　詳		
宋時憲	〃		未　詳		
宋時亭	〃		未　詳		
				5人	
掌　令　公　派					
宋希進	號德城・官掌令		宣祖 13년~仁祖 19년	1580~1641	
宋國士	掌令公長子		光海君 4년~肅宗 16년	1612~1690	
宋國憲	掌令公二子・號安素堂		光海君 7년~肅宗 15년	1615~1689	
				3人	

姓名		歷　　朝	年　代	備　考
		僉　使　公　派		
宋錫昌	僉 使 公 世 勗 孫	中宗時 未詳		
宋時亨	僉 使 公 世 勗 玄 孫	宣祖 38년~仁祖 15년	1605~1637	
宋時顯	時　　亨　　弟	未　詳		
			3人	
		牛　峰　公　派		
宋時瑩	牛 峰 公 應 光 孫	宣祖 25년~仁祖 16년	1592~1638	
			1人	
		護　軍　公　派		
宋國重	松　　潭　　孫	宣祖 31년~肅宗 6년	1598~1680	
宋夢錫	松 潭 從 曾 孫	宣祖 28년~孝宗 10년	1595~1659	
			2人	
		未　詳　者　名　單		
宋孝祚	宋　甲　祿	宋賀昌	宋夏相	
宋天錫	宋　天　老			
			6人	
	計		106人	

　위는 懷德鄕約內에 수록된 은진송씨 명단을 가지고 각계보를 분석하여 보았는 바 시조 雙淸堂 宋愉(1539~1447)와 懷德鄕約 舊案작성을 주도하였으리라고 생각되는 인물과의 관계를 따져서 회덕향안재정 주도자들의 연대추정을 하여 보면 다음과 같다.

　　宋世協　雙淸堂　玄孫(연대미상이나 가장 年高하였으리라 생각됨)
　　宋龜壽　雙淸堂　5代孫 1497~1538 尤庵의 曾祖父
　　宋麟壽　雙淸堂　5代孫 1499~1547 龜壽의 弟
　　宋麒壽　雙淸堂　5代孫 1507~1581 龜壽·麟壽와 4寸 尤庵從曾祖
　　宋柟壽　雙淸堂　5代孫 1591~1626 霽月堂의 曾祖父
　　宋樺壽　雙淸堂　5代孫 1546~1605 霽月堂의 從祖父

宋應祥　雙淸堂　5代孫　1534~1592　同春의　從祖父

宋應秀　雙淸堂　5代孫　1512~1592　同春의　再從祖

宋應瑞　雙淸堂　5代孫　1530~1608　同春의　祖父

宋　玲　雙淸堂　5代孫　1534~1592　四友堂　宋國潭의　祖父

宋桂壽　雙淸堂　5代孫　1539~1586

宋應鸞　雙淸堂　5代孫　1559~1612

이상의 12人은 모두 쌍청당 송유의 5대손으로 대개 동년배의
인물들이며 懷德鄕約의 전신인 舊案을 작성할 당시 주동역할을
하였던 인물들로 단정된다. 그런데 이들은 공교롭게도 현존하고
있는 懷德鄕約을 만든 중요인물인 우암·동춘·제월당의 증조부
시대에 해당되며 그 중에서도 우암의 증조부되는 宋龜壽가 그
아우 麟壽 그의 4촌 麒壽(秋坡)의 분포세력이 단연코 으뜸가고
있음을 알 수 있고(24.7%) 다음이 동춘, 제월당의 勢로 나타나는
데 우암과는 동춘당이 13촌간, 제월당이 14촌간이므로 구안이 창
설될 당시의 행렬은 3파가 모두 삼종형제간의 당내간이며, 四友
堂 宋國澤은 비록 懷德鄕約을 만들 당시에는 조부되는 宋玲이
좀 늦지마는 참여할 年輩이었음을 알 수 있다. 그 중에서도 우암
의 직계되는 송귀수와 傍祖 麟壽·麒壽가 주동해서 懷德鄕約案
이 작성되었으리라는 것은 용이하게 알 수 있는 일이다. 이 명단
은 구안에 登載되어 있는 명단순으로 되어 있는 것에 또한 주의
하여야 될 것이다. 宋世協은 行列이 가장 높아져 第一年高하였으
리라고 생각되며 지위도 慈山郡守를 역임하여 주동인물 중 한
분이라고 볼 수 있으나 年代가 미상하여 제외될 수밖에 없고 그
다음이 우암의 증조부인 송귀수이다. 송귀수의 생존연대는 1497
년에서 1538년의 41년간이므로 송귀수의 사망연도인 1538년 당

시의 주요인물의 연령을 살펴보면 다음과 같다.

송귀수 41세 사망당시

송인수 39세, 송기수 31세, 송응수 26세, 송응상 4세, 송응서 8세, 송령 4세, 송응개 2세

기타 李希壽(丙申生), 姜符(丙申生), 延禧(庚子生) 등도 구안 상위에 가입되어 있으나 李, 姜 양씨는 송귀수 사망당시에 불과 2세요 강씨는 태어나기도 전이므로, 결국 懷德鄕案은 송귀수, 송인수, 송기수 종형제와 삼종간인 동춘당 송준길의 종조부인 宋應秀, 그리고 연대는 미상이나 송세협 등에 의하여 작성되었으리라고 보여지며, 그 연대는 송귀수 사망연도인 1538년 이전에 懷德鄕案이 작성되었을 것으로 보여지므로 최하한연대라야 송귀수 사망 연도인 1938년도로 추정된다.

이와 같은 내력을 가지고 초기 구안은 작성되었는데 역시 그들의 직계후손인들인 송시열, 송준길, 송규염 등에 의하여 송귀수 사망연도 즉 구안이 작성되었을 1538년도부터 134년 후인 1672년(현종 13년)에 본 懷德鄕約을 재작성하기에 이른 것이다.

3) 懷德鄕約의 성격분석

(1) 懷德鄕約의 내용분석

懷德鄕約의 내용은 제월당 송규렴이 그의 향약서문에서 밝힌 대로 그 연원을 여씨향약에 두고 있는 까닭에 여씨향약의 4개덕목과 같이 德業相勸, 過失相規, 禮俗相交, 患難相恤이 綱領으로 되어 있고, 이에 가입한 자의 명단장부와 덕행이 훌륭한 자의 명단장부 그리고 과실이 있는 자의 명단장부 등 도합 세권을 有司

가 備置하여 所持하고 있도록 되어 있는데, 朱子의 증손여씨향약
도 이와 대동소이하며[7] 이퇴계의 예안향약[8]이나 이율곡의 서원
향약[9]과는 상이하고, 율곡이 말년에 만든 「海州一鄕約束」[10]과는
같은 점이 많아서 「懷德鄕約」의 근거는 율곡의 「海州一鄕約束」
에서 綠由하였음을 알 수 있는데 이는 우암, 동춘, 제월당의 학
설과도 상통한다.

「德業相勸」의 細行條目은 「見善必行」 등 31個條目으로 되어
있고, 특히 同約人들은 相互勸奬해서 이를 실행하도록 하며 선행
자와 非善行者는 모두 가려서 善惡簿에 기록하여 두도록 하였다.
특히 선행자는 관청에 보고해서 포상하도록 되어 있는데, 비록
동약인이 아니라 하더라도 선행자는 善行鄕籍에 올리고 관청에
보고하도록 되어 있다.

다음 「過失相規」는 불효부모, 不知兄弟 등 20개조목으로 되어
있는데, 그 내용의 중요골자는 父母不孝, 兄弟不睦, 長幼間의 무
질서를 경계하고 특히 이익만 추구하거나 稅金逋脫, 隱結耕食 등
행위를 금하고 있다. 이 내용들은 사회질서를 유지하는데 가장
중요한 조목 중의 하나로서, 우리 나라의 實情 더 나아가서는 懷
德地方의 實情에 알맞도록 조목을 제정하고 있음이 특징이라고
할 수 있다. 과실상규의 細目을 동약인들은 서로 경계하여야 하
며 조그마한 과오는 대중 앞에서 훈계하도록 하고, 그래도 순종
하지 아니하면 의리로서 깨우쳐 주되, 공개 사과하게 하고, 改悛
한 자는 향적에 올리도록 하며 끝까지 改悛하는 빛이 없는 자는

---

7) 『여씨향약언해』, 1978, 태학사 참조.
8) 『(국역)퇴계집』 II, 1976, 고전국역총서.
9) 유홍렬, 신세서, 128쪽, 「서원향약」 참조.
10) 유홍렬, 전게서, 132쪽, 「海州一鄕約束」 참조.

輕重에 따라서 上上, 上中, 上下 등 9개벌칙으로 다스리도록 되어 있다. 특히 대죄를 저지른 자는 관청에 고발해서 그 죄를 다스리도록 규정하고 있다.

세 번 째 禮俗相交는 尊者(年上 30세 이상자), 長者(年上 20세 이상자), 敵者(年上下不滿 10세자), 少者(年下 20세 이하자), 幼者(年少 10세 이하자) 등 5종으로 나누고 어른에 대한 禮遇를 중점으로 두고 있다. 한편 동약인(회원)들은 哀慶間에 相助하도록 되어 있는데, 혼사에는 닭이나 꿩을 부조로하고, 下人 중 60세 이상 회원은 役事에서 면제하여 주도록 되어 있으며 父母己妻四喪의 哀事에는 有司가 聞訃하는 즉시로 通文을 돌리는 한편 護喪이 되어서 葬禮는 물론이고 小喪, 大喪이 날 때까지 돌보아 주고, 3년상이 난 다음에는 동약인(회원)들이 모여서 慰勞하여 주도록 약정하고 있다.

끝으로 患難相恤은 水火, 病疾, 孤弱, 誣狂, 貧乏 등 5종류로 나누어 상부상조하도록 되어 있는데, 水火의 患難에 대하여는 작으면 15명, 크면 30명을 出役시켜 돌보아 주도록 하고 있으며, 疾病患難에 대하여는 작은 병에는 문병을 하고 심한 경우에는 약을 지어 주어서 돌보아 주도록하며, 有司는 病家所有의 田畓에 播種, 除草, 收穫 등 諸般事를 돌보아 주도록 약정하고 있다.

孤弱者에 대하여는 자력이 있는 자는 자립할 수 있도록 돌보아 주고 侵欺者에 대하여는 관가에 고하도록 하며, 守節寡婦에 대하여는 不良者들로부터 특별히 보호하도록 규정하고 있고 誣告者에 대하여는 관가에 고하도록 하고 安貧樂道하는 困窮한 회원에 대하여는 구제하여 주도록 약정하고 있다.

이 규약을 위반한 자는 그 죄의 경중에 따라서 극형, 상, 중,

하, 下次罰의 벌칙을 받도록 되어 있으며, 특히 타인을 손상시키는 말이나 행동을 하는 자도 경중에 따라서 처벌하도록 약정하고 있다.

이 규정에 가입한 자는 매월 1일에 집회하도록 되어 있는데 장소는 鄕射堂이나 鄕校에서 하도록 되어 있고, 회의 당일인 1일에 특별한 일이 있는 경우에는 다른 날로 집회하도록 규정하고 있다. 그리고 춘삼월과 추구월에는 전회원이 모여 강론도 하도록 되어 있으며, 國忌日이나 회원 중에 忌故가 있는 경우에는 집회를 順延하도록 하고 있다.

집회일에는 有司는 일찍이 집회장소에 나와야 하며, 회원들이 모두 모이면 有司는 좌중에 앉아서 규약을 크게 읽어 회원들에게 주지시키도록 강론하는데, 혹 그 뜻을 모르는 자가 있으면 질문을 하도록 되어 있다. 이 때에 선행자와 비선행자를 전체회원들에게 공개하되, 有故者에 대하여는 명단만 제출하도록 하고, 賞罰은 衆議에 의해서 작정하도록 규정하고 있다.

(2) 附條分析

附條로는 다음과 같은 규정을 두고 있다.

① 회의의 주관은 좌수가 담당하고 업무의 別監이 담당하도록 하며 有司의 임기는 1년으로 한다. 有司(別監)의 임기는 1년으로 하되, 문장에 능하고 사리에 밝은 자가 담당하도록 한다.

② 公事員 1인은 여러 사람이 추천해서 선출하도록 하되 1년 임기로 한다.

③ 회원가입은 매년 연초에 실시하도록 하되, 三鄕에 瑕疵가 없는 자라야 하며, 圈點만이 있는 자라야 가입을 허락한디(회원

은 10명이 차야 회의를 진행할 수 있다).

④ 一鄕의 風俗은 鄕廳에서 주관해서 살펴보도록 하며 上廳에 過失이 있으면 전회원이 모인 자리에서 처벌하도록 하고, 中廳과 下廳 그리고 官屬들의 과오가 있을 경우에는 公事員에게 통고해서 죄의 경중에 따라 처벌하도록 한다. 만약에 벌을 받은 자가 반성할 기미가 없이 욕설을 하는 자는 차차 벌을 더 주도록 하며, 심한 자는 관가에 고하도록 한다.

⑤ 座首, 別監, 官任者들이 과오가 있는 경우에는 관청에 고해서 벌을 받도록 한다.

罰則

벌칙은 極罰, 上罰, 中罰, 下罰, 下次罰의 5종류로 분류되어 있고 極罰은 향적에서 제명도 하는 한편 하인으로 하여금 관가에 보고하도록 하고, 上罰은 齊馬首 笞 50, 次罰은 술 두 동이 笞40, 下罰은 술 한 동이 笞30, 下次罰은 술 두 병 笞20으로 되어 있는데 벌칙 조목내용을 열거하여 보면 다음과 같다.

		上 中 下 罰		
不孝父母	輕者上罰 甚者極罰	不和兄弟	輕者中罰 甚者上罰	
不順父兄	輕者中罰 甚者上罰 尤甚極罰	不敎子弟	輕者中罰 甚者上罰	
慢侮家長	輕者衆戒 甚者極罰	疎薄鹿鄙	輕者上罰 甚者極罰	居喪不謹	輕者中罰 甚者上罰 尤甚極罰
祭祀不敬	輕者中罰 甚者上罰 尤甚極罰	處身鹿鄙	輕者中罰 甚者上罰 尤甚極罰	男女無別	輕者事罰 甚者上罰 尤甚極罰
以少凌長	輕者下罰 甚者中罰 尤甚上罰	以賤凌貴	上　同	輕忽少者	輕者下罰 甚者中罰 尤甚上罰

侵虐下人	輕者中罰 甚者上罰	酗博鬪訟	酗博輕者衆戒甚者衆罰 鬪訟輕者中罰甚者極罰
行不恭遜	輕者下罰 甚者中罰 尤甚上罰	言不忠信	上　同

造言誣毁	輕者下罰 甚者中罰 尤甚極罰	營私太甚	輕者下罰 甚者中罰 尤甚上罰	臨事不恪	輕者下次衆罰 甚者中罰 尤甚上罰
交非其人	輕者衆戒 甚者下罰 尤甚上罰	遊戲怠惰	輕者中罰 甚者上罰 尤甚極罰	偸隱田結	勿論輕重 極罰
不接賓客	輕者下罰 甚者中罰 尤甚上罰	欺隱耕食	輕者中罰 甚者上罰 尤甚極罰	含憤刈禾	上　同

逋負租稅	輕者衆戒 甚者衆罰 尤甚上罰	懷慊衡火極 罰
縱奴草賊	上　同	

極　罰	或除隨行或削籍　下人報官 或永損朔損報官
上　罰	齊首馬　笞五十
中　罰	酒二盆　笞四十
下　罰	酒一盆　笞三十
下次罰	酒二壺　笞二十
癸巳之月	日　別有司　宋時周 　　　　　　李慶翊

4) 懷德鄕案의 性格分析

위의 규약은 구안이 없어지고 새로 만들어진 懷德鄕約의 내용인데 이것을 재정리하여 보면 다음과 같은 성격과 특성을 알 수 있다.

첫째로 懷德鄕案 서문에 나타난 우암 송시열의 사회개혁정책을 엿볼 수 있다고 하는 점이다. 즉 우안은 사회개혁의 방안으로서 국가의 기본단위를 사회(一鄕)에 두고 사회의 기본단위는 一家에 두었으며 一家의 기본단위는 「나 自身」에게 두고 있다. 다시 말하면 나 自身이 不正하면 親戚間에도 용납을 받지 못할 뿐 아니라 향청에서도 그 죄를 면하지 못할 것이니 인간은 모름지기 孝, 謹, 禮, 讓, 忠, 信, 篤, 敬을 근본으로 삼아 수신을 하여야 된다고 주장하고 있다. 이와 같은 견해는 우암 자신이 국가의 대권을 장악하고 있는 우의정 시절임에도 불구하고 솔선하여 향약을 만들게 된 동기가 되었다고 볼 수도 있다.

둘째로 懷德鄕約의 실시연대와 주도인물 문제를 구명하여 보고자 한다. 향안명단의 첫 번째 명단인 송세협이 주도역할을 한 인물 중의 하나일 것으로 추정되나 그의 生沒年代가 불확실하고 그의 후손들의 활동도 타계에 비해서 미미한 점이 있으므로 年代 고찰 인물에서 일단 제외하였다. 그 다음에는 우암 송시열의 증조부되는 송귀수(1497~1538)가 항렬도 가장 높고 연장이므로 懷德鄕案 作成의 주도역할을 하였을 것으로 보여지며 그의 아우 송린수(1499~1555)와 4촌 송기수(1501~1581), 송응수(1512~1592, 동춘당재종조), 송응서(1530~1608, 동춘당조부), 송응상 (1534~1592, 동춘당종조부) 그 보다 연대가 좀 떨어지지만 제월당 송규렴의 종조부되는 송화수(1546~1605), 증조부되는 송상수 (1591~1626)에 의하여 懷德鄕案은 제정되었다고 볼 수 있다. 따라서 懷德鄕案이 실시된 연대는 송귀수가 생존한 중종 33년 (1538)까지가 하한선으로 보여지며 경우에 따라서는 그 이상으로도 소급할 가능성이 있다. 조선시대에 「鄕憲」을 제정하고 시행하기는 조선 태조 7년(1398)에 그의 고향인 豊沛鄕(함경도 영흥)에 전문 41조로 된 향헌을 제정하고 실시하게 한 것이 그 처음이나 향약의 전국실시 企圖는 중종 12년에 조광조가 전국 8도의 州·府·郡·縣에 향약을 실시하여 보려고 시도한 것이 효시가 되었다고 볼 수 있다.

懷德鄕案이 실시되었을 것으로 보이는 1538년은 조광조가 향약을 실시한지 21년 후의 일이므로 조광조의 향약실시와 일련의 관련성을 가지고 회덕지방에도 실시된 것으로 보여지며 실시된 기간은 중종 33년(1538)에서부터 회덕향약명단의 제일 끝에 있는 연대인 신유년 즉 숙종 7년(1681)까지 143년간 회덕지방에 향약이 실시되었음을 알 수 있다.

셋째로 懷德鄕約의 성격을 규명하고자 한다. 懷德鄕約은 전반부에는 우암의 회덕향안서문과 아울러 회원명단이 기록되어 있는 회덕향안이, 후반부에는 懷德鄕約의 규약이 편찬되어 있다. 이와 같이 「향안」과 「향약」이 혼용되고 있는데, 향안과 향약, 향규는 과연 어떻게 다른가 해명하는 것으로써 「懷德鄕約」의 성격도 판명될 것 같다.

먼저 향규와 향약의 차이점에 대해서 김용덕의 의견을 인용하여 보기로 하겠다.

① 향규는 주로 향원을 대상으로 하고 향약은 그것이 시행되는 지역의 상하인 전원을 대상으로 한다.

② 향약의 내용은 권장해야 할 덕목과 처벌의 대상이 되는 악목을 열거하고 있는데 대하여 향규는 鄕執綱, 좌수, 별감의 선출절차, 향청의 직분과 운용에 관한 사항, 향안입록절차 및 자격요건 등이 주내용이다.

③ 가장 핵심적인 차이점은 향약이 守分之風의 振作을 위주로 하는 만큼 교화사적 견지에서 고찰되어야 하는데 반하여 향

규의 본실은 향원이 무고하게 처벌될 때나 중대한 민원이 있을 때 또는 향리의 단속에 있어서 향계와 수령의 의견이 대립되었을 때 단결된 향원의 힘으로 관권에 대하여 향권을 지킨다는 점에 있는 것이다.

④ 따라서 향규는 향권이 강했던 조선전기에 있어서 제 구실을 하였고 향약은 향권이 약화된 조선후기에 있어서 그 功過가 뚜렷하게 나타난다.[11)]

이상의 4개조항을 가지고 懷德鄕約을 분석하여 보면 첫째 조항에서 회덕지방에서 행하여진 향약은 주로 향원을 대상으로 하고 있어서 전지역주민에게 시행되는 향약의 성격과는 다르므로 김용덕이 주장하는대로 향규로 봄이 타당하다. 둘째 조항에 대해서 懷德鄕約을 분석하여 보면 향약의 성격과 향규의 성격을 겸용한 내용이라고 볼 수 있고 세 번째 내용에 있어서는 향약의 주요골자라고 볼 수 있는 鄕風振作의 목적이 담겨 있는 조항은 없어서 오히려 향약의 성격을 띠고 있음을 懷德鄕約에서 볼 수 있다.

다음 네 번째 조항에 있어서는 향규는 조선전기에 제구실을 하였고 향약은 향권이 약화된 조선후기에 있어서 그 功過가 뚜렷하게 나타난다고 하였는데 이 기준으로 분석하여 보면 懷德鄕約의 전신인 회덕구안은 조선전기인 중종연대에 발족되었음으로 구안은 향규의 성격을 띠고 있음이 분명하므로 우암도 「회덕향안」이라고 전하여 내려 오는대로 서문까지 썼으며 우암이 실제로 懷德鄕約을 만든 시기는 조선시대 후기에 해당되므로 서문후미에 와서는 「향약」이라는 명칭을 사용하였고 또 제월당 송규렴

---

11) 김용덕, 전게서 4, 향약과 향규, 222쪽.

도 「향약서」라고 하여 분명히 이 약정이 향약임을 밝히고 있다. 따라서 본 懷德鄕約은 조선전기부터 후기까지 약 143년간에 걸쳐서 실시된 관계로 전기의 회덕향규안에서 후기의 懷德鄕約까지의 복합된 내용을 가지고 있다.

다시 「향안」에 대한 해석을 김용덕은 다음과 같이 설명하고 있다.

향안이란 一鄕의 顯族들이 契를 만들어(鄕契) 계원(향원)들의 명단을 안에 올린 것이고 유향소를 비롯한 향임은 案中之人만이 差任될 수 있었다. 향계가 있는 이상 그 규약인 규가 없을 수 없는데 첫째가는 향규가 향원들만이 향임이 될 수 있다고 설명하고 있어서[12] 懷德鄕約이 향규로서의 성격을 띠고 있음이 분명하다. 더욱이 규약 가운데 전게한 불효부모, 부지형제 등 30개항목의 규약은 이를 뒷받침하여 주고 있다고 하겠으나 제월당 송규렴이 쓴 서문에는 「향약서」라고 명시하고 있고 또 교화적 내용을 가지고 있는 덕업상권, 과실상규, 예속상교, 환난상휼의 4개덕목이 網領으로 되어 있는 것으로 보아 다분히 향약의 성격을 띠고 있는 것이 사실이다.

이상에서 우암 송시열의 사회개혁방안으로서의 一案인 懷德鄕約을 제정하고 실시하여 사회개혁을 도모하였는데 우암은 이것에만 그친 것이 아니고 우암이 거주하던 청천에서 사창규를 조직하고 사회개혁운동의 일익을 담당하고 있었다고 하는데 주목이 된다. 이 자료는 「靑川社倉記」「社倉座目」「社倉下稧座目」등 중요필사본이 우암의 13대 종손되는 현암 송영달에 의하여 보존되어 내려 오다가 금번 우암선생 학술발표회를 계기로 본인

---

12) 김용덕, 전게서, 京任所研究의 새로운 視角 1. 향안 136쪽 참조.

에게 그 연구를 委囑하기에 이르러 입수하게 되었다.[13)]

3. 結 論

이상의 자료를 가지고 정리하여 보면 다음과 같은 결론을 얻을 수 있을 것같다.

첫째로 회덕향안서문에 나타난 우암 송시열의 의리 이상과 사회개혁방안을 강구해 볼 때 우암은 65세의 고령으로 우의정의 관직에 있으면서도 향리의 사회개혁에도 중요역할을 하였다고 하는데 그 의의를 찾아볼 수 있을 것 같으며 사회개혁방안으로서는 수신, 제가, 치국, 평천하의 유교이념을 바탕으로 孝, 謹, 讓, 忠, 信, 篤, 敬으로써 인격을 닦고 이것을 기반으로 향리에 향약을 실시하여 사회개혁을 기도하였던 일면을 엿볼 수 있다.

둘째로 懷德鄕約의 시초는 우암의 증조부되는 송귀수(연산군 3년~중종 33년, 1497~1538)에 의하여 이루어졌는데 창립당시에는 아우 송린수 4촌 송기수 그리고 삼종간인 송응수(동춘 종조부)등의 당내간을 주축으로 하여 이루어졌으며 이 회덕향안이 분실된 후 현종 13년(1672)에 그들의 후손되는 우암 송시열, 동춘당 송준길, 제월당 송규렴 등에 의하여 懷德鄕約이 제정되었다. 이 가운데는 四友堂 송국택일파의 참여도 두드러지는데 그의 조부되는 송령(1538~1592)이 처음부터 참여하였으나 구안이 창립될 당시인 1538년에는 그가 불과 4세이기 때문에 초기부터의

---

13) 이 자료가 입수되기 까지에는 우암의 10대 후손이며 충북대학교에 봉직하고 있는 송백헌 교수의 협조와 儒道會 이지풍 회장의 알선의 힘이 컸음에 사의를 표하는 바이다.

참여는 불가능하였으리라 생각된다. 이와 같은 기록으로 보아서 회덕향안은 적어도 송귀수의 사망연도인 1538년부터 실시되어 1681년인 숙종 7년(신유년)까지 143년간 계속 회덕지방에 시행되어 왔음을 알 수 있다.

다음은 懷德鄕約의 성격문제이다. 즉 우암의 향안서문에는 「회덕향안서」라고 쓰고 있고 향원명단앞에도 「회덕향안」이라고 적혀 있는데 서문중에는 향약이라고 기록하고 있고 제월당 송규렴의 서문에도 「향약서」라고 혼용하고 있어서 착각하기 쉬운 점이 있다. 그러나 김용덕의 향안과 향규·향약의 성격을 해명한 저서로 말미암아 懷德鄕約의 성격도 분명해졌다. 즉 송귀수가 처음으로 만든 회덕향안은 조선전기에 성행하였던 향규의 성격을 띠고 출발하였을 것이 분명하다. 그러므로 우암도 「향안」 또는 「구안」이라는 명칭을 사용한 것으로 보인다. 그러나 1672년 우암 당시에 새로 작성한 것은 조선후기에 향권이 약해지고 난 다음에 행하여진 향약의 성격을 띠고 작성한 것이므로 우암 자신도 서문중에 「향약」이라는 명칭을 사용하였고 또 제월당 송규렴도 「향약서」라고 하여 회덕지방에서 실시된 것이 향약임을 밝히고 있다. 더욱이 懷德鄕約의 내용은 교화를 위주로 하는 덕업상권, 과실상규, 예속상교, 환난상휼의 4대강령을 주축으로 하여 규약이 이루어져 있음이 이를 뒷받침하여 주고 있다. 따라서 전기 것은 향규이었음이 분명하고 후기 것은 향약의 성격에 교화를 목적으로 하는 향약으로 개편되었을 것으로 보여진다. 그러므로 회덕향안, 회덕향규 또는 회덕향약 등 어떤 명칭이든 현존하고 있는 「회덕향안」으로 冊名을 붙여도 무방할 것 같다.

이와 같이 향리에 향약을 실시함으로써 사회개혁을 도모하려고 하던 우암 송시열은 비단 이것에만 그치지 않고 조정에서 퇴임한 후 말년에 화양동에 은거하면서도 「社倉契」를 만들어 사회개혁운동에 이바지하였다고 하는 것은 그의 인품과 덕망 그리고 애향, 애족, 애국의 일면을 잘 드러내준 일면이라고 볼 수 있다.

尤庵의 「靑川社倉座目」解題

　　1979년 6월 13일 사문학회주최로 「우암의 학문과 사상」이라는 주제하에 우암 송시열 선생에 대한 학술세미나가 충남대학교 강당에서 개최된 바 있다. 이때 우암에 대한 철학적인 측면과 사회활동 측면에 해당하는 5편의 학술논문이 발표되었는데 이때 필자는 「우암의 사회개혁정책안」이라는 제목하에 우암의 주도로 만들어진 '회덕향안'에 대하여 사회개혁적 측면에서 구두발표한 바 있었고, 이에 대한 논문이 『백제연구』 제9집(1978. 12)과 『한국사론』 8집(1980. 12)에 발표된 바 있다.

　　이것이 인연이 되어 우암 선생의 13대 종손인 玄巖 宋永達이 대대로 보관되어 내려오던 「靑川社倉座目」, 「靑川社倉改修正座目」, 「社倉下契座目」 등의 중요학술자료를 충남대학교 문과대학 송백헌 교수를 통하여 필자에게 전달한 후 이에 대한 연구를 위촉받은 바 있다. 이 3종의 사창자료는 후에 다시 논문화하여 발표할 예정이나 귀중한 자료이기에 우선 자료로서 이를 소개하고

자 한다.

주지하는 바와 같이 '社倉'이라 함은 의창과 같은 성격을 가진 조선시대에 실시되었던 곡물대여기관으로 '社' 즉 지금의 행정상 面 단위에 해당되는 지방에 실시되었던 빈민구제사업을 위한 민간조직체였으니 의창제도가 관영이었던 반면에 사창제도는 민간주도하에 자영되었던 것이 특색이라고 할 수 있다. 이와 같은 목적 아래 이루어진 청주 사창좌목에 대한 내용을 다음에 고찰해 보기로 하겠다.

1. 靑川社倉座目

靑川社倉座目은 숙종 3년(1677년) 우암 송시열이 70세 되던 해에 청주 청천현 황양동에 거주하던 당시 빈민구제사업을 목표로 해서 조직된 것이다.

회원은 제일 처음 우암 송시열의 명단이 가입되어 있고 이하 60명의 회원명단이 적혀 있으며 취지문에 우암의 친필로 그 취지를 밝히고 있다. 靑川社倉記文은 그 후면에 첨기되어 있다.

2. 靑川社倉改修正座目

靑川社倉改修正座目은 李秀膚 외 51명의 회원이 가입되어 있으며, 후면에는 역시 취지서가 첨부되어 있다. 이 수정좌목 내용을 검토해보면 계미년이라는 연대가 기입되어 있는 것으로 보아 숙종 9년(1683년)에 조직되었음을 알 수 있고 이것은 전기 청천 사창좌목의 취지하에 연속적인 성격을 띠고 제정되었음을 알 수 있는데 우암이 76세 되던 해에 제정된 것이다.

3. 社倉下契座目

사창하계좌목은 한효현 외 44명의 회원이 가입하여 조직된 것인데 병인년이라는 연대가 기입되어 있는 것으로 보아서 영조 22년(1746년)에 조직된 사창계이다. 여기에는 서문이나 취지서가 첨기되어 있지 않은 것으로 보아 전기 사창계의 연장이라고 볼 수 있다.

이상 3종의 청천사창좌목을 검토해볼 때 우암이 70세 되던 숙종 3년부터 청천사창계가 조직되어 숙종 15년 우암이 작고한 후에도 계속되어 영조 22년(1746년)까지 약 70년간에 걸쳐서 청천지방에 사창제도가 실시되었음을 알 수 있다.

이에 대한 구체적인 학술조사발표는 다음 기회로 미루고 자료소개로서 간단히 마무리한다.

歲在崇禎甲寅·慶尙監司李公翻, 以余之貧也, 周之以營米拾石, 余不至飢死故, 欲辭, 而李公已遞歸則處之甚難矣, 適聞 朝家, 以李公端夏議, 俾鄕里各立社倉 而余所居東偏松面里, 土瘠民貧, 欲得本米而無其路, 余遂以其米十石者, 與里人約束, 春秋, 斂散, 一如朱先生之規制矣, 第余忠信, 未厚於人, 里人或疑, 異日有異言, 或子孫, 以爲吾家所立, 而有私之之意則, 其得罪於鄕里也深矣, 故書此, 以爲信而付里人焉.

丁巳 正月 二十五日 華陽洞主 宋

靑川社倉記

歲在崇禎庚戌, 國內大饑, 民人死者, 十而六七, 時, 嶺南按使李
公翻仲羽, 竭誠賑恤, 以活全嶺, 余時在淸州靑川縣之華陽, 實嶺南,
相接, 每聞其勤恤, 爲嶺人慶也, 公以余枵腹空山, 亦一王民之可憐
者, 以俸餘米, 在聞慶者十斛帖 本縣輸送時, 顯宗大王已軫聖慮, 別
有周急之思, 其於恩賜 亦當免死而已, 況添以此米則, 義實有所難
安矣. 遂以此請辭則, 公曰雖然, 勿外也, 余猶以自遂爲期, 面公, 已
遞歸矣. 慶縣, 復輸送日前政去時, 有所申命, 願以爲請余以爲公之
誠則, 誠有所難孤也, 而余之猖帶, 亦有難猝化者, 然但思自安之道,
而不思慶縣所處之難則, 又非平物我之心也. 適大學士李公端夏, 請
行朱子社倉法於諸道, 以備水旱, 上, 卽允之而爭其頒下余曰, 吾知
所以處此矣. 昔朱先生及魏艮齋之爲倉也, 皆請米於府官與使者, 爲
本而歲貸收息, 所息倖本則, 還其本於官矣. 今者以此米, 爲爲本則
無復官米之請. 而且無責還之虞矣, 遂與金得洞辛得中洪胄炳等, 相
議, 募民之願入者則尙州聞慶槐山之犬牙於靑川者頗有喜聞者焉. 遂
各出若干穀以輔於原米, 以且歙散之規, 一依朱先生所定, 則李公之
惠, 將漸廣, 而未知其所止而焉. 旣而李持憲秀美叔兄弟, 聞而爲之
言曰, 昔潘叔度, 以金華縣爲其墳墓所在, 而出米, 以爲社倉, 以業
傍近之人, 今吾墓實在靑川則吾於此 其可以後人乎. 乃與親舊若而
人, 委與同事則, 規模愈大而事體愈重矣. 先是老峯閔公鼎重, 得崇
禎皇帝, 非禮勿動四字, 於燕山歸, 刻於華陽之縣崖, 以圖不磨於無
窮, 又募僧徒創菴, 名以守之, 以燠章, 而文谷金相公壽恒作詩以侈
之矣. 於是, 亦令僧徒, 入於社中, 俾免無食散去之憂矣. 諸君, 乃相

語曰潘方度之所爲. 只爲其先墓而朱先生, 猶且美之, 況此燠章, 雖一菴之微, 而其所係則有難, 以名言者乎, 自是, 諸君, 各致其心力則, 其行於永久而不墜也無疑矣. 余惟朱先生一生辛苦, 明道著書, 其所以爲天地立心, 爲生民之極, 爲前聖繼絶學, 爲萬世開太平者, 爲如何而不幸遭時不淑, 始以爲僞黨, 終以爲逆黨, 至於 皇朝之世則, 又爲陸學之所揜晦, 吾儕, 生此偏邦, 徒能誦其詩, 讀其書而不能行, 其所明之道, 已爲媿異, 惟此社倉一事, 是當日之所拳拳者而, 又不能體而行之, 則亦豈非爲罪之大者乎, 況今先生之道復爲當路者之所詆則, 爲吾儕者, 尤當因此事, 以明先生之道之可行, 皆可以質諸鬼神而, 無疑百世徯聖而不惑, 雖見其身之危, 莫之救以死而, 亦所不辭也.

此契座目, 尚在于靑川洞案几中心當慨然 歲癸未秋享時, 張泰魯 李源始 李源博以此意, 議于扶餘倅宋歛命甫, 移奉于煥章庵, 盖追慕老先生記文中, 此燠章雖一菴之俟, 而其所係, 有難名言者故爾.

尤庵의 「靑川社倉」 硏究

1. 도 언

우암 송시열 선생(1607〈선조 40〉~1689〈숙종 15〉)은 조선 후기 정치계와 학계에 큰 영향을 끼친 인물임은 잘 알려진 사실이다. 선생의 정치적 영향에 대해서는 『조선왕조실록』에 선생과 관련된 기사가 1,112회[1]에 걸쳐서 기록되어 있는 것만 보더라도 잘 알 수 있고 선생이 도학사상을 바탕으로 해서 찬술한 학문적 업적은 총 215권[2]에 달하는 방대한 저서인 바 이는 학계에 끼친 영향을 뒷받침해주는 증거이다. 이렇게 우암이 조선후기 정치계와 학계에 큰 업적을 남긴 것 외에 또 다른 일면이 있음을 알아야 할 것이다. 즉 우암이 야인으로 향촌사회에 거주하고 있을 때

---

1) 『조선왕조실록』 總索引 국사편찬위원회, 1973, 404~405쪽.
2) 『宋子大全』→ 사문학회, 1971, 1‐87쪽. 『송자대전』은 1×6 배판 5권으로 편집 발간되었다. 부록까지 합하면 246권에 달한다.

는 향약을 보급해서 향촌 사람들을 교화시키고 미풍양속으로 정화시켰으며 또 한편으로는 사창을 설립해서 민생고를 해결해보려고 시도한 사실들은 선생의 학문이 탁상의 이론에만 그치지 않고 실천으로 옮기고 있음을 입증해주는 사실들이라고 할 수 있다. 우암이 제정해서 실시한 향약실천운동은 '회덕향약'3)에서 그 예를 찾아볼 수 있으며, 서민구제활동에 대해서는 이글에서 구명해보고자 하는 '청천사창'에 대한 연구에서 그 사실을 찾아볼 수 있다. 전자가 향촌사회에 대한 정신적인 개혁운동이었다고 한다면, 후자는 서민구제사업을 통해서 복지사회를 이룩해보고자 하는 정치철학에서 나온 실천운동이었다고 볼 수 있다.

이글에서 다루고자 하는 '청천사창'에 대한 연구에서는 우암이 自述한 '청천사창기'를 비롯해서 자신이 수결한 '발문' 그리고 후대의 것이지만 이와 관련해서 지어진 '煥章庵'에 대한 기록 등 3가지의 자료와 '청천사창좌목' 3권 등 모두 6가지 자료를 근거로 해서 구명해보려고 한다. 이 자료들을 편의상 '청천사창기'를 자료 1, '수결발문'을 자료 2, '환장암기'를 자료 3, 우암의 함자가 게재되어 있는 '청천사창좌목'을 자료 4, 이와 관련된 또 한 권의 '청천사창개수정좌목'을 자료 5, 私奴들의 명단이 등재되어 있는 '사창하계좌목'을 자료 6으로 분류해서 찬술해보려고 한다.

먼저 우암의 철학을 담고 있는 '청천사창기'를 통해서 그의 사상적 배경과 기본자산형성과정 및 그 운영방안 등을 다각도로 분석해보는 한편, 고관대작을 역임했던 그가 향리에서 어떤 생활

---

3) 성주탁, 1978, 「회덕향약」, 『백제연구』 9집, 충남대학교 백제연구소;
　　　, 1972, 「우암 송시열과 회덕향안」, 『우암사상연구논집』, 사문학회, 383~404쪽.

을 하고 있었는지 그 진상을 알아보고, 특히 직접 쓰고, 수결한 '발문'에서는 사심없이 오로지 공리만 생각하는 그의 인품을 잘 드러낸 자료이므로 이를 통해서 우암의 진면목을 알아보기로 한다.

다음에는 사창가입 회원명단이 수록되어 있는 3권의 '사창좌목' 자료를 통해서는 총 몇 명의 인사가 참여하고 있었는지 알아보고 성씨별, 신분별, 지역별로 분포사항을 알아봄으로써 청천사창의 역사적 의의를 도출해보고자 한다. 특히 신분계급이 엄격했던 17세기 조선사회에서 종과 승려까지 청천사창사업에 참여했었다고 하는 사실은 당시로서는 파격적인 사건이라고 할 수 있다. 이와 같은 사실들이 입증되면 도학자요, 경세가로만 알려진 우암의 대외활동 못지 않게 그의 소박한 대내 향촌활동 모습이 적나라하게 드러남으로써 그에 대한 새로운 모습의 일면이 세상에 알려질 것으로 기대한다.

2. 자료

자료 1 청천사창[4]기

---

4) 사창은 조선시대 각 지방 군현의 촌락에 설치된 곡물대여기관. 농민에 대한 진흥정책이라는 면에서는 의창과 같은 성격이나 의창이 관설구호기관인 데 반해 사창은 촌락을 기반으로 한 민간자치적 구호기관의 성격을 띤 구휼시설의 하나이다. 사창의 유래는 중국 한나라 때부터 있었다고 하며 남송의 주희가 실시한 사창법에 그 기원을 두고 있다. 우리나라에 처음 사창이 실시된 때는 1451년(문종 1)이었다. 우회곡절 끝에 성행된 사창은 얼마 되지 않아 폐지 주장이 나오게 되었다. 그 원인은 구휼기관이 아닌 국가적 대여기관으로 성격이 전락되었기 때문이다. 1510년(중종 5) 사창실시의 견해가 있었으나, 실시되지 못하고 1660년(현종 1) 우찬찬 宋浚吉이 隋 唐外 제도를 본받아 기민을 구제할 것을 제시하였으며, 이유태도 사창의 설

숭정 경술년(1670, 현종 11) 대기근5)이 들어서 백성들이 죽은
자가 10에 6~7할까지 이르렀다. 이때 영남 안찰사로 있었던 李
翊6)이 최선을 다해서 구휼정책을 편 결과 영남전역의 백성들이
활로를 찾게 되었다. 마침 이때는 내가7) 영남과 인접해 있는 청
주 청천현 화양에 거주하고 있을 때이므로 그 구휼사업의 소식
을 자주 들을 수 있었으니, 이것은 영남 사람들의 큰 경사이다.
이공은 왕의 백성 가운데 한 사람인 내가 굶주리고 있는 것을
딱하게 여겨 관미 10석을 문경 사람들로 하여금 청천현에 있는
나에게 보내왔다. 이때 현종대왕께서도 나를 딱하게 여기시고,

치를 역설한 바 있고, 숙종 때에도 그 건의는 계속 되었으나, 그 결
실은 쉽게 맺지 못했다(『한국민족대백과사전』11, 「사창」조 한국정신
문화연구원, 1992, 33쪽).

5) 『현종실록』 권18, 1년 7월 임진조. 이해의 기근 실상에 대해서 사간
李翊相은 다음과 같은 상소를 올리고 있다. 팔도에 흉년이 들어서
인민들이 굶어죽은 보고가 연일 들어와 있으므로 대왕께서는 속히
구휼정책을 쓰시라고 건의하자, 왕은 이 건의에 따랐다고 하며, 계
축년에는 허적, 정지화 등 대신들이 엄동설한에 백성들이 굶어죽는
처참한 실정을 보고하자 왕은 이를 심히 딱하게 여기고 해당부처에
서는 의식을 지급해주도록 분부를 내리고, 다음해 정월 계해조에는
전라감사 吳壽馳가 상소를 올리기를 남도에 기근이 더욱 심해서 도
적이 벌떼같이 일어나 곡식을 가지고 있는 집은 닥치는 대로 털고
있다 하며, 몸에 옷을 걸치고 있는 자를 피습할 뿐만 아니라 심지어
는 장사를 지낸 자의 시체까지 파내서 그 옷을 벗겨 입었다고 한다.

6) 이숙 1625(인조 37)~1690(숙종 16) 자는 중익, 호는 휴정, 시호는 충
헌, 본관은 우봉이다. 1636년(인조 14) 12세 때 병자호란이 일어나
포로로 심양에 붙잡혀갔다가 懷恩君의 주선으로 귀국했다. 1648년
(인조 26) 지사에 합격, 1655년(효종 6) 문과에 2등으로 급제, 한림을
거쳐 삼사에 출입했으며, 그후 경상감사로 있을 때 선정을 베풀어서
여러 고을에서 祠를 세워 그를 모셨다. 우의정까지 역임했다(숙종실
록, 승정원일기, 도암선생집, 엽파환론, 국사대사전).

7) 우암 자신을 말함.

특별하신 은전을 베풀어주신 덕분에 죽음을 면할 수 있었다. 그런데 뜻밖에도 이공께서 이 쌀을 보내주니 미안스럽기 이를 데가 없었다. 왕께서 이미 보내주신 은전이 있으므로 이를 빌미로 사양을 했으나, 이공은 물리치지 말라고 하였다. 나는 보내준 쌀을 꼭 되돌려주려고 마음을 먹고 공을 만나려 하였으나 공은 이미 遞任되어서 떠난 뒤였다. 문경현에서는 전관께서 돌려받지 말라고 재차 분부하신 일이라고 하며 다시 돌려보내면서 전관이었던 이공의 성의를 가납해달라고 말을 하니 참 난감한 일이었다. 나의 고집이 바로 받아들이기도 어려운 점이 있지만 이것은 나의 안일한 생각에서 나온 것이며, 보내준 문경현의 입장을 생각하지 않은 소치이니 이 또한 나의 본심이 아니다. 마침 이때 대학사 이단하8)가 주자의 사창법을 각도에 실시해서 수재와 한재에 대비하도록 건의하니 왕께서 곧 실시하도록 윤허하였다. 나도 주자9)와 魏艮齋가 실시한 사창제도를 이미 알고 있었으니, 이 사창제도는 본미를 관청에서 대여받은 후 이것을 기본 재산으로

---

8) 李端夏 1625(인조 3)~1689(숙종 18) 자 季同, 호 畏齋, 시호 文忠, 본관 덕수, 1662년(현종 3) 문과에 급제. 일찍이 우암 선생 문하에서 수학한 바 있다. 1684년(숙종 10) 예조찬서로 재임했을 때 사창절목을 지어 올린 바 있고, 1686년(숙종 12) 우의정 재임시에는 사창설치의 五益을 건의한 바 있으나 모두 실시되지 못했다. 좌의정과 행판동녕부사를 역임했다.

9) 주희. 1130(남송 건염 4, 고려 인종 8)~1200(남송 경원 6, 고려 신종 3). 송나라의 유학자. 자는 원회, 호는 회암, 후세 사람이 朱子라고 존칭하고 그의 학문을 주자학이라고 하였다. 그는 高·孝·光·寧 사조에 걸쳐서 관직을 두루 역임한 후 말년에 치사, 학문에 전념하고 『주자대전』 100권을 저서로 남겼다. 저서에는 「婺州金華縣社倉記」, 「건녕부건상현人闡사창기」, 「건녕부건상현장탄사창」 등 에 편이 수록되어 있다.

삼아서 해마다 이식을 걷어들인 다음, 그 이식을 모은 쌀이 대여받은 본미가 되면 그것을 관청에 갚도록 한다. 한편 대여해주고 적립한 쌀의 기본자산이 있으므로 다시 관청에 가서 쌀을 대여해달라고 간청할 필요도 없고, 또 상환해야 할 쌀의 걱정도 없는 아주 훌륭한 제도가 바로 그것이다. 이러한 사실을 알고 있는 터이므로 김득사10), 신득중11), 홍주병12) 등과 더불어 상의한 후 청천을 비롯해서 이웃인 문경 · 괴산지방에 있는 인사들 가운데 입사를 원하는 인사를 알아보았더니 그 수가 의외로 많았다. 이들은 각자 약간씩의 양곡을 모아가지고 기본자산으로 원미를 만든 후 주자께서 제정한 규정에 의해서 斂發의 규칙을 만들었던 바 李之惠13)가 이 제도를 실시하니 이 제도를 본받아서 다른 곳에서도 실시하게 되었다. 이시헌과 이수미14) 叔兄弟가 이 소식을 듣고, "옛날 潘叔度15)는 금화현에 묘소가 있는 것을 연고로 해서 사창기본자산으로 백미를 출연한 바 있어 이웃사람들을 도와준 사실이 있는데 우리도 역시 청청지방에 선묘를 모시고 있는 처지이니 어찌 이에 뒤질 수가 있겠는가?"하고 친구들과 더불어 참여하니 그 규모와 사업이 더욱 커지게 되었다. 이에 앞서 志峯 閔鼎重16)이 燕山17)에 갔던 길에 '非禮不動'이라고 쓴 崇禎18) 황

---

10) 김득사, 청천사창좌목에 우암 선생과 함께 수록되어 있는 인사임.
11) 신득중, 청천사창좌목에 우암 선생과 함께 수록되어 있는 인사임.
12) 홍주병, 청천사창좌목에 우암선생과 함께 수록되어 있는 인사임.
13) 이지혜, 사창좌목 면단에는 없는 인사임.
14) 이시헌과 이수미, 사창좌목에 명단에는 없는 인사임.
15) 반숙도는 주자의 무주금화현사창기에 나오는 인물로 그는 선대부터 賑恤사업을 했으며 그도 많은 재산을 희사한 바 있다. 마침 금화현에서 사창제도를 실시한다고 하는 소문을 듣고 500斛을 출연해서 기금으로 삼게 했다. 금화현은 그의 선대묘가 있는 곳이다. 주자는 이를 칭송해서 사창기를 쓰고 있다(『주자대전』 문 79).

제의 친필을 받아가지고 와서 화양동 懸崖에 각자를 해서 영구 보존하도록 하고, 승려를 모집해서 庵子를 수호하도록 한 후, 그 이름을 煥章庵이라 지은 바 있고 文谷 金壽恒[19]은 시를 지어 이 환장암을 빛나게 한 바 있다. 여기에 사는 승려들로 하여금 사창에 가입하게 해서 먹을 것이 없으면 나가버리는 일이 없도록 하였다. 이런 일이 있은 후 여러 인사들이 말하기를 반숙도의 한 일이 그의 선묘를 위해서 한 일이로되 주자께서는 이를 극구 칭찬하신 바 있다. 이와 같은 일에 비추어서 환장암의 입사 사실이 미미한 일이기는 하지만 이와 같은 관계를 맺게 한 것은 쉬운 일이 아니니 오히려 거론하게 되는 것이 오히려 당연한 일이라고 하겠다. 이것을 거울삼아 여러분들은 진심갈력해서 실행하게 되면 영원히 실수하는 일이 없을 것으로 믿는다. 주자는 천지대덕을 본받아서 양민에 힘을 쓰고, 선성현들의 학설을 계승해서 만세토록 태평세대를 이룩하도록 하는 저서를 낸 바 있다. 그런데 주자는 불행히도 태평성대를 만나지 못해서 僞黨들이 생겨나더니 皇朝에는 陸象山[20]의 학문이 풍미해서 세상을 어지럽히고

---

16) 민정중 1628(인조 6)~1692(숙종 18). 자는 大受, 호는 우봉, 숙종 때 문신, 현종 때 이·공·호·형 사조의 판서를 역임한 후 1680(숙종 6) 우의정으로 승진한 바 있다. 1689년 후궁 장씨가 왕의 총애를 받자 許積 등이 정권을 잡고 우암 선생을 절도에 유배시킨 후 사사하기에 이르렀고, 인현왕후도 폐위하니 인현왕후는 바로 민정중의 아우 유중의 딸이다.

17) 연산은 중국을 의미한다.

18) 숭정은 명 의종(1629~1644년까지 재위)의 연호이다.

19) 김수항 1629(인조 7)~1689(숙종 15). 조선 현종 때 문관, 자는 久之, 호는 文谷, 시호는 文忠. 본관은 안동, 청음 尙憲의 손자, 영의정까지 역임했으니 오른의 간계로 진도로 정배되었다가 그곳에서 사사되었다.

있다. 우리들은 이 땅에 태어나서 주부자의 학문을 입으로만 읽고 있을 뿐 실천에는 옮기지 못하고 있으니 大道가 이단으로 흐르고 있음을 부끄럽게 여겨야 할 것이다. 이번에 실시하고자 하는 사창제도는 성의를 다해서 수호해야 할 좋은 제도인데 만약 이것을 실천에 옮기지 못한다고 하면 어찌 그 죄가 크지 않겠는가? 만에 하나라도 주부자의 도학이 비방을 받게 되면 우리들은 더욱 단결해서 주부자의 도학이 실천될 수 있음을 천명해야 할 것이다. 이와 같은 명명백백한 사실은 천지신명뿐 아니라 어느 누구에게 물어보아도 의심할 바 없다. 비록 일신상의 위협이 있다 하더라도 구차하게 삶의 길을 택하지 않을 것임을 천명한다.

자료 2[21] 手決跋文

숭정 갑인년[22]에 경상감사 이숙[23]이 내가 가난한 것을 알고 營米 10석을 보내왔다. 내가 아직 굶어죽을 지경에는 이르지 않았으므로 사양했으나 이감사는 이미 경질되어서 귀임한 뒤였으므로 보내온 쌀을 처리하기가 어려웠다. 이때 조정에서는 이단하[24]의 건의로 향리마다 사창을 설립하도록 하였다. 내가 살고

---

20) 陸象山, 송대 주희와 같은 때 사람. 이름 九淵, 호는 상산이라 하며 학자들이 상산선생이라고 불렀다. 주자와 더불어 鵝湖에서 같이 강학을 했는데 주자는 학문과 경전주석을 주로 한 반면에 상산은 덕성과 도학을 주장해서 理學은 朱陸이파로 분리되어 쌍벽을 이루었다. 그는 덕화에 힘을 써서 민속의 변화를 가져왔다고 전한다(『중국인명대사전』).
21) 자료 2 본문은 본문에 첨부한 사본 참조.
22) 숭정 갑인년은 1674년 조선 현종 15년이다.
23) 이숙 주6) 참조.
24) 이단하, 주8) 참조.

있는 송면리는 토박해서 백성들이 가난했으므로 사창의 기금이
되는 영미를 세워줄 방도가 없었다. 그래서 이감사가 보내준 영
미 10석을 주자의 사창제도에 따라서 춘추로 收發하도록 약속을
하고 마을 사람들에게 이 곡식을 내주었다. 그러나 나는 신의도
부족하고 후덕하지도 못한 탓으로 후일에 일구이언할지도 모를
뿐만 아니라 내 자식들이 우리집에서 내놓은 자산이라고 주장하
여 사욕을 부릴 수 있는 여지가 있다. 혹시 마을사람들이 이와
같은 의심을 가지게 된다면 이것은 큰 죄를 짓는다는 것을 명심
해야 할 것이다. 그래서 이 글을 써서 나의 충정을 천명하는 한
편 이 글을 마을사람들에게 주노라.

정사25) 정월 25일 華陽洞主 宋

자료 3

이 사창좌목은 淸川洞에서 모시고 있는 것이 당연한 일이므로
계미년 秋享 때 張泰魯·李源始·李源博26) 등이 부여부군수로
있는 宋斂27)과 더불어 상의한 후 환장암으로부터 모셔왔다. 미
미한 인연을 가지고 있는 환장암에서 우암 선생의 사창기문을
모시고 있는 것은 명분이 서지 않기 때문이다.

자료 4. 청주사창좌목

---

25) 丁巳年은 1677년(숙종 3)이며 우암이 70세 되던 해이다.
26) 張泰魯·李源始·李源博은 사창좌목에 등재되어 있지 않은 인사임.
27) 宋斂 역시 미상.

宋時烈	英甫 丁未	追	入
蔡頭	直卿 庚午	柳斗寅	天賚 壬戌
李顯稷	子達 庚午	申永植	伯固 乙丑
李秀彦	美叔 丙子	申啓澄	聖時 壬申
李東亭	齋卿 丁丑	李世稷	亨久 辛戌
金得洙	魯源 丁丑	李 欽	敬洲 辛戌
蔡願	元卿 壬午	金舜翼	赤輝 乙丑
李秀蕈	長卿 甲申	李秀傑	君特 丙子
卞東尙	大志 乙酉	李秀英	赤郁 乙卯
金得泗	逝如 丙戌	洪胄文	六仲 甲申
李秀膺	元禮 丁亥	李命稷	欽哉 癸巳
張弸韓	元輔 丁亥	李先稷	退夫 辛丑
李秀仁	仁甫 丁亥	洪胄煥	君晦 壬寅
李秀儵	仲豪 戊子	金鼎九	惠卿 戊辰
李 銑	公執 戊子	金鼎一	重注 辛巳
辛得中	時甫 戊子	沈 混	太初 戊子
宋奎炫	明叔 庚寅	權尙夏	致道 辛巳
宋疇錫	敍九 庚寅	韓益萬	達夫 戊戌
李秀儒	華州 壬子	洪胄華	君實 庚子
卞東尹	孟正 癸巳	金鼎九	惠卿 戊辰
洪胄炳	文伯 甲午	沈 混	太初 戊子
李 鏌	公澤 丙申	韓益萬	達夫 戊戌
洪胄亭	仲遲 丙申		총 42명

추가기입자

齋之淑	洪泰遠
李思迪	金 㴐
辛光禹	洪泰㙻
李東溥	金在魯
李徵海	蔡之涵
金庚萬	李重朵
金禹瀋	李秀春
金震楜	李達海
	金就鎔

총 17명

자료 5. 靑州社倉改修正座目

李秀膺	元禮 丁亥	卞東尹	孟正 癸巳
蔡之涵	魯叟 丙申	李秀岱	日觀 乙亥
李 膺	養志 庚子	李達海	達之 庚子
卞觀夏	禮甫 丙午	金就鎔	哭之 壬戌
蔡之淑	景黙 戊申	蔡之洪	君節 癸亥
金震楜	士直 戊申	宋文相	
李思盟	汝淑 乙酉	宋有源	
李思迪	惠而 乙酉	張瑞奎	季明 癸亥
李徵海	徵之 甲寅	柳世臣	子喬 丁卯
李思悌	敬長 乙卯	金東爕	伯春
權養性		洪泰周	士尙 丁卯
洪泰陞	聖登 乙卯	洪泰重	厚仲 壬申
李師溥	汝吉	洪泰斗	景愈 丁丑
李仁植	子三 庚申	洪泰培	汝益 丙午
李濎溥	士實 庚申	李重朵	上輝 丁丑

金慶萬	善餘 辛酉	宋必重	士成 申巳
辛光禹	拜昌 壬午	申 洙	
李 奎		尹周彦	汝弼 丁亥
卞興夏	起面 癸丑	李秀奭	公輔 丁巳
蔡以休	汝九 戊辰		

追 入

崔秉濟	澤甫 庚戌	李朝海	士宗 癸丑
卞熙績	汝咸 乙卯	池性泓	仲深 丁未

追加加入者名單

李秀膺	元禮 代 丁亥	李思晦	光叔 癸亥
李達海	達之 庚子	李重華	山甫 乙丑
張瑞奎	季明 癸亥	張彦九	華伯 戊子
金東燮	伯春	曾孫 禹濬	
李思孟	和甫 丙辰	李重圭	君執 丙午

(5명)

자료 6. 사창하계과목

郭孝賢	居 州內
梁甲申	居 松面 私奴
金行先	居 松面 私奴
金孝元	居 松面 私奴
金斗星	居 松面 私奴
金起業	居 松面 私奴
尹昌得	居 松面 私奴
金士先	居 松面 私奴
張戒民	居 松面
李明丑	居 松面 代 時奉

李思溫	和甫	安應立	居 石屯 私奴
	丙辰	林承金	居 松面 私奴
李命說	汝誨	金海滿	居 松面 追入 月先
	庚丑	金鶴生	居 松面 私奴
李思儉	素甫	金戒得	居 聞慶 私奴
	辛未	金惡男	居 松面 追入 代 順益
宋相秀	季實	安乙明	居 石屯 私奴 代 安從萬
	戊寅	金望伊	居 松面 代 聖孫
李重熙	聖洽	金望獵	居 松面 代 元得
	壬午	薛尚元	居 石屯 代 有徵
李重燮	華鷔	安從得	居 石屯 私奴
	甲申	尹亥得	居 石屯 私奴
際		李癸丑	居 古縣 私奴
(49명)		朴太一	居 古縣 私奴 追入

際
辛卯 十一月 日

李七業		
朴敏伊		
洪生立	乙丑	
	居 尚州	
李祿以	乙未	
	居 石屯里	
吳順業	庚寅	
	居 松面	
李鋤加里		
金莫龍	庚寅	
	居 石屯里 代 斗天	
朴勝金	辛卯	
	居 松面	
全忠三	辛卯	
	居 尚州	
金龍南	壬辰	
	居 松面 逃亡	
金二俊	乙巳	
	居 石屯里 代	
李得行	壬辰	
	居 大田	
具士哲	丁亥	
李今立	戊子	
	居	

李□生	辛巳
	居
安命男	乙亥
	居 基旨
金亂金	丙子
	居 黑川
孫一先	辛巳
	居 新川
金成吉	庚寅
	居 春川 代 順盆
李岳伊	乙未
	居 武陵
金從善	丁亥
	居 石屯里 代 戌盆
崔生伊	癸巳
	居 山幕
李萬必	
許次龍	甲寅

際

丙寅 三月 日
(48명)

3. 결 어

위에서 제시한 자료를 가지고 분석해본 결과 다음과 같은 결론을 얻을 수 있다.

첫째는 선생의 사상적 배경이 주자학에 있음을 재확인해주고 있다는 사실이다. 송대 理學이 朱陸양파로 분리되어 있는데 우암은 陸象山의 학통을 僞黨이라고 비판하고 주자의 학설을 계승, 수용했다고 자처한 것은 바로 이 사실을 입증해주고 있다. 앞서 주자의 사창기는 「婺州金華縣社倉記」 등 3가지가 있다고 주에서 열거했는데, 그 가운데 위의 사창기가 대표적이다. 여기에는 주자가 潘叔度의 본미기부사실을 극구 칭찬하고 있는 바, 우암도 이를 찬양하는 한편, 이와 같이 기부한 李持憲, 李秀美 叔兄弟를 역시 칭찬하고 있다. 이와 같은 학술계승사실에 대해서 洪淳昶은 李相伯의 말을 인용해서 다음과 같이 설명하고 있다.

「송시열의 유학은 주자의 연구로 시종하였으니, 그 저작집인 『송자대전』의 巨帙이 대개 이에 관한 것이다.」[28]

또 崔根德이

「우암 선생의 경학사상을 한 폭의 비단에 비유한다면, 그 날(經)은 주자학이요, 씨(緯)는 의리정신이다. …… 80평생 그가 尊信한 것은 주자학이었고, 따라서 증오가 있었다면 주자학에 반하는 것이다.」[29]

라고 풀이한 것은 참 적절한 표현이라고 할 수 있다.

둘째로, 청천사창의 기본자산형성과정과 그 운영방안을 살펴보면 경상감사 이숙이 우암에게 보내준 영미 10석을 청천사창의 기본자산으로 기증했다. 이것이 계기가 되어서 이곳에 선묘가 있는 이지헌, 이수미 숙형제가 반숙도의 위선사업을 본받아서 자산을 내놓은 한편, 그 친구들까지 참여하게 해서 여기에 참여한 인사는 총 139명이다. 이들이 기금으로 얼마를 내놓았는지는 알 수 없다. 우암의 사창운영방안은 주자의 의견에 따라 관에서 기본자

---

28) 홍순창, 1992, 「송자의 북벌론과 민족의식」, 『우암사상연구론총』, 사문학희, 174쪽.
29) 최근덕, 「우암선생의 경학사상」, 앞의 책, 91쪽.

산을 대여받은 후 이를 필요한 자에게 대출해주고 그 이익을 모아 본미를 관에게 상환한 다음, 남은 미곡을 자산으로 해서 매년 이익을 증식시켜 유사시에 대비한다는 것이다. 이때 우암은 관에서 대여받은 일 없이 기본자산을 조성했으며, 그 이식률은 연 2할로 생각된다. 이것은 주자의 사창기에 2할로 명시되어 있는 것에 근거한 추산이다.

셋째로, 우암이 자필하고 수결한 발문에 선생이 가난하게 사는 것을 알고 있는 경상감사 이숙이 영미 10석을 보냈다는 것으로 짐작하건대 우암은 청빈하게 생활한 사람으로 판단할 수 있다. 우암은 인조 11년(1633) 사마시에 일등으로 합격한 후 이조판서, 우의정과 좌의정 등 두루 요직을 거치면서 약 47년 동안 조정에 출사하고 있다. 통계30)에 의하면 그의 출사 총연수는 24년간이요, 授命 총횟수는 46회, 사퇴 총횟수는 37회에 달하고 있다. 이것은 우암의 뜻이 출세에 있지 않고 山林에 있음을 알려주는 자료이다. 그러나 24년 동안 요직을 두루 거쳤으면서도 가난하게 살았다고 하는 우암의 생활상은 청백리로 알려진 황희, 맹사성, 이원익 등 제 재상과 더불어 비견해볼 수 있지 않을까 한다.

넷째로, 우암은 청천에 사창설립을 하고 그 기문을 찬술하는 한편 수결한 발문을 작성해서 말미에 부쳐 공언하고 있다. 즉 내가 내놓은 자산에 대해서 내가 일구이언할지 모르겠고 혹시나 자손들이 탐낼까 염려하여 이 글을 쓴다고 했다. 자신을 생각하기 전에 가정을 생각하고, 가정을 생각하기 전에 사회와 나라를 생각하는 우암의 철학을 여기서도 엿볼 수 있다. '살신성인' 아니

---

30) 홍순창, 앞의 글, 212쪽.

'멸사봉공'이라 할까? 아마도 홍익인간의 仁愛 사상과 왕도정치의 기본인 민본사상이 바로 여기에 표현된 우암의 사상이 아닌가 한다.

다섯째, 사창좌목의 자료에 의하면 27개 성씨에 총 139명의 인사가 참여했고, 지역적으로는 청천, 괴산, 회덕지방을 중심으로 멀리 경상도 문경, 상주지방까지 참여하고 있어서 거의 중부지역을 망라하는 넓은 지역을 포함하고 있다. 私奴신분의 인사도 16명이 참여하고 있어서 전체 인사의 1할을 상회하고 있다. 환장암의 승려까지 참여하고 있는 것은 우암의 민본사상을 잘 드러내준 것이라 할 수 있는데 성씨별, 신분별, 지역별 등 미진한 부분은 다음 글에서 보완하기로 하겠다.

청천사창자료의 또 다른 특성은 범 국가적인 차원에서 사창을 설립 실시해보려고 노력해보았지만 실패하고 말았는데 우암은 자기 몫을 공익사업에 내놓고 사창을 설립하고 백성들의 복지를 도모한 사실은 높이 평가할 수 있다.

06

燕岐鄕約綱條資料

燕岐鄕約綱條는 『17세기 연기향안연구』[1]와 관련된 자료이다. 위의 논문에서는 연기향교에 보관되어 전해내려오는 33책 가운데 '구향안서'와 '신향안서' 그리고 '중수서', '인향입법'과 '좌목' 등을 통해서 '연기향안'이 처음 실시된 연대를 밝히는 한편 위에서 제시한 자료의 분석을 통해서 '서원향약'과의 비교·검토 및 연기향안 설립의 주체세력을 밝힌 논문이었다.

이글에서 소개하고자 하는 자료는 앞에서 소개한 연기향안이 1573년(선조 6년)에 실시된 이래 약 348년 동안 실시되어 내려오다가 1921년 일제시대에 이르러서 '연기향약강조'로 개정되어 실시된 것이다.

이 향약강조는 한지 36장으로 편찬된 手澤本이다. 그 내용은 ① 國朝列聖鄕約年譜 ② 御製鄕約綸音 ③ 退溪李先生鄕約題辭

---

1) 박헌숙 1994, 『17세기 연기향안연구』 충남대학교 교육대학원 석사학위 청구논문.

④ 重峯趙先生鄉約封事 ⑤ 栗谷李先生坡州鄉約題辭 ⑥ 栗谷李先生淸州鄉約題辭 ⑦ 尤庵宋先生都下相觀會題辭 ⑧ 淸州鄉會讀約法 ⑨ 燕岐鄉校 鄉約立儀 ⑩ 鄉約凡例 ⑪ 立約總叙 ⑫ 藍田鄉約及相揖禮図 ⑬ 朱子白鹿院規 ⑭ 呂氏藍田鄉約 ⑮ 鄉約跋文의 순으로 편찬되어 있다.

이 가운데 이글에서 소개할 것은 이 책의 핵심부분이라고 할 수 있는 ⑨ 연기향교 향약입의와 ⑩ 향약범례 ⑪ 입약총서이다. 이 세 가지 자료에 포함되어 있는 '鄉約時弊補入', '讀約講信義', '鄉約罰等級', '鄉約罰目' 등 자료는 세부 항목과 함께 소개함으로써 내용 조항이 늘어났음을 밝혀둔다. 이 자료와 함께 그 영향으로 발표될 앞으로의 논문을 통해서 연기향약의 전모가 밝혀질 것으로 기대된다. 특히 '연기향약강조'는 일제시대에 이르러서도 그 명맥을 유지해왔다고 하는 데 그 특징이 있으며, 이 자료와 함께 수집된 향약좌목을 통해서 연기지방의 향촌사회구조와 향약이 실시되어 내려온 하한연대까지 밝힐 수 있을 것으로 기대가 된다. 앞으로의 계속된 연구를 기약하면서 이 자료를 소개한다.

향약강조

연기향교 향약입의

依朱子・栗谷
鄉約參酌爲之

(1) 향약강령

德業相勸
부모에게 효도, 국가에 충성, 형제간의 우애, 어른을 공경하고 수신과 제가를 하며 정성 들여 제사를 모시고, 상사에는 진심으로 슬퍼하며, 친족과 이웃들에는 화목하게 지내도록 한다. 그리고 착한 벗과 사귀며 자식은 법도로 가르치며, 가난하되 분수를 지킬 수 있어야 하며 부자가 되더라도 겸손하고 사양할 줄 아는 예절을 알아야 한다.

過失相規

과실에는 6가지가 있으니 ① 법도 없이 희희낙락하는 것 ② 다투거나 송사를 일삼는 행위 ③ 행실이 법도에 어긋나는 행위 ④ 신용없는 행위 ⑤ 사리를 도모하는 행위 ⑥ 이단을 배척하지 않는 행위를 말한다.

향약을 지키지 않는 4가지 사항은 ① 德業不相勸 ② 과실불상규 ③ 예속불상교 ④ 患難不相恤이며 수신을 하는 데 있어서 과실이 되는 5가지는 ① 좋지 못한 친구를 사귀는 것 ② 생업에 태만하는 행위 ③ 법도 없는 행위 ④ 신중하지 못한 처사 ⑤ 절제 없는 용도이다.

禮俗相交

예속상교에는 4가지 조건이 있으니 ① 어른과 아이들 사이에는 질서가 유지되어야 한다. ② 어른을 뵈면 절을 하거나 읍을 하도록 한다. ③ 어른에게는 자청해서 환송하거나 맞이하도록 한다. ④ 애상사에는 부의금이나 축의금을 보내도록 한다.

患難相恤

환난에는 7가지 조건이 있으니 ① 수화의 재난 ② 도적을 당하는 일 ③ 질병에 걸리는 환난 ④ 장사지내는 일 ⑤ 고아가 되거나 노약자가 되는 환난 ⑥ 사기를 당하거나 억울한 죄를 쓰는 일 ⑦ 가난해서 끼니를 끊일 수 없는 정도의 가난함을 말한다.

(2) 향약범례

一. 도약장은 1인으로 하되 年齒와 덕망이 높은 자를 추대해서 선출한다. 또한 나이와 덕망이 있는 자 2인을 추대해서 도약헌, 도약정을 추대하고 학행이 있는 자 2인을 부약헌, 부약정으로 추대한다. 행사가 있는 당일의 掌財는 노복으로서 맡게 하고, 장의는 연락을 맡게 하며, 司貨는 西齋를 맡은 자가 맡는다. 향적은 3권을 비치해주도록 하되 입약을 원하는 자는 첫번째 향적에 올리도록 하고, 덕행이 있는 자와 과실이 없어 본받을 만한 자는 향적에 각각 등재하도록 한다. 도부헌정은 정식으로 없으며 당일의 집사는 1년마다 바꾸기로 한다.

一. 入約三籍은 궤속에 넣어 향촌에 보관토록 하고 守僕이 이를 맡아두도록 하며, 열쇠는 약장댁에 두도록 하되, 일반 유생들은 마음대로 출납하지 못한다.

一. 3월과 9월에는 회원들이 모여 향교에서 향식례를 행하도록 한다.

一. 1년에 4번씩 날짜를 택해 약원들이 모여 향약을 읽도록 하니 그 이름은 강신이라고 한다.

一. 향교를 중심으로 해서 남북삼면에 각각 동몽훈장을 1인씩 두도록 하는 한편 어린이 10세 이상 20세 미만자를 등록시켜 매월 소학을 강론하도록 하며 강신일에는 향교에서 강론하도록 한다.

一. 향교에서 갈려진 면에는 公員과 色掌을 두도록 해서 상벌을 기록하도록 하고, 별검 1인은 講信하는 날에 관장하고 있는 부서의 일을 보고하도록 한다.

一. 현감이 새로 부임해서 뵐 때에는 守僕이 그 날짜를 향장에게 고한다. 향장은 당일에 색장으로 하여금 기약한 날짜에 향교에 들어가 의관과 제목을 갖춘 후 향약안을 가지고 현감의 존함을 쓰도록 한다. 다음에는 향약을 봉독하도록 한 후, 복장을 갖춘 다음 향약절목을 받들고 현감 앞에 무릎을 꿇고 앉아 향약을 다 읽을 때까지 앉아 있는다. 현감이 다 읽으면 재배를 하게 되는데 현감은 답배를 한다.

一. 민간인 가운데 송사가 있는 자가 있으면 향장은 憲正과 더불어 그 시비를 분별하는 한편 잘못된 자가 있으면 그 송사를 중지시키도록 한다. 홀로 판단하기 어려운 경우에는 제회원에게 홍보를 해서 시비를 분석하게 한다. 잘못한 자가 밝혀졌어도 중지하지 않으면 송사하기를 좋아하는 자로 간주하고 그 죄가 중하면 다스리며, 가벼운 경우에는 향적에 기록해두도록 한다.

一. 爭訟하는 일이 있는데 鄕廳에 고하지 않고 직접 관가에 고하는 자는 향청의 약정을 범한 자로 논죄한다.

一. 회원 가운데 우환으로 농업을 폐기하는 자는 향청으로부터 소와 농기구를 빌린 다음 힘을 합해서 농사를 지어주도록 한다.

一. 회원 가운데 무고하게 갇히는 자가 있으면 회원들이 연명해서 관가에 고하도록 한다.

一. 회원 가운데 상사가 있는 회원에게는 색장과 별검이 유사에게 고한 다음 돌 없는 백미를 부의로 보낸다(가난해서 낼 수 없는 자는 신역으로 대신한다). 장사를 지낼 때는 장정 1명을 보내서 도와주도록 한다.

一. 두엄으로 낸 풀을 절취한 자는 하나도 숨겨둘 수 없도록 철저하게 적발한 후 대치한다.

一. 관청에 보고할 일이 생겼을 때는 1년에 4번 모이는 회의 때가 아닌 경우라 하더라도 임원 3명이 모여 합의한 후 보고하도록 한다.

一. 강신하는 날에 아무 까닭없이 불참하는 자는 명단을 갖추어 보고하고, 그에 해당하는 벌을 논하도록 한다.

(3) 향약시폐보입

一. 산천에 나무가 전혀 없는 것은 우리 고을이 가장 심해서 백성들의 피해가 크다. 회원 중 나무를 베어 팔아서 벌거벗은 산으로 만든 자는 향약입법으로 엄중 단속하고 심한 자는 처벌토록 한다.

一. 부녀자들이 관청 근처에 어린 거리는 것은 魏나라 때 鄴都의 풍속에 가깝다. 만약 이와 같은 일이 회원 중에 있으면 부녀자의 가까운 친족을 처벌할 것이며, 심하면 출향시킨다.

一. 사족들이 국가나 선조 및 부형의 일로 관청에 출입하는 것은 허락하되, 전토·여자 문제, 우마 등 財利 문제로 관청에 출입하는 것은 절대로 금하며 어긴 자는 처벌한다.

一. 사족이 곤궁해서 사환이 없는 자나, 田庄을 돌려주어 부득이 들어오게 된 인사가 있으면, 해당 관할부서에서 잠시 돌보아 준 후 돌려보내는 것이 옳다. 만약에 邸宅이나 공청에 출입하면서 유숙을 하며 관정을 엿보거나 음주, 도박을 하면서 유숙하는 것은 일체 금하며 심한 자는 처벌토록 한다.

一. 어려서 배우고, 커서 이를 행하는 것은 학문하는 방법이요, 학업에 대한 성취 사업이니 이 두 가지는 학문의 관건이다. 혹시 연소한 때 학문에 부족해서 이 두 가지를 포기하는 자가 생겨, 향교나 서원을 출입하거나 공부하는 데 결석을 하는 자가 생기면 회원 가운데 40세 이상 된 유생을 천거 향교와 서원의 책임을 맡도록 하고 범법자는 처벌하도록 한다.

一. 자기보다 나은 자를 시기하는 것은 좋지 못한 심사이다. 애경사에는 슬픔과 기쁨을 같이 하며, 이웃이 잘 되는 일이 자기 자신이 잘 되는 일로 알고, 상호 협동심을 가져야 할 것이다. 이를 범한 자는 처벌한다.

一. 府內의 선악에 대해서는 향리수장에게 그 책임을 묻고, 향중의 선악에 대해서는 면 책임자에게 책임을 묻는다.

이와 같은 일은 강신하는 날 낱낱이 고하도록 한다.

一. 우암선생의 향약 가운데 7가지 사례에 의거해 읍내 백성에게 해가 되게 하는 자는 1년에 4번 개최하는 향회가 끝난 후 관에 고해서 시정하도록 한다.

一. 석전과 사직의 예는 국가의 큰 제례이다. 제수의 공납이 부족하면 해당자를 불러 처벌토록 한다.

一. 복장은 귀천을 표시한 것이다. 비록 낡은 도포라 할지라도 반드시 입고서 제례에 참석하도록 하고 관청에 들어와서 慶吊를 하도록 한다.

(4) 讀約講信義

1, 3, 6, 9월 초하룻날에는 유사와 색장이 文使로 하여금 출정

하도록 하는 한편, 별검으로 하여금 전고하도록 한다. 회원은 모두 율곡선생 유훈에 따라서 봄과 겨울에는 술과 과일을 지참하도록 하고, 여름과 가을에는 점심을 가져오도록 해서 폐가 없도록 힘쓴다.

약장과 도부헌 도부정은 동쪽 벽에 기대어 앉는다.

집례와 장의 2명은 남쪽 줄에 앉아서 그 날의 상벌사항과 경비를 관장하고 향약을 읽고 난 다음에는 동쪽과 서쪽 맨 윗자리에 앉는다.

蒙學선생 3명은 남쪽 줄 별좌에 앉으며, 공원과 색장, 유사는 동쪽 자리에 차례대로 앉는다.

掌記와 별검은 또 한줄을 별도로 만들어서 앉게 하고 나머지 회원은 서쪽 벽에 나이 순서대로 앉는다.

庶人 이하 아전들은 동편에 별도로 줄을 만들어 앉도록 한다.

회의에 참석한 회원들은 모두 두 손을 모으고 앉으며, 소란을 피우면 안된다. 향약을 읽을 때 글을 깨닫지 못한 자를 위해 그 뜻을 아는 자로 하여금 일깨워주게 하고, 색장은 선악적에 적혀 있는 명단을 회원들에게 알린다. 회원 가운데 이의가 있으면 다시 상의해서 결정하도록 하고, 향약을 다 읽으면 모두 일어서서 읍을 한다.

착한 일을 한 회원은 회원 앞줄에 별도로 자리를 마련해주고 모두 격려해주며, 나쁜 짓을 한 회원은 그 죄상이 가벼우면 책망을 하고 잘못을 고치고 난 다음에는 죄의 경중에 따라 향적에 기록하게 하는 한편, 강론이 끝난 다음 어린이들은 소학을 받아들고 相揖禮圖에 따라 행한다.

선악이 현저해서 관에 보고해야 하는 자, 각 면에 임원으로서 약조를 어기거나 미풍양속에 변화를 준 자, 타인에게 폐해를 준 자는 모두 관에 보고한다. 사소한 선행이나 과실이라도 타인의 보고가 있으면 도약장은 약헌, 약정과 같이 서명을 한 다음 보고하도록 하고, 향청내 회원에게만 보고할 일이면 도약정만이 서명한 다음 향약의 법규대로 준수할 것을 약속한다.

(5) 향약행벌등급

一. 집안 어른과 향리의 어른들에게 욕을 하거나, 상례 때 술주정 또는 제사 때 불경스러운 자는 최상의 벌에 처한다.

一. 조정과 관청을 비방하거나 세금과 공물을 함부로 쓰거나, 사람의 허물과 장단점을 함부로 말하는 자, 부자이면서 가난한 자의 재산을 탐내거나, 착한 사람을 능멸하는 행위, 윗사람으로서 비리로 아랫사람을 학대하는 행위, 반대로 아랫사람이 윗사람을 비리로 능멸하는 행위, 타인들의 물품을 약탈하거나, 상전의 분부에 순종하지 않는 행위들은 차상으로 엄벌에 처한다.

一. 술에 취해서 타인을 매도하거나 친족과 이웃에게 불목한 자, 서로 잘 다투는 자 및 신용이 없거나 타인을 모함하는 자, 공정하지 못한 논의를 하는 자와 물의를 일으키는 자는 중벌에 처한다.

一. 문인도 무인도 아니면서 놀기만 하고 나태하며 본심도 없고, 직업도 없으면서 사리사욕만 챙기는 자는 하벌에 처한다.

(6) 향약벌목

사류를 상벌로 처벌할 때는 말단 별좌에 앉히고, 북을 울리면서 처벌사항을 게양하고 笞 40을 치도록 한다.

士類를 次上罰로 처벌할 때는 별좌에 앉히고 꾸짖은 다음 연명해서 관에 통보하고 하인으로 하여금 태 30을 치게 한다.

사류를 중벌로 처벌하게 될 때는 역시 말단 좌석에 앉히고 찬물(玄酒)을 들이키게 한 다음 하인으로 하여금 태 20을 치게 한다.

사류를 하벌로 처벌하게 될 때는 훈계를 한 다음 태 10을 치도록 한다.

태 40대 이하의 벌칙은 약장과 유사가 스스로 결정하고 이보다 중한 벌칙에 대해서는 관에 고한다.

(7) 입약총서

有明崇禎紀元後四辛酉는 곧 왕께서 즉위하신 지 13년이 되는 해이며 연안 李侯께서 고을에 부임해온지 3년째 되는 해이다.

秋九月十五日 경자 많은 선비들이 향사당에 모여서 청주의 향약 조례에 따라 할 뜻을 관에 품의했다.

堂長 洪洙泳 色掌 成志學

冬 십월 초하루 아침에 校任과 儒公員이 품관해서 通使를 발동시키도록 하고, 西齋에서 고시한 七面의 儒錢을 알려주며, 유전은 일원인 일전식 작정했다.

발문공원 朴翰鍾

同月 십삼일 무진 유생 이명을 청주에 파견해서 향약유치소를 방문토록 하다.

유생 홍인섭, 홍유영

同月 심구일 甲戌 유생 일명을 청주에 파견해서 향약의 유래에 대해서 살펴보도록 하다.

유생 홍극렬

同月 이십일 을해, 유생 2명을 위원집에 파견해서 향약에 대해서 상의를 한 후 그 절차를 마련하도록 하다.

유생 홍원영, 홍하규

11월 초하루 아침에 교임 유공원들이 향약안을 가지고 관청의 임원들에게 가서 서명을 받다.

유생 홍윤영, 홍하규

입약총서(원문)

有明崇禎紀元後四辛酉 即
上之卽位之十三年也, 亦 延安李候蒞邑之第三年也
秋九月十五日庚子 多士 會 鄕射堂 以依淸州例鄕約之意稟官
堂長 洪洙泳 色掌 成志學

冬十月朔朝 校任 儒公員 稟官 發通使 西齋輪示七面儒錢, 一員
名下一錢式作定
跋文公員 朴翰鍾

同月十三日戊辰 遣儒生 二員于淸州訪問 鄕約留置所
儒生 洪寅燮, 洪瑜泳

同月十九日甲戌 遣儒生 一員于淸州 奉審鄕約以來
儒生 洪極烈

同月二十日乙亥 遣儒生 二員于諸員家, 質立約節次以來
儒生 洪潤泳, 洪夏圭

十一月朔朝乙酉 校任 儒公員 奉鄕約案 請搢紳于官 自官著唧

第 2 編 文化

지봉 이수광 연구 -그의 국방사상을 중심으로-

1. 서 론

대홍수가 지나가매 만물을 휩쓸어서 일견 티끌조차 없이 쓰러져 나갈 것만 같아도 그 밑에는 비옥한 충적토가 남아서 살찐 거름이 되어 전년의 몇 배나 되는 수확을 거두는 것처럼 전쟁과 사회의 병폐는 밑거름이 되어 항상 새로운 사상을 만들어내므로 역사의 새싹을 트게 한다. 인류의 역사는 언제나 썩은 웅덩이 속에서 자라나는 것이 철칙으로 되어 있기 때문이다. 그러므로 인류의 역사는 황금시대보다도 혼란기에, 번영기보다도 쇠퇴기에 그 역사적 의의가 더욱 큰 바가 있는 것이다.

조선 중엽에 기강의 해이, 收斂의 과중, 농민의 피폐, 국고의 결핍, 외적의 침입 등 외환·내우로 일어나는 복잡다단한 여러 가지 일들은 사사건건 뜻 있는 자로 하여금 수수방관하여 묵과할 수 없는 지경에 이르렀다. 이것이 조선시대 중엽 신시조데동기의 사회상이었다.

이 때 태어난 芝峰 李睟光(1563~1629)은 내외로 닥쳐오는 양대 위기를 두 눈으로 뚜렷이 보았고, 자신이 스스로 체험했기 때문에 내 집의 썩은 곳과 부스러진 곳, 막힌 곳과 무너진 곳 그리고 모진 외풍이 불어 닥쳐오는 곳 등을 샅샅이 알게 되자 개혁을 꿈꾸었다. 그래서 어떻게 하면 좀더 튼튼한 내 집을 만들 수 있을까 고민하고, 개혁하자고 주장한 것이 곧 그의 사상으로서 이것이 다시 체계화된 것이 그의 저서 「芝峰類說」이다.

원래 사상이 죽은 것이 말이오, 말이 죽은 것이 글이라고 한다. 글이란 이토록 사상을 표현하는 데 부족한 도구이다. 더구나 석학 지봉의 사상을 들추어냄에 있어서는 더욱 그렇다. 그러므로 많은 저작 중 「지봉유설」 가운데 사상의 일부분인 국방문제만을 고찰하기로 하였다.

이제 글을 쓰는 데 있어 고인을 욕되게 함이 없으면 천만다행으로 여기는 바이거니와 설사 그릇된 곳이 있다 하더라도 질정을 바라면서 이 글을 쓴다.

2. 지봉 이수광의 생애

지봉 이수광에 대해서는 기록이 많은 편인데 그의 친한 친구였던 淸陰 金尙憲의 묘지명과 潛谷 張維의 제문이 그 적절을 기했으므로 이를 추려 전재하고자 한다.

이수광은 1563년(명종 17) 2월에 병조판서 증 領議政 希儉의 아들로서 태어나니 곧 태종 대왕의 제6대손이다. 공의 아버지 희검은 명·선 양조에 걸쳐서 충성을 다하고 忠盡篤厚한 명망 높은 명문재상이었던 관계로 공의 성격과 행동은 선천적으로 부친에게서 물려받은 것 같다. 공의 어머니 문화 유씨는 태몽에 이상한 꿈으로서 공을 잉태하였다 하며 이미 5세에 능히 독서를 할 수 있었고 기억력이 출중하여 보는 자로 하여금 감탄하게 하였다고 한다. 13, 4세에 명륜당에 나가서 공부하게 되었을 때에도 선배들이 학문에 대해서 도리어 문의하였다고 한다. 16세에 초시에 합격하고 그 기쁨이 채 가시기도 전에 부친의 상을 당하게 되자 공의 인생관도 따라서 변하여 가문의 명성을 훼손시킬까봐 많은 노력을 하였다. 그 결과 학업이 일취월장하여 당시의 석학 栗谷 李珥(27년 선배)도 큰 학자가 될 것이라고 하고 칭찬까지 들었으며 특히 詩文에 능했다고 한다.

임오년 20세에 진사에 오르고 을유년 22세에 대과에 합격하여 그의 관직생활 40여 년의 첫출발을 하게 되었다. 처음에 承文院 權知副正字에서 사관에 檢閱侍敎가 되고 다시 성균관전적 사헌부감찰에서 호·병 양조의 좌랑을 거치는 동안에 당시 조정의 중망이 날로 높아졌다고 한다.

이때에 공으로 하여금 처세에 커다란 병화를 준 것이 있으니 그것은 당쟁의 시작이다. 동료간에도 중상모략을 일삼는 것을 본 공은 하던 벼슬도 내던지고 귀가하고 말았다. 이후부터 공은 다시 예조좌랑, 이조좌랑을 거치는 동안에 그 자리에 장기간 머물어 있지 않았다. 바로 이때에 임진왜란이 일어났다.

이때 공의 나이 30세로 경상도 방어사 趙儆이 공을 경모하여 從事官이 되기를 청하니 공은 전지로 곧 부임하였다. 전지에 나가면서고 공은 공포의 안색이 추호도 없었다고 한다. 방어사 조성이 공을 빈망히 여겨 형제도 없는 노모 시하인 만큼 종군법에서 自免하라고 권하였으나 공은 "國家有難 敢顧私乎"라고 하며 끝내 진중에 머물렀다 한다. 임진왜란을 체험하게 된 공은 정부의 무능과 국방의 해이를 자각하게 되어 개혁의 웅지를 꿈꾼 것으로 간주된다. 왜병은 긴 전국시대를 거치는 동안에 숙련된 군졸들이므로 1952년 4월 18일 상륙한 지 18일 만인 5월 2일에는 경성을 함락시키고 다시 양분하여 계속 공격하는 까닭에 왕은 의주로 피난을 가고 구원을 애원하는 請願使는 明나라로 향하게 되었다. 이 때 공은 전세가 불리하여 王이 있는 義州 행재소로 급히 달려갔다. 그곳에서 부교리를 제수받은 다음 9월 북도 명천에 계신 어머니를 찾게 되었는데, 이 때 왕은 宣諭御使로 임명하고 본도 실정과 민심을 살피도록 하명하였다. 이 때에 함경 이북지방은 회령에서 피란중이던 임해군과 순화군이 적군의 포로가 된 관계로 민심이 혼란하여 조정의 위엄은 땅에 떨어져 무정부 상태였으므로 공은 격문을 작성하여 대의와 명분을 밝힌 탓으로 민심이 안정되었다고 한다.

귀환하매 병호정랑을 제수하였다. 이때에 『中興要務』를 작성하여 시정방침을 왕에게 상소하니 왕이 이를 嘉納하였다. 이 때는 명·왜 양군 사이에 강화가 성립되는 무렵이므로 왜군이 퇴군하자 11월 1일 선조는 환도하게 되었다. 난마와 같이 어지러운 국사는 필설로 형용하기 어려웠다. 이에 왕은 승정원 부승지로 공을 超拜시킨 다음 다시 병조참지로 임명하고 후에 대사성으로 임명하여 남원에서 전투하는 명장 양원군의 군량을 공급케 하였다. 마침 그때에 중국 皇極殿이 화재로 소거되자 慰撫使로서 연경에 다녀오고 다음 해(기해년)에 공(37세)이 이조참의를 배수하였든 바 동서 분당의 파쟁은 점점 심하여 조정은 매우 어지러웠다. 난중에 막대한 인명을 상실하고 거대한 국재가 탕진되고 많은 국보가 소실되었어도 당파 싸움만은 그대로 남아있었다. 國境一遇에서 구차한 목숨을 보존하면서도 시기와 질타만을 일삼는 까닭에 동인이 갈려 南人北人이 되고 다시 大北小北으로 갈려 柳西崖, 李完平, 郭再祐 등이 몰려나가고 김덕령이 매에 맞아 죽는 것을 보고 공도 따라서 관계에서 물러났다. 그러나 간당들을 각양각색으로 중상과 모략으로 公을 해치려 했으나 가해하지는 못하였다고 한다. 얼마 후에 두 번에 걸쳐 銓曹에 발탁되었으나 모두 사양하였다. 그 후 다시 홍문관 부제학으로 소명하매 진배하였다. 공은 당시 왜난으로 말미암아 소실된 문화재를 정비하고 易經諺解를 완성하는 등 후학에 많은 업적을 남겼으나 선조의 繼妃冊立 문제로 조정에서 물의가 일어남에 공이 홀로 이에 부화되지 않은 탓으로 안변부사로 추방당하고 말았다. 공은 그곳에서 勸課有法하는 선정을 베풀어 흡득인심하였다고 한다. 큰 가뭄에 기우제를 지내 큰 비를 오게 하고 楊蓬萊의 심은 蓮이 재생함에 향민들이 그 기이함을 알고 公의 후덕을 치하고자 하였는데 公은 이미 사직 귀가한 후였다고 하니, 公이 얼마나 청렴한 인격자인지 짐작할 수 있다.

광해조에 이르어 주청사로 연경에 가게 되니 하절사와 위무사로 간 것까지 모두 3회나 되었다. 이 때 공의 나이 49세였다. 8월에 출발하여 다음 해 3월에 귀국하기까지 반년간이나 그곳에서 서구학자들과도 만났고 기타 외국사신들과도 친교하게 되어 공의 명성이 해외에 떨치게 되었으며 따라서 학식도 넓어진 것으로 생각된다. 한편 3차례에 걸친 연경 왕래에 빈손으로 왕래하였다 하니 공의 청렴함을 가히 짐작할 수 있다.

귀국함에 광해군의 廢母殺弟事件이 일어났다. 廷臣들은 서슬이 시퍼런 광해군의 위령에 눌려서 감히 시와 비를 간하는 자가 없었는데 공이 홀로 시비를 논하니 눈치만 살피던 신하들은 경악해 마지 않았다고 전한다. 大司憲을 다시 수여했으나 나가지 않고 李爾瞻 등이 옥사를 일으키매 공은 사퇴하고 두문불출 4년 간이나 지냈다. 간신들이 공을 시기하는 바 되어 관직에 나오지 않음은 필시 반심이 있는 것이라고 광해군을 추켜 문제를 일으키니 왕은 화를 내며 당장에 소명하라 하였다. 그래서 공은 부득이 상경하였으나 신병이 깊음을 구실로 곧 귀환하고 말았다.

계해년 공이 61세 되던 해 인조의 반정으로 국정이 정리됨에 따라 왕이 도승지로서 소환하니 곧 진배하였다. 그러나 이괄의 반란으로 왕이 공주로 남천함에 공도 수행하게 되니 정헌대부좌참찬 겸 공조판서를 증여하였다. 이때 왕에게 다음과 같은 상소를 하였다.

「下盡誠於上 責實於下 以實心而行實政 以實功而政實效使, 念念皆實 事事皆實……」이라 하여 무실역행을 권하였으나 성실이 없는 당시 조정에서는 가납되지 않았다.

이토록 우국지사들은 국가의 장래를 염려하였지만 정부는 안이하게 대처하고 있었으니 그 보답은 무엇인가? 자각없는 민족에게는 철퇴의 선물밖에 없었다. 임란에 터진 상처가 채 가시기도 전에 정묘호란으로 왕은 다시 강화도로 파천하고 세자는 호남으로 分朝하게 되매 공은 강화로 아들 聖求와 敏求는 세자를 따라 남하하게 되었다. 공을 애석하게 여겨서 남하를 권하였으나 「君爲仁 臣爲忠」이 가하다고 하며 불허하였다. 적이 물러간 후 대사헌으로 임명하니 난중에 적에 합세한 자들이 해가 미칠

까봐 두려워했으나 널리 용서했는 바 민심이 안정되었다고 한다.

다음해 7월에 이조판서를 수여하니 사양하였으나 왕이 불응하므로 부득이 진배하였다가 곧 사직하고 말았다. 그해에 공이 풍질로 눕게 되었을 때 장자 성구는 전라감사로 부임한 때이므로 소환코자 했으나 직무에 충실하라고 귀가를 불허하였다 한다.

12월 26일에 숙환으로 영면하니 향년 66세이다. 왕은 그 소식을 듣고 「정국이 난마와 같은 이때 공을 잃고 어이하랴」하고 슬픔을 감추지 못했다 한다. 왕은 大匡輔國崇祿大夫議政府領議政兼領經筵弘文館藝文館春秋館象監事世子師를 증직하였으며 '文簡'이란 시호까지 내렸으니 시법에 「文, 勤學好文曰文, 簡, 一德不懈曰簡」하니 공에게 적절한 시호라 하였다.

공은 평생에 얼굴을 붉히거나 큰 소리를 지른 일이 없다 하니 얼마나 온화한 인물이었는지 짐작할 수 있으며 봉록 외에는 가산을 늘인 일이 없다 하니 공의 청렴함을 짐작할 수 있다. 한편 공은 入朝 40여 년의 그 혼탁한 사회에서 한 번도 뜻을 잃지 않았다 하니 금옥군자이다. 공과 막역한 象村 申欽은 공을 평하되 '芝峰 雅操出塵歷盡世變, 未嘗少挫, 見機而作, 免於機阱 直金玉君子也」라고 하여 공의 인격을 칭송하였고 淸陰 金尙憲도 공의 행장문에 「溫如良玉, 而備栗然之義. 順若婦女而秉强哉之志, 進修篤實兮, 文章餘事, 謙虛退讓兮, 譽望不已……云云」[2]하여 공의 인격과 문장의 초월함이 길이 찬연하겠다 하니 분에 넘치는 과찬이 아닐 것이며 당시 문장가 張維의 제문에도 「溫溫風味, 金玉其相, 淵博之識. 歙焉而若訥, 剛貞之操, 養之以和光, 閱世之變, 無失故常, 立朝四十年, 人不得議其否臧……云云」[3]하여 그 인격과 박학

---

2) 淸陰集 34, 墓誌銘.

문장을 감탄하고 있다. 공의 사람됨을 위의 제문으로 짐작할 수 있다.

공의 일생은 국가의 혼란과 함께 난중에서 평생을 지낸 탓으로 제도의 혼란, 국방의 해이 등 직접 보고, 듣고, 느낀 대로 저술한 바 많으니 그 제목을 열거하면『芝峰集』23권,『芝峰類說』20권,『警語雜篇』1권,『剩說餘篇』2권,『昇平誌』2권,『簒錄群書』5부 등 50여 권에 달한다.

이 중에서는 현재 소실된 것도 있어서 구하기 어려운 실정이다.

3. 지봉유설해제

지봉유설은 지봉이 정계생활 40여 년을 거치는 동안에 밖으로는 왜란과 호란을 치르고 안으로는 붕당의 쟁투, 李适의 난, 광해군의 실정, 인조의 반정 등 꼬리를 물고 일어나는 복잡다단한 혼란 속에서 이루어진 것이다. 구체적으로 시정을 논한 것은 없지만 사건이 일어날 때마다 모두 심금을 울리는 대로 그때그때 적어서 공이 52세(1614) 때에 완성된 것이다. 서문에 보면 이 책십권은 3,435條目으로 되어 있으며 인용서적은 六經 이하 근세소설제집에 이르도록 348家 2,165人에 달하는 제서를 상고하였다하니 가위 백과사전격인 학자라고 하여도 과언이 아니다.

---

3) 谿谷集 9, 祭芝峰李尙書文.

4. 지봉유설에 나타난 지봉사상

(1) 天文地理觀

인생에 인생관이 있는 것처럼 우주도 과거, 현재, 미래에 관한 우주관이 있다. 역대 학자들은 이 문제를 해결하고자 많은 의문을 제기하고 또 해답을 해내려왔다. 이에 대해 지봉은 說郛의 견해를 인용하여 다음과 같이 주장하고 있다.

「청기와 탁기가 혼돈한 채 천지분간이 없든 때를 太極이라 하니 太始之數一이오 다음에 청기는 상승하고 탁기는 하침해서 천지가 분간되며 음양이 생기니 太易之數二가 되고 그 다음에 인간과 만물이 생기니 太素之數三으로 되었다 한다. 이것은 즉 노자가 말한 바 一生二, 二生三, 三生萬物4)이라고 주장한 것과 같다는 것이다. 다시 노자의 설을 인용해보면 「無名, 天地之始, 有名, 萬物之母」라고 하여 천지창조의 시초를 '무명', '태극'이라고 주장한 것과 같은 것이다.

지봉은 다시 이 우주가 태초부터 생긴 이후로 어디까지 왔는가 하는 것을 邵康節의 주장을 인용해서 말했는데 「천지가 생긴 이후로 窮盡하는 데 이르기까지를 '元'이라 한다. 1元은 다시 12會로 나누며 1회는 10,800년이 된다 하며 子會에 하늘(天)이 생기고 丑會에 땅(地)이 생겼으며 寅會에 사람(人)이 생긴 후로 차차 발전해가다가 戌會에 이르러서는 만물이 소멸되고 亥會에 이르러서는 천지가 없어졌다가 다시 子會에 생겨난다」는 순환설을 주장하고 있다. 「인간이 寅會에 생긴 이후로 午會에 이르기까지는 45,600년인데 堯임금이 건국한 갑진년에 해당된다」고 한다.

---

4) 老子道德經 第1章.

이것으로 광해군 5년까지를 계산해보면 이미 오회의 반이 지났으므로 양기가 쇠하고 음기가 점점 성한다는 것이다. 인류의 역사는 이미 정오를 지나서 석양에 들어선다고 하는 주장이다. 현재 인류의 역사는 종말을 향하여 가고 있다.

지봉은 '달(月)'에 대해서 달은 원래 빛깔이 없다고 하는 것을 다음과 같이 주장하고 있다. 달은 원래 광채가 없는데 햇빛을 받아서 밝게 된다. 따라서 햇빛을 정면으로 받게 되면 전체가 밝고 그렇지 못하면 검게 된다. 그것은 '日有遠近, 受光有增損'이라고 표현하고 있다. '태양'은 양기가 상승하여 되었고 별은 태양이 갈라져 별이 되었다는 것이다. 그래서 '星'이라고 하는 글자는 '日'자 밑에 '生'자를 붙여 만들었으며 또한 국가와 별과도 관련이 있는 것으로 보고 있다.

즉 '靑丘'는 별 이름인데 天文類抄에 보면 청구는 東方三韓의 나라를 주관하고 있는 별이므로 이것으로 국호를 한 것이라고 한다. 지봉은 또한 '바람'이 부는 정도를 다음과 같이 구분하고 있다. 바람이 나뭇가지를 울리는 정도는 40리를 불고 큰 가지를 꺾을 정도면 4백 리를 불고 큰 나무를 꺾을 정도면 5천 리를 불고 3일 2야를 불면 천하가 모두 불고 2일 1야를 불면 1만 리나 분다 하였으며 '비'도 또한 그렇다고 한다. 그리고 춘풍은 아래에서 위로 분다 하며 여름 바람은 공중에서 횡횡한다 하고 가을 바람은 위에서 아래로 분다 하고 겨울 바람은 땅에 붙어서 분다고 한다.

고려의 국호는 산이 높고 수려한 이유로 부쳤다 하며 우리나라의 수려한 강산을 중국인이 '願生高麗國 親見金剛山'이라 했다 한다.

지봉은 동해에는 潮汐이 없는데 서해에는 조석이 있는 이유를 밝혀서 동해에 거주하는 楊生萬世의 말을 빌어 증명하고 있다. 즉 동해의 물은 북방에서 급류하는 소리가 들리니 이렇게 급류하는 물이므로 조수가 없다는 것이다. 그런데 숙종 때 허미수가 삼척지방에 退潮碑를 건립하고서 조수가 없어졌다 하니 좀 더 연구해 볼 필요가 있는 과제이다.

(2) 儒道觀

지봉의 유도관에 관해서는 자료가 부족해 상세히는 알 수 없으나 지봉유설 중에 나타난 기록으로 보아서 정통적인 유교사상을 지니고 있었음을 알 수 있다.

우선 목록에 나타난 것을 일괄해보면 역, 시, 서 예기, 춘추, 주례, 논어 등을 구분해 다룬 것을 보더라도 대부분이 유학에 관한 것임을 알 수 있다.

'공이 백가의 저서를 설독하여 老子의 佛書에 이르기까지 읽지 않은 바 없으나 말년에는 다 덮어놓고 오직 성리학 저서만 보았다'[5]라고 한 것이 그것이다. 더욱이 공이 상소한 내용을 살펴보면 「天下之事務至廣 而所以操之者, 誠也. 誠卽實也. 願殿下, 盡誠於上. 責實於下…」이라고 하였으니 성은 유교의 근본사상이므로 公의 사상이 유교에 두고 있음을 알 수 있다.

「誠 天之道也, 誠之者 人之道也」(『중용』)라고 했는데, 아마도 여기에서 영향받은 사상임에 틀림없다. 또한 「香爐處處皆祈佛 絃管家家競祀神. 惟有數間夫子廟 滿庭秋草菽無人」[6]라고 한 안유

---

5) 淸陰集 34, 묘기명.
6) 芝峰類說 9.

의 시를 인용해 불교를 숭상하고 유도를 비판한 고려사회를 개탄한 것을 보아도 알 수 있다. 그리고 「達則兼善天下, 窮則獨善其身」하는 것을 이상으로 하는 유교 정통사상의 군자적 처세관으로 평생을 지냈음을 보아도 알 수 있다.

또 다른 실례를 들면 明 太宗 때에 朱季友란 자가 정통적인 유교의 사상을 무시하고 저술을 하니 태종이 대노하여 「此, 儒之賊也」라 하고 주계우를 고향으로 압송하여 관가는 물론 시골의 사류들까지 모두 집회시킨 중에 태형을 하고 다시 그 집을 조사하여 그의 저서를 모두 소각해버린 일이 있는데 이 일에 대해서 지봉은 다음과 같이 논하고 있다.

「此, 擧扶正抑邪之意, 至矣. 不然則陸氏之學. 不待陽明 而盛行於世矣.」[7]라고 하여 찬탄한 것을 보더라도 지봉의 유도사상은 짐작할 수 있다.

(3) 정치관

지봉은 어디까지나 유교의 전형적인 학자요, 동양적인 군자였다. 그러므로 지봉은 선악의 원리를 구명하자는 것이 아니요, 어떻게 하면 착한 사람이 되겠는가 하는 인간으로서 '사람'답게 되고자 하는데 역점을 두고 있다. 그러므로 개인으로는 수신제가치국평천하를 이상으로 하고 왕은 도덕정치를 하는 것을 이상으로 삼고 있다. 그래서 지봉은 군자와 소인을 다음과 같이 분리하는 동시에 상부에서부터 덕을 세워 정치를 해야 한다고 주장하고 있다.

「군자와 소인은 利害와 義理로서 분간한다. 세상 사람들이 의

---

7) 芝峰類說 4.

리와 이해관계 사이에서 왔다갔다하는 동안에 이해에 끌려서 소인이 된다,」8)고 하였다. 원래 인간이란 선한 사람도 악한 사람도 따로 없는 법이다. 환경이 순조로우면 선인이 되고 환경이 좋지 않으면 소인이 되는 까닭에 지봉은 다시 다음과 같이 주장하고 있다. 「上好德則民好正, 上好佞則民好邪」9) 즉 위에서 덕을 세워 정치를 하면 아래 백성들은 따라서 정의를 사랑하고 위에서 아첨하는 것을 좋아하면 일반 백성들은 간사한 것을 즐긴다는 것이다.

「以正治國, 以奇用兵, 以無事取天下, 吾何以知其然哉」10)

「子曰爲政以德, 譬如北辰, 居其所 而衆星共之」11)라고 한 것이 모두 그것이니 상청하청 상탁하탁은 당연한 이치이기 때문이다. 그렇지 않으면 쇠퇴의 과정을 걷는 것은 명확한 사실이니 맹자와 양혜왕의 대화 중 일부가 그 좋은 예다.

'왕이 말하기를 선생께서는 불원천리하고 오셨으니 장차 우리 나라에 무슨 유익함이 있겠습니까? 맹자가 대답하기를 '왕은 왜 이해관계만 말씀하십니까?' 오직 仁義가 있을 따름입니다. 왕이 어떻게 하면 우리 나라에 利가 될까 궁리만 하게 되면, 大夫들은 어떻게 하면 우리집이 부자가 될까 생각해서 상하가 서로 이해관계로써 다투게 되면 국가가 위태하리다,」12)라고 한 것이 바로 그것이다. 따라서 지봉도 왕이 덕과 정의를 이상으로 삼고 사해의 현신들을 모아서 정치를 할 때에는 나가서 관직에 올랐으며

---

8) 芝峰類說 50, 君子조.
9) 芝峰類說 15, 君子조.
10) 老子道德經 57장.
11) 論語, 爲政 3.
12) 孟子 梁惠王편.

불연이면 언제나 두문불출하고 수신에 노력했던 것이다. 지봉은 군자와 소인이 집정하게 되는 결과를 다음과 같이 주장하고 있다.

「치세에서 군자가 등용되매 소인이 불행하고 난세에서는 소인이 등장하고 군자가 불행하다. 그러나 군자가 상위에 있으면 소인들이 생명을 뺏지는 않지만 소인들이 상위에 있으면 군자들을 모두 죽이고 파국망신하는 데까지 이르니 가탄할 일이다」라고 주장하고 있다.

살펴보건대 인류역사는 선과 악의 투쟁이요, 군자와 소인의 득실이며 흥과 망의 교체라고 할 수 있다. 그러므로 지봉은 군자와 소인을 잘 분별하는 지식의 척도가 문제가 아니라 각자각자가 군자가 되어서 세상을 바로 잡자는데 있다고 주장하고 있다.

그렇기 때문에 지봉은 「自古以來, 爲善者少, 爲惡者多, 可謂寒心」[13]이라고 하여 선을 행하는 자가 드물음을 한탄하였다. 「從古以來, 善人者少而惡人多. 君子禍而少人勝. 治月短而亂世長」[14]이라 하여 역사의 불치와 군자의 학대를 개탄하고 있다. 역사를 바로잡는 것도 사람이요, 역사를 파괴하는 것도 사람이기 때문에 역사 창조의 기본단위는 사람인 것이다. 그러므로 인간 개개인의 '善化'를 유도하고 있는 것이 곧 지보의 정치사상이다.

(4) 문장관

지봉은 원래 문장가로서 유명하였다. 조선조 文章圈 가운데 한 사람으로 천거된 것과 유설 20권 중 8권이 문장에 관한 것을

---

13) 芝峰類說 15 人物조.
14) 芝峰類說 15 人物조.

저술한 것을 보더라도 알 수 있다. 다시 그 내용을 살펴보면 서적, 저술, 文義, 子義, 子音에서부터 문, 문체, 문평, 古文辭賦, 東文, 文藝, 唐詩, 五代詩, 宋詩, 元詩 등 20여 종에 이르기까지 무려 1,340종목에 대하여 논하였다. 그 대강을 살펴보면 다음과 같다.

지봉은 먼저 옛날 諸家의 책이 세상에 현행하는 것을 다음과 같이 열거하면서 그 泯滅을 방지하고 있으니 즉 노자, 열자, 장자, 관윤자, 문자, 관자, 안자, 상자, 묵자, 윤문자, 원창자, 자화자, 척자, 순자, 신자, 귀관자, 한자, 회남자, 옹총자, 항자와 어씨춘추, 陵賈신어, 劉向의 『열원신서』, 楊雄의 巨言 태현의 『응소풍속통』 趙曄의 『오월춘추』, 왕원의 『논형』, 왕부의 『讚夫論』. 仲長統의 『昌言』, 장화의 『박물지』, 王嘉의 『습유기』, 갈홍포박자의 『西京雜記』, 于寶의 『수신기』, 任昉이 『述異記』, 왕통중의 『經中說』, 杜佑의 『통전』, 李石續의 『박물지』, 백거이의 『六帖』, 이용의 『獨異志』, 단성식의 『酉陽雜俎』, 趙璘의 『因語錄』 등을 들고 있으며 이러한 명저서들이 없어지게 되는 것을 한탄하고 있다. 그 예로 唐나라 때 '도숭범완사는 평생을 두고 저술하여 그 수가 극히 많은 것으로 알려져 있는데 후세에 전하지 못하고 있다 한다. 누구나 자기의 저서는 심혈을 다 기울려 하는 까닭으로 周興嗣는 하룻밤에 천자문을 짓고 백발이 되고 두 눈이 상실되었다 하며 謝靈運은 吟詩百首에 이 열두 개가 빠졌다고 하여 저술이 얼마나 어려운가를 후학에게 알려주고 있다. 한편 저술하는 데에는 그 신중을 촉구하여 말하되 공자는 68세에 위나라로부터 魯나라에 귀국하여 詩書와 春秋 등을 저술하고 71세에 절필하였음을 실례로 들고 구양수 같은 문장가도 작문할 때에는

벽에 써서 붙여놓고 추고를 하는 바 나중에는 처음에 쓴 글자가
한 자도 없다 하는 실례를 들어 후학들의 輕筆을 경고하고 있다.
이러한 과오를 오성 이환복과 같은 권위자도 범하고 있다는 것
이다.

　즉 「握劑劂而不用」이라는 문구가 있는데 운부를 보면 劑劂은
판각하는 칼로 보통 刊刻하는 의미로 사용하는데 李恒福은 청강
집서에 「屬余劑劂之云」이라 하여 산삭하는 의미로 사용하였으니
진의와 틀렸다는 것이다. 그래서 지봉은 흔히 오차되기 쉬운 문
자를 열거하여 후학에게 시범하고 있으니 그 예를 들면 ‘高祖’라
는 것은 高大之意를 의미하고 ‘玄孫’은 玄遠之義를 취한 것이므
로 ‘玄孫’이라는 것은 있되, ‘현조’라는 것은 없는데 흔히 ‘현조’,
‘고손’이라고 사용하니 틀렸다는 것이다. 우리가 보통 사용하는
‘狡獪’라는 것을 ‘狡猾’이라고 통용하였으니 가소롭다는 것이다.
그 진의는 韓詩注에 ‘狡獪小兒戲也’라 하였고 方平은 이것을 인
용하여 ‘吾了作狡獪’라 했는데 이것은 소아의 戲弄을 의미하는
것이지 교활을 의미하는 것이 아니라는 것이다. 그리고 우리는
‘獨’자를 ‘홀로 독’자로 쓰고 있는데 여기서는 ‘원숭이 獨’자라는
것이다. 독은 짐승의 이름인데 원숭이와 비슷하게 생긴 짐승으로
서 원숭이의 성격은 모여 다니기를 좋아하고 3번씩 우는데 獨의
성격은 혼자 다니는 것을 좋아하고 1번씩 우는 까닭으로 홀로
독자로 되었다 한다. 그리고 역사에서 흔히 사용하는 ‘除拜’라는
것은 ‘易’자와 같은 의미로 ‘以新易舊日除’라 하고 ‘新舊歲之交夜’
를 除夕이라 하니 ‘제’라는 자는 ‘自下而上更易之意’가 있다는 것
이다.

　그리고 지봉은 남의 글을 따다가 제 것인양 쓴 것을 다음과

같이 예를 들고 있다. 즉 鏗詩에 「大江靜猶浪」이라고 한 것을 杜甫는 「江流靜猶湧」이라 따라 썼고, 또 「薄雲岩際宿 初月波中上」이라고 한 것을 杜甫는 「薄雲岩際宿 殘月浪中飜」이라고 바꾸어 썼을 뿐이고 鏗詩에는 「中川聞棹謳」라고 한 것을 杜甫는 「中流聞棹謳」라고 한 자만 고쳐 썼다. 鏗詩에 「花逐山下風」이라는 것을 杜甫는 「雲逐度溪風」이라고 고쳐 썼으나 습작한 것이 전작만 못하니 가소롭다는 것이다. 또 왕유의 시에는 「爲客黃金盡 風盡白髮新」이라고 한 것을 宋나라 때 唐子酉는 「遊說黃金盡 思歸白髮新」이라고 따라 썼으며 고려 鄭圃隱은 다시 이것을 본받아서 「遊說黃金盡 思歸白髮新」이라고 고쳐 썼으나 모두 왕유의 것보다 못하다고 평하고 있다.

이제 끝으로 지봉의 시 몇 수를 예로 들겠다.

「世事一場羣蟻血 人生十步九羊腹」 이것은 험란한 세상살이를 노래한 것이다.

「詩似巧工彫萬物

酒爲長箒掃千愁

千里亂山愁外路

一年芳草夢中人」

이것은 능난한 글솜씨로 풍월을 읊은 것이다. 이렇듯 지봉은 시에 능했다. 安南 琉球 暹羅 등 여러나라 사신들은 연경에서 공을 만났을 때 공이 시를 지어준 것을 갖고 돌아가 자기 나라 국민들에게 애송시켰다 하며 공의 이름을 안 부르고 호를 부르더라는 것을 안남국에 잡혀갔다가 귀국한 자가 전하더라고 金尙憲묘지명에 적혀 있는 것을 보더라도 공의 시재를 짐작할 수 있다.

(5) 史官

지봉은 특히 史官薦授에 있어 그 엄중을 기하고자 하였으니 그것은 옳바른 역사기술을 하자는 것이였다. 역사라는 것은 그 시대, 그 민족의 거울이기 때문이다. 그러므로 흔히 사서에는 鑑 자나 鏡 자가 붙는 것이다. 과거 역사상에서 얼마나 많은 곡필, 위필, 怯筆, 諛筆을 볼 수 있는가? 그러기 때문에 是와 非를 옳 게 가르고 圓과 方을 옳게 가르며, 흑과 백을 명백히 구분하기 위해서 역사를 기술하는 사관 천수는 예로부터 엄격하였다. 이에 대한 예를 다음과 같이 지봉은 들고 있다.

「사관은 반듯이 천수하게 되는 것인데 이것을 祕薦이라 한다. 새로 천거할 때에는 焚香告天하면서 맹세하는 글을 읽었는데 글 끝에 「非其人 天其殛之」라고 읽었다. 그런데 임란 때에 사관이 없었으므로 奇自獻이 翰林으로서 行朝에 있을 때에 어떤 한 사 람을 사관으로 천거하였는데 그 사람이 명망이 높지 못해서 감 히 서문을 읽지 못하고 꿇어앉아서 하늘에 고해 말하되 「因亂乏 人, 不得已備薦」[15]이라고 읽었다고 하니 얼마나 사관천거에 엄 격을 기하였는가를 증명하고 있다. 다시 지봉은 사관직의 중차대 함을 다음과 같이 논하고 있다.

「재상의 권한으로는 사람을 수십 년 동안 흥하게도 하고 망하 게도 하나 사관은 사람을 천백세 동안이나 죽이고 살리고 하니 재상 이상으로 生死의 권한을 쥐고 있다」[16]는 것이다. 다시 예 를 들어서 말하기를 李芑가 재상으로 있을 적에 그의 폭정을 말 하면서 사필이 두렵지 않느냐고 물은 즉 동국통감을 누가 읽겠

---

15) 芝峰類說 4, 史官조.
16) 주 14)와 같음.

느냐고 조소하였다 한다. 이에 대해 지봉은

「余謂若如此言則 爲惡者 無所懲 而爲史者 亦無取用其權矣」[17]
라고 하여 악한 자는 영원한 역사의 심판대에서 심판받는 것이
당연하며 사관은 이러한 특권을 가지고 있다고 주장하고 있다.
또한 지봉은 우리나라는 우리나라대로 무의미하게 독립되어 있
는 것이 아니라 상호간 밀접한 관계가 있으며 또한 시대의 관련
성도 깊다는 것을 다음과 같이 주장하고 있다.

1.「自唐堯元年甲辰 至洪武元年戊申 摠三千七百八十五年. 檀
君元年戊辰 至我太祖元年壬申 亦三千七百八十五歲」(『芝峰類說』
3 帝王)

2.「新羅眞德女王 唐高宗武后之世 是亦天地間氣數 如此耳」
(『芝峰類說』3 帝王)

3.「新羅之有金生 猶晋之有王義之也 高麗之有李奎報 猶宋之有
蘇子瞻也 有鄭夢周 猶宋之有文天祥也. 本朝之有死六臣 亦有皇明
之有方孝儒諸人也」(『芝峰類說』15 인재)라고 하여 중국과 우리
나라는 시대의 연관성만이 아니라 인물도 거의 같이 배출됨을
말하고 있다. 어쨌든 4세기 전에 이미 역사는 거의 같은 보조로
흐르고 있는 것을 주장하고 있다.

5. 지봉의 국방사상

(1) 국방상으로 본 내정문제 -官職部를 중심으로-

건축의 대소는 기초공사의 대소에 따라 결정되는 것처럼 사상
의 깊이는 사회개혁의 넓이와 척도를 따라서 결정된다. 이제 위

---

17) 주 14)와 같음.

에서 지봉의 근본사상을 고찰해서 아는 바와 같이 전형적인 동양적 군자인 지봉은 필연적으로 국방사상에서도 평화주의자였다.

그런데 조선 중엽의 피폐된 사회를 개혁하는 데 대한 지봉의 의견은 다음과 같다.

「一曰勤學之實 二曰正心之實 三曰敬天之實 四曰恤民之實 五曰納諫之實 六曰振紀綱之實 七曰任大臣之實 八曰(漏落) 九曰消朋黨之實 十曰飭戎備之實 十一曰厚風俗之實 十二曰明法制之實」[18] 이상 12조는 인조대왕에게 상소하여 침체된 당시 사회를 개혁하는 데 대한 지봉의 상소문이다. 지봉의 견해로서는 이상 12조만 시정되면 당시의 폐단은 시정될 것으로 확신하였다. 이제 이것에 비추어서 당시 사회의 단면상을 고찰키로 하겠다.

대저 국가의 멸망을 역사적으로 고찰하면 ① 내부적 분열, ② 외적의 침입에 의한 멸망 등 2가지 원인이 있으니 그 중 십상팔구는 내부의 분열로 멸망하는 것이 통례이다. 그렇기 때문에 왕양명은 「易山中賊破 難心中賊破」(명언록)이라고 하여 내부적 분열을 경고하고 있다.

국가흥망의 기본요소가 되는 내부적 분열의 실례로는 당시에 민족적 고질병이라고 할 수 있는 '당쟁'이다. 이 내부의 고질병이 깊이 들어 썩을 대로 썩은 당시 조정은 일단 임진왜란이라는 폭풍우가 불어오니 썩은 나무처럼 넘어가는 것도 당연한 결과였다. 이렇게 외부적 刺戟은 내부의 단결을 초래하는 것이지만 당시 정객들의 마비된 신경과 착각된 정신상태로는 그 근성을 없애기는 커녕 도리어 파장심은 일취월장하는 형편이었다. 임란의 의의는 이러한 내부의 汚物을 청소하자는 데 있었음에도 불구하고

---

18) 淸陰集 14, 李芝峰墓誌銘.

이것만은 버리지 못했다. 그러면 이 고질병은 언제부터 생겼는가? 여기에는 구구한 학설이 있으나 원인은 삼국시대 이전으로 보는 것이 타당하다.

　본래는 컸던 조선심 본래는 장하던 조선심 본래는 이상이 고원하던 조선심이 신라를 통일하고 고구려가 망하면서 그 이상도 꺾이고 말았다. 그래서 우리 역사는 삼국시대를 분수령으로 그전이 올라가는 역사요, 그 후가 내려가는 역사로 되어버리고 말았다. 이것이 시간이 흐르는 동안에 고질병이 되고 만 것이다. 이 망국의 노예근성으로 왈시왈비만 논하고 있는 당시 형편이미로 선조대왕은

　「國事蒼黃日　誰爲李郭忠　去爲存大計　恢復丈諸公　痛哭關山月　傷心鴨水風　朝臣今日後　寧復更西東」라고 苦吟하였던 것이다. 이토록 왕도 당쟁의 근절을 원했으나 고질병의 깊이는 나날이 깊어졌다. 그렇기 때문에 지봉은 「消朋黨之實」을 상소한 것이다.

　다음으로 부패한 것은 재상들의 무능력이다. 모두가 당의 의견으로 결정되는 것이 당시 풍조였기 때문에 인물 본위가 아닌 당 본위였다. 그러므로 대신들의 무능력한 것은 필연적인 결과이다. 이에 대해서 다음과 같이 지봉은 말하고 있다. 「惶恐待罪承政院　上敎允當備邊司」[19]라고 한 것이 그것이다. 즉 왕의 눈치에 따라서 만사를 결정하는 터이므로 덮어놓고 재상들은 '지당'하다고 대변하였다 한 즉 소위 '지당재상'들만 모여 있으니 무슨 국가의 백년대계를 세울 수 있겠는가? 설상가상으로 이 지당재상들은 자기 이익에만 급급하였다. 그것은 현재의 안락을 유지하기 위해 뇌물을 받고, 받치기 위해서다. 그 현상을 지봉은 말하되,

---

19) 芝峰類說 3, 君道.

「무능력한 재상과 자격 없는 장군들이 모의하는 것이 장사꾼보다 더하다」[20]고 지적하고 있다. 즉 정객들은 '장꾼'이 되었다는 말이다. 환언하면 정부는 '장터'요, 정객은 '장꾼'이었다. 그렇기 때문에 지봉은「噫 世之爲吏 食民者 衆矣. 皆是虎之類也」[21]라고 말하고 있다. 즉 관리는 백성을 잡아먹는 '범'들이라는 것이다. 이에 대해서 노자는「民之飢 以其上 食稅之多 是以飢」[22]라고 하였다. 즉 백성들이 굶주린 원인은 상관들이 세금을 많이 걷어서 먹는 까닭이라고 지적하고 있다. 그런데 지봉은 백성을 잡아먹는 관리들이 의외로 많다는 것이다. 그 실례로,

「平時通政以上官甚少 正二品以上 不過十餘員 僅備實職而已 自十許年來 爵賞多岐 至於超越階級者有之 正從一品 幾五十員 從二品以上二百餘員 通政則不啻倍之 ……其於世道何如也」[23]라고 하여 당상관들이 많이 늘어서 그 세도가 막심하였으며 대우 또한 후했다. 그러면 그들의 우대는 어떠하였는가? 이와 같이 관원을 증대하였는데 국록을 수여할 재원은 高麗 때부터 턱없이 감소했음을 지적하였다.

「고려의 녹봉제는 倉米 13만 9천 7백여 석으로 충당하였는데 제1과 녹봉은 4백 석, 제2과 녹봉은 3백 60석 이러한 차이로서 10석까지 있다. 그런데 조선왕조에서는 평시에 廣興 창미 7만 석으로 녹봉을 지급하니 고려왕조에 비하면 절반이 못되고 난후로는 다시 절반으로 줄었어도 세입이 부족하였으니 무엇으로 충당할 것인가?」[24]라고 걱정하고 있다. 당시에 이 봉록제의 실제를

---

20) 芝峰類說 4, 相臣.
21) 芝峰類說 4, 守令.
22) 老子,『道德經』74장.
23) 芝峰類說 14, 官職.

살펴보면 다음과 같다.

	제1과(정일품)				제2과(종일품)			
	춘	하	추	동	춘	하	추	동
중미	4석	3석	4석	3석	3석	3석	3석	3석
糙미	12석	12석	12석	12석	11석	11석	11석	11석
전미	1석		1석		1석		1석	
황두	12석			11석	11석			10석
소맥		5석	5석			4석	4석	
紬	2필	1필	1필	2필	2필	1필	1필	1필
正布	4필	4필	4필	3필	4필	4필	4필	3필
楮貨	10장				10장			

經國大典 戶典祿科

이상이 조선시대 녹봉의 실제인 바 고려왕조에 비교해보면 1/6도 못된다. 그러므로 생활의 대책이 서지 않는 관리들이 백성들을 착취하는 것도 당연지사가 되고만 것이다. 그러면 이 관리들을 어떤 방법으로 선출했는가? 이것이 법제화된 것이 곧 과거제도이다. 다시 말하면 과거의 '좁은 문'은 부귀영화를 누리는 데 이르는 '등룡문'이라 할 수 있다. 당시 과거제도의 내용을 살펴보면 다음과 같다.

---

24) 芝峰類說 3, 制洪.

〔문과〕

諸科(文科, 生員)		數	製述	講書
소 과	生員初試	漢城試 2백 인 鄕試省略	五經義, 四書疑二篇	
	生員覆試	1백 인, 이하 省略	同初試	
	進士初試	同生員初試	賦一篇, 古詩·銘· 箴中一篇	
	進士覆試	同生員覆試	同初試	
대 과	문과초시	館試 50인 漢城試 40인 以下 省略計 2백 인	初場五經四疑義或論中 二篇 中場賦頌銘箴記中一篇 表箋中一篇 終場·對策一篇 以下省略	
	문과복시	33인 이하 省略	中場, 終場同初試	初場四書三經
	문과殿試	甲科 3인 33인 乙科 7인 丙科 23인	對策·表·箋·箴·頌 ·制·語 中一篇	

『三年一試 前秋初試 春初覆試。殿試…』[25]

이것이 문과계통의 과거제도로서 최후에 문화전시에 합격한 33인이 특권관료계급으로서 출발하게 되는 것이다.

과거제도는 구체화되어서 뚜렷하였지만 거기에 상반되는 각종 불미한 일은 말할 수 없었다. 이에 대해서 지봉은 다음과 같이 지적하고 있다.

「我國公道 唯在科擧 而世道日下 姦巧漸滋, 不公不正 近來益甚云云」[26]이라고 지적하고 있다. 또한 「儒生不讀之弊 未有甚於今月 以剽竊他人之作 僥倖得捷 爲能事 至於四書疑則作者不滿數人 而擧場皆騰出 或加減數字 或不改一字而用之 如書寫騰錄之爲 試

---

25) 經國大典, 禮典 諸科.
26) 芝峰類說 4, 科目.

官亦眩於考覈 且不可闕額 因而取之 故爭相尤遂成弊習 不可禁止.
議者 以爲宜罷四書疑以論代之 或以爲生進皆取詩賦而罷四書疑 議
久不定 未知何者爲善 然不先正士習則 恐無益也」27)라고 하여 유
생들이 독서는 하지 않고 남의 글을 한, 두 자만 고쳐서 내고 등
과하는 폐단이 많다 하고 그것은 무슨 방법보다도 선비들을 먼
저 바르게 가르치지 않으면 효과가 없다는 것이다. 가장 충성을
맹서하고 등장하는 선비들이 입문부터 잘못되니 어찌 正士들의
배출을 기대할 수 있었겠는가? 그렇기 때문에 당시의 관리들이
란 거의 글을 배워서 꾀가 늘고 백성들을 착취하는 아전들이었
다. 책상머리에서는 수신치국을 이상으로 했지만 관문만 통과하
면 그는 통치자요, 백성은 피지배자이며 그는 하늘에 있고, 백성
은 땅에 있었다. 그렇기 때문에 썩었다는 것이다. 이 특권계급,
백성들을 착취한 '인간 호랑이'들은 정부라는 장터에 드나들면서
장꾼 노릇을 하는데 상품으로는 관직을 매매한다는 것이다. 이에
대해서 지봉은 다음과 같이 지적하고 있다.

「五代權臣 執政公然 交賂科擧差除 各有等差故當時語云 及第
不必讀書 作官何須事業 噫 古亦然矣 今爲甚焉」.28) 이 폐습을 본
지봉은 이조판서까지 거치는 동안에 잘 보았기 때문에 「振紀綱
之實」이란 항목을 들어 왕에게 상소한 것이다.

지봉은 앞에서 언급한 바와 같이 보이는 대로 폐단을 걱정했
지만 구체적인 방안으로서의 답변은 하지 못했다. 이에 대해서
반계 유성원(1622~1673)은 다음과 같이 시정책을 제시하고 있
다. 반계는 과거의 폐지를 주장하고 '貢擧案'을 제안하였다. 사적

---

27) 위와 같음.
28) 芝峰類說 4, 降拜.

인 정실이 개입하기 쉬운 점을 지적하여, 「수령교관으로서 공천을 궐한 자는 파직, 공천을 잘못한 자도 파직, 사사에 따라 고의로 천거한 자는 欺綱律로 다스린다는 것이다.29) 이렇게 천거의 엄격을 논했고 다시 官衙의 간소화를 주장하였다. 「冗官이 많은 것은 천하의 대해이다.30)라고 전제하고 「우리나라의 크기가 중국에 비하면 1/2도에 미치지 못하는데 중국관직의 문은 도리어 우리나라보다 적다31)」라고 지적하여 종래의 3/5으로 줄이자는 구체적인 방안을 제시하고 있다. 지봉의 질문을 반계가 대답한 것이요, 지봉의 숙제를 그가 푼 것 같다. 생각하건대 폐단이 많은 사회를 바로 잡으려면 두 가지 방안이 있다. 첫째, 아래에서부터 위로의 개혁, 둘째, 위에서 아래로의 개혁이 그것이다. 그러나 관료들로부터의 개혁은 기대할 수 없기 때문에 왕의 양심에 따르는 수밖에 없다. 그렇기 때문에 지봉은 「勤學之實 正心之實 敬天之實 恤民之實 納諫之實」 등의 실례를 들어서 왕에게 상소한 것이다. 즉 왕도정치를 하자는 것이다.

「무릇 백성은 어리석어도 속이지 못하고 비록 천해도 이기지 못하니 인군이 이를 얻으면 천자가 되고 잃으면 필부가 되니 백성은 임금의 하늘이다.32)라고 하여 임금이 백성을 하늘같이 섬기라는 것이다. 이에 대해 노자는 「天下之至柔 馳騁天下之至堅」33)라고 했다. 백성은 천하에서 제일 약하지마는 반면에 제일 강하다는 것이다. 그러므로 백성은 국가와 민족의 기반이므로 국

---

29) 반계수록 권10, 21쪽.
30) 위 책 권16, 14쪽.
31) 위 책 권15, 1쪽.
32) 芝峰類說 3, 民戶.
33) 老子『道德經』46장.

가의 흥망은 곧 백성들에게 달려있으므로 백성은 임금의 하늘이라는 것이다. 이에 대해서 노자는 「聖人無常心 以百姓心 爲心」[34]라고 하여 임금은 백성의 마음을 임금의 마음으로 삼으라는 것이다. 이와 같이 못해서 기강이 혼란해진 조선 중엽 사회는 닥쳐오는 환난에 대처하지 못한 탓으로 그 피해는 막심하였다. 그 피해의 참상을 지봉은 다음과 같이 서술하였다. 「先王朝(宣祖) 癸巳甲午年間 (壬辰翌年)新經倭寇 本棉一匹 直米二升 一馬價不過 三四斗 飢民白晝 屠剪 至父子夫婦相殺食 重以疫疾 道路死者相枕 水口門外 積屍如山 高於城數丈云云」[35] 이 때 나라에서는 싸움을 시작한 지 1년이 못되어 국고가 탕진되어 관직 팔기를 공허해서 1백 석에 3품, 30석에 5품, 1백 20석이면 가선당상에 올린다 해도 원하는 자가 없다 하니 당시의 참상과 부패의 심도를 짐작할 수 있다.

(2) 국방론

앞에서는 내부적 문제를 논하였는데 그 조직 하에 우리 나라의 국방정책을 어떻게 하였는지 살펴보기로 하겠다. 우리 나라는 경위도 위치로는 북온대지방에 속해 경제, 문화발전에 좋은 영향을 주나 관계적 위치는 상당히 불리하여 3면으로부터 몰려오는 세력 앞에 놓여 있다. 만주에서 내려오는 북방세력, 중국본토의 요동반도로 혹은 산동반도로부터 밀려오는 서방세력 일본으로부터 올라오는 동남방세력의 3방으로 포위당하고 있는 것이 우리 나라의 지정학적 위치이다. 이러한 위치에 대해서 손자는 「我得

---

34) 老子『道德經』 18장.
35) 芝峰類說 1, 突異.

亦利 彼得亦利者 爲爭地」[36]라고 했으니 우리나라의 위치는 군사적으로 '爭地'에 속한다. 쟁지는 꾸준한 민족으로 하여금 노력하게 되면 그 중심지가 될 수 있다. 그러나 그렇지 못하면 유린의 중심지요, 전쟁의 중심지가 되고 만다. 불행히도 우리 나라는 후자에 속했기 때문에 전쟁을 면하는 날이 없었다. 그 중에서 내란을 제외하고 이민족의 침입을 헤아려보면 560회나 된다고 하며, 그 중에서 남에서 북으로 나라 전체가 휘말린 전쟁도 30회에 달한다고 한다. 이것들이 고구려의 수회에 걸친 선쟁을 제외하고는 모두 국내에서 일어난 것이며 그때마다 큰 피해를 입었던 것이다. 이와 같이 불리한 환경이니만큼 우리는 항상 정신을 가다듬고 남문과 북문을 굳게 지키지 않으면 안되었다. 그러므로 손자는 국방의 대사에 대해서 말하기를 「兵者 國之大事 死生之地 存亡之道 不可不察也」[37]라 하였고 司馬法에는 「……國雖大 好戰必亡 天下雖安 忘戰必危」[38]라고 하였다. 더구나 우리 나라와 같은 쟁지에서는 그 재언을 요하지 않는다. 그렇다면 조선시대 중엽의 국방 실태는 어떠하였는가 살펴보기로 하였다.

「我國方在三國鼎立之時 號爲强國 唐人謂高麗善守城. 又謂 攻城必取 未有如高句麗者 則今兵力單弱 非單不能於取於人 亦不能自守 何也……今三韓一統而當國者 每患無兵 嗚呼 是豈理也哉」[39] 타인의 것을 뺏기는커녕 제 것도 못 지키니 한탄스럽다는 것이다. 당시의 선비들이 '시·서의 나라' 혹은 '小中華'라는 말에 맹자, 공자가 다 된 줄 알았던 형편이었다. 우리도 공자, 맹자와 더

---

36) 孫武子 九 地.
37) 孫武子 始計 1.
38) 司馬法直解 3.
39) 芝峰類說 2, 兵制.

불어 일전을 사양치 않겠다는 그 정신은 왜 배우지 못하는가? 당시의 지도층은 형락과 안락에 급급하였던 것이다. 국가에서 안일과 안락은 망국의 근원이 되는 것이다. 다시 당시 국방의 실제와 그 결과를 살펴보기로 하겠다.

조선시대 국방체제는 병농일치, 국민개병 원칙에 의거한 五衛制度이다. 즉, 西班인 무관직과 일반 평민의 의무병격인 軍士로서 혼성되어 있었다. 병역연한은 16세 이상 60세 이하는 의무적으로 병적에 올리게 되어 있는데 지봉은 이것부터 반대하고 있다. 「按古者 人生十六爲中 二十一爲丁 晋時十六爲丁……今我國以十六爲丁 而闕輩充定 有常額 故守令急免責 以乳兒黃口 昌年苟充 其傷天理 困民生不亦甚乎」[40] 즉, 16세로 丁年을 삼은 것을 반대하고 20세로 丁年을 할 것을 주장하고 있다. 그런데 수령들은 자신의 책임을 면하기 위해 16세는 고사하고 젖먹이 어린아이까지 충당하고 있으니 어떻게 국방을 감당할 수 있겠는가 하는 것이다. 국방은 말로써 하는 것이 아니오, 문서로서 되는 것도 아니라 실력과 실력의 대결인데 문전도 못나가는 황구유아들이 어떻게 장검을 메고 싸울 수 있다는 말인가? 전쟁에 패하는 것이 당연한 일이라는 것이다.

다음은 양병의 불충분이다. 일찍이 申叔舟는 일본사신으로 왕래하는 동안에 앞으로 일본과 失和하지 말라고 하였고, 율곡은 선조에게 양병십만을 하라고 건의했으나 태평성대에 양병이 불가하다고 반대하였으며 난중 재상 유성룡조차도 반대하였다. 이토록 무병 상태에 있을 적에 임란을 당하자 맥없이 무너지고 말았다. 이에 대해서 지봉은 다음과 같이 지적하고 있다.

---

40) 芝峰類說 3, 兵制.

「在平時 嶺南軍兵 十餘萬而壬亂變初 余以防禦使從事官 赴嶺
南則 軍兵潰散 無一人至者 招募累月 只得數百步卒而已……」[41]
즉, 평상시 10만이 넘던 嶺南 군사들이 壬亂後 부임해서 가보니
군사가 한 명도 없고 모병한지 수개월만에 겨우 10여 명의 군졸
들만 모였다는 것이다. 또 지봉은

「我國之兵 不爲豫養兵 而倉卒調用 遇敵崩潰 勢所必至 使韓白
爲將 亦無那何云云」[42]라고 하여 미리 양병은 하지 않고 창졸간
에 모병하여 대적하기 때문에 누가 대장이 된다고 해도 패선하
고 만다는 것이다. 그것은 오합지중에 불과하기 때문이라는 것
이다. 이에 대해서 일찍이 尉繚子는 「百萬之衆 不用命 不如萬人
之鬪也. 萬人之鬪 不如百人之奮也云云」[43]라고 말하였으니 즉 창
졸간에 모은 1백만의 오합지중보다는 만인의 투사들이 단결한
것만 못하고 만인의 투사들도 백명의 분전하는 군사들만 못하다
는 것이다. 지봉은 이미 양병할 것은 물론 투지가 강하고 단결력
이 굳센 함경도 士馬를 등용할 것을 주장하고 있다. 즉, 「咸鏡道
士馬 精强甲於東方 而生齒日耗 士兵調損 重以近歲 癘疫死者 殆
且數萬 比平時存者 不滿十分之一 且本道武士 終身苦戍 不得登仕
於朝故 不樂赴擧 絶無控弦之人 古語曰徵兵滿萬 不如召募數千士
兵 如此 緩急何恃恃 可爲寒心」[44]라고 했다. 함경북도는 원래 산
악이 많고 평야가 적으며 기후가 한랭하므로 주민에게 끼치는
영향도 컸다.

다음은 무사등용의 실책이다. 우리나라의 무사등용제에는 '무

---

41) 芝峰類說 3, 兵制.
42) 위와 같음.
43) 尉繚子 卷5, 19.
44) 芝峰類說 3, 兵制.

과'의 단일제가 있어 정기적 增廣試 시험에서 箭·槍·騎·射 등의 실기와 강학으로서 선발하여 무인으로서의 벼슬길에 오르게 되어있다. 그런데 임진왜란으로 말미암아 문란해졌다는 사실이다. 이에 대해서 지봉은,

「壬辰變 得倭頭者 勿論公私賤 許登科 或有斬飢民頭 認倭頭以要賞者嶺南有一斬頭及第 縣倅設宴以榮之 人作詩嘲之曰飢民頭上桂花浮 紅紙罿中怨血淚……云云」[45]라고 말했다. 즉 왜놈머리 하나를 벤 자는 공사천을 막론하고 등과시키기로 하였더니 적의 머리를 베어 오는 것이 아니라 굶어 죽은 백성의 머리를 베어 갖고 와서 인정을 받고 등과하는 것이 영남에 있었다는 것이다. 그러므로 '기민두상에는 桂花가 피어있고 홍지 속에는 원통한 피눈물이 흐른다'는 조소시까지 있었다는 것이다. 적의 머리를 베라 하니 기아에 떠는 백성들의 머리를 베어서까지 자기 출세의 초석으로 삼았다고 한다. 임진왜란 이후 조정에서는 군사훈련을 담당할 『訓練都監』과 그 보급을 맡을 『糧餉廳』을 설치하였다. 그러나 거기에 모인 무사들이 활조차 잡을 줄 모르는 무리들이 모였으니 쓸모가 없었다는 것이다.[46] 그러므로 지봉은 '飭戎備之實'이라는 강목을 들어 왕에게 상소했던 것이다.

지봉은 「養兵 以養民爲本 不養民而 能養兵者 未之有也」[47]라고 하여 양병은 양민으로 근본을 삼아야 한다는 것이다. 양민은 하지 않고 양병은 불가능하다는 것이다. 「根枯枝朽 民殘國殘」이란 말이 곧 그것이니 국민이 부실하고 국가가 튼튼해질 수 없으

---

45) 芝峰類說 4, 科目.
46) 위 책 3, 兵制.
47) 위 책 갑3, 兵制.

며 국가가 부실하면 양병을 기대할 수 없다는 것이오, 이에 대해서 태공은 말하기를

「天下非一人之天下 天下之天下」[48]라고 하여 천하는 1인의 천하가 아닌 만큼 여민동락하므로서 양민을 하라는 것이다. 「興師之國 務先隆恩 故取之國 務先養民以寡勝衆者 恩也 以弱勝强者 民也」[49]라고 하여 양민이 양병의 근본이 됨을 주장하고 백성은 약자이지만 강자를 이긴다는 것이다. 이렇기 때문에 지봉은 왕에게 '恤民之實'을 상소하고 있다.

(3) 用人論

국가의 흥망은 용인에 달려 있다고 해도 과언이 아니다. 일찍이 堯임금은 舜임금을 얻어서 천하를 태평하게 했고, 周나라 문왕은 강태공을 얻고서 천하를 통치하였으며 齊나라 선공은 관중을 얻고서 覇제후를 하였고 漢나라 고조는 蕭何와 張良을 얻음으로서 통일천하를 하였고, 유비는 제갈량을 얻어서 삼국정립의 기초를 마련했다. 반면에 秦나라의 2세황제는 조고같은 소인을 얻어서 망국하였으니 흥망의 관건은 용인에 달려있다고 할 수 있다. 이에 대해서 지봉은 다음과 같이 주장하고 있다.

「噫 信任一也而 所托非人則 耳塗於讒陷目錮於邪佞 其不爲秦者尠矣」[50]라고 하여 소인이나 군자나 신임하고 등용하는 것은 같지만 현인이 아닐 것 같으면 진나라처럼 망하고 만다는 것이다. 그러므로 황석공소서에는 「國將敗者 士皆歸 邦將亡者 賢先

---

48 - 1) 黃石公素書 156.
 - 2) 六韜 4.
49) 三略 下略三光
50) 芝峰類說 3, 用人.

避」[51]라고 하여 망국하는 데는 현사들이 물러가고 소인들이 득세한다는 것이다. 그리고 삼략에는 「治國安家 得人 亡國敗家 失人也」[52]라고 하여 치국, 망국이 득인과 실인에 있다고 주장하고 있다. 그리고 손무자는 「故知兵之將 民之司會 國家安危之主也」[53]라고 하여 용병을 할 줄 아는 장수는 백성들을 끌어 모이게 하니 국가존망의 관건이 된다고 하였다. 이에 대해 지봉은 다음과 같이 실례를 들고 있다.

「元均代舜臣則 以百餘戰船 敗衄無餘舜臣代元均則 以十三戰船 破六百艘 蔽海之賊 亦在乎將得其人而已」[54]라고 하니 역시 將材를 얻는 데 승패의 관건이 있다는 것이다.

이와 같이 국가의 흥망을 좌우하는 인재를 등용하는 것이 급선무이거니와 다음은 인재를 등용하였더라도 그 역량을 발휘하게 할 수 있도록 하라는 것이다. 이에 대해 지봉은 「三載考績 古之道也…數易之弊 莫甚於今日 朝拜夕遷 超越無漸 呈病卽遞 不得准朔 視官爵如傳舍 此弊不革則 雖使賢且才者 布列庶位 何暇治其職 察其任乎 聞世宗大王 知人善任 才大卑位則 不次擢用 人器相稱則十年不遷 此今日所當法也」[55]라고 말하고 있다. 즉 3년 마다 그 실적을 조사해서 좌우천을 결정하는 것은 당연한 일이나 조배석천하는 현실이니 어느 겨를에 맡은 바 책임을 완수할 수 있겠는가? 世宗大王은 인재를 발탁해서 등용하였고 그 자리에 적임자라고 하면 10년이 지나도 불천하였다는 것이다. 선조 당시

---

51) 黃石公素孝 安禮章 6.
52) 三略 上略 1.
53) 孫武子 謀攻.
54) 芝峰類說 3, 將帥.
55) 芝峰類說 4, 官制.

재상이 바뀐 깃을 살펴보면 신조 41년간에 다음과 같다. 이준경, 李蓂, 권철, 민기, 홍섬, 이탁, 박순, 노수신, 강사상, 김귀영, 정지연, 정유길, 유전, 이산해, 정언신, 정철, 심수경, 유성룡, 이양원, 최흥원, 윤두수, 유홍, 김응남, 정탁, 이원익, 이덕형, 이환복, 이헌국, 윤승훈, 김명원, 유영경, 기자헌, 심희수, 허정, 한응인 등 무려 36인 인바 평균 1년여에 불과하다. 이처럼 조정에서 수령들이 들고 나고 하는 동안에 국가는 병들고 말았던 것이다. 그러므로 지봉은 먼저 그 인재를 등용할 것을 주장하고 다음은 그 직분에 충실하도록 시간적인 여유를 주라는 것이다.

(4) 賞功論

앞에서 말한 바와 같이 인재등용은 국가의 흥망을 좌우한다. 그러면 인재등용을 어떻게 할 것인가? 이에 대해서 지봉은 重祿政策과 信賞必罰을 주장하고 있다. 일찍이 강태공은 「以餌取魚 魚可殺. 以祿取人 人可竭…」[56]라고 하여 중록으로써 인재를 얻을 수 있다고 하였고 삼략에는 「香餌之下 必有死魚 重賞之下 必有勇夫」[57]라고 하여 중상이 있는 곳에 용맹있는 인사들이 나선다고 하였다. 이에 대해서 지봉은

「刑不必 賞不言 何以爲國乎」[58]이라고 하였으니 즉, 형불필 상불언이면 국가를 운용할 수 없다는 것이다. 그 실례로서 지봉은 權近의 말을 인용하는 한편 당시 실례를 다음과 같이 들고 있다.

「신라의 법은 전사자에게 厚葬而爵賞之하고 그 一族에게 큰

---

56) 六韜文師 1.
57) 三略 上 26.
58) 芝峰類說 3, 賞功.

영광을 다 베풀어주었으므로 死士들이 다투어 나와서 반도통일을 하였는데 선조 때에는 백성을 도탄에 빠뜨려놓고 국가 유사시에 용맹있는 인사만 나오라 하니 民間義士 외에는 하나도 나선 자가 없다.[59]고 주장하고 있다. 그러므로『황석소서』에도「小功不賞 大功不立」[60]이라고 하였으니 작은 공이라도 상을 주지 않으면 큰 공을 세우지 않는다는 것이다. 실제로 당시의 실례를 보면「我國無金錢寶具 天下之貧國也 夫軍賞不踰時而將出征 空手而往 戰馘之賞 無以應之 不過列名上請朝廷 而所謂論賞者 只是加設職 禁軍 免賤 限年免役 復戶而已 噫官爵有限 實非可繼 免賤滋多 正軍日緖……今乃欲以空名 爲重賞 以處惠得死士不亦難乎」[61] 즉, 관직은 한정되고 천민을 면하니 정군을 축소시키는 우려가 있다고 지적하고 있다. 지봉의 의견은 공에 따라 상을 주라는 것이다. 왜냐하면 관직면천같은 것은 우선 재정의 소모는 없지만 평생동안 그 대가를 지출해야 하니 결국은 국가적으로 대해라는 것이다.

(5) 軍略

지봉의 군략정책은 부전승을 이상으로 하고 있다. 전쟁에서는 승리한 쪽도 피해가 있기 때문에 전쟁하지 않고 승리하는 것을 이상으로 하고 있는 것은 고금의 군략가들이 공통적으로 주장하는 바이다. 이에 대해서 지봉은 소문의 말을 인용해서 다음과 같이 주장하고 있다.

---

59) 위와 같음.
60) 素書 義擧 5.
61) 芝峰類說 3, 賞功.

「蘇文曰傷生之事非一 而好色者必死 賊民之事 非一 而好戰者必亡 眞名言也」[62] 즉 일신의 생명을 상하게 하는 것이 비일비재이지만 호색하는 자는 반듯이 죽게되고 국민을 학대하는 것이 여러 가지 있지만 호전자는 반듯이 망한다 하니 진실로 명언이라고 지봉은 동조하고 있다. 예를 들면 오왕 부차나 진시황, 진부견, 수 양제도 전쟁을 좋아해서 망했다. 그러므로 지봉은 전쟁을 좋아하면 반듯이 망하는 것이니 전쟁하지 않고 승리하는 것을 지상의 방법으로 생각하고 있는 것이다. 여기에 대해서 손자는 다음과 같이 말하고 있다.

「凡用兵之法 全國爲上 破國次之. 全軍爲上 破軍次之. 全族爲上 破族次之. 全卒爲上 破卒次之. 全伍爲上 破伍次之 是故 百戰百勝 非善之善也. 不戰而屈人之兵 善之善者也」[63]라고 하여 백전백승하는 것이 최선이 아니라 전쟁을 하지 않고 적군을 항복시키는 것이 최선의 방법이라고 하는 것이다. 이에 대해서 위료자도 「不擧而勝者主勝也 陣而勝者將勝也」[64]라고 하였으니 전쟁을 하지 않고 승리하는 것을 주승이라 하였고 진이승자를 장승이라고 하여 부전승을 최고 이상으로 삼고 있다.

그러면 어떻게 해야만 전쟁을 하지 않고 승리할 수 있을까? 이에 대해서 지봉은 회남자의 말을 인용하여 「廟勝策」을 주장하고 있다. 즉 「用兵者 必先自廟戰 主孰賢 將孰能 民孰治 蓄積孰多 士卒孰精 甲兵孰利 器備孰便 故運籌廟堂之上 而決勝千里之外 余謂此謂廟勝也 爲國者能存此言則 不待交鋒 而勝負之形立矣」[65] 즉

---

62) 芝峰類說 3, 征伐.
63) 孫武子 謀攻 3.
64) 尉繚子 6.
65) 芝峰類說 3, 征伐.

용병자는 승리를 해야 하는데 그 방법은 彼我 사이에 어떤 나라 임금이 더 현군이며 어떤 편이 백성을 더 잘 다스리고 있는가? 또 재정의 축적은 어느 편이 더 많으며 사졸은 어느 편이 더 정병들이고 갑병은 누가 더 예리하며 군비의 준비는 어느 편이 더 잘 되어 있는가? 이것만 알면 묘당에 앉아서 천리 밖의 승패를 알 수 있으니 이것이 '묘승'이라는 것이다. 이것만 명심해서 위정자가 치민을 하게 되면 전쟁하지 않고서 승부를 결정할 수 있다고 지봉은 주장하고 있다. 이에 대해서 노자는,

「善爲士(師)者 不武 善戰者不怒 善勝賊者 不爭……」[66]이라 하였고 손자는 「故善用兵者 屈人之兵而非戰也」[67] 부전승하는 방법, 즉 묘승지계를 말하고 있는 것이다.

누구를 막론하고 好生惡死는 인정의 당연한 이치이기 때문에 지봉은 될 수 있으면 백성의 피해를 적게 하는 것을 주장하고 있다.

「世有暴將 殺人以養威. 酷吏 殺人以衒能 庸醫 殺人以試術. 其罪甚於凡殺 而一無座之者 嗚呼 曷懲甚矣 生民之不幸也」[68] 즉, 暴將은 위엄을 뽐내다가 살인을 하고 酷吏는 능령을 자랑하다가 살인을 하고 庸醫는 의술을 시험해 보다 살인을 하니, 그 죄가 일반적인 살인보다 심한데도 이에 대한 죄를 받은 자는 아무도 없다. 슬프다. 징계할 일이 크니 生民들만 불행하도다. 그들은 살인을 담당한 死官들이라고 혹평하고 있다.

다음에 지봉은 부득이 전쟁을 하게 되더라도 내부의 알륵이

---

66) 老子 道德經 68.
67) 孫武子 謀攻 3.
68) 芝峰類說 4, 將帥.

있으면 않된다고 다음과 같이 吳子의 말을 인용하고 있다.

「不和於國 不可以出軍 不和於軍 不可以決勝. 尉繚子曰上無疑令則 衆不二聽 上無疑事則 衆無二志 未有不信其心 而能得其力者也. 之二人 以詐力相尙 而其言如此 況仁義將之乎. 是知和與信 固國用兵之本也」[69] 즉 국내가 화평하지 않으면 출군을 하지 못하고 군중이 불화하면 결전을 하지 못한다고 손자의 말을 인용했으며 다시 위료자의 말을 인용하여 상관이 의구심 나는 명령이 없으면 군사들은 고쳐들을 명령이 없어서 의심할 것이 없고 상관이 의구심 나는 일이 없으면 국민들은 두 가지 마음을 갖지 않는다는 것이다. 그러므로 내부적으로 화목하여 일치단결해야 하며 상관의 명령은 신망이 있어야만 하는 것이니 이것이 국가를 공고히 하고 용병하는 근본이 된다고 지봉은 주장하고 있다. 正使 黃允吉과 副使 金誠一의 사신보고(AD. 1590)가 그것을 증명하고 있으니 대내적 분열은 노골적으로 드러낸 좋은 예이다. 그 결과는 너무나 잘 아는 사실이거니와 또한 조변석개하는 군령은 신속감이 있을 수 없으므로 상관의 명령이 위신이 서지 못하니 단결이 되지 못하고 백인백심으로 중구난방이기 때문에 화합과 신의가 치국용병의 동본이라고 주장하고 있다.

다음은 기후와 근병관계이다. 이에 대해서 지봉은 王弇州의 말을 인용하고 있다.

「倭舶之來 恒在淸明之後前乎 此 風候不常 方多東北方 且積久不變 過五月風自南來 不利於行. 重陽後 亦有東北者 過十月 風自西北來故 航海者 以三四五月 爲大汎 九十月小汎 聞趙完璧亦言大海中 舟行以風便故 每三四五月可行 六月以後不得行舟云是也」[70]

---

69) 芝峰類說 3, 兵征.

즉 왜구의 침입은 항상 청명 후 3, 4, 5월에 있었다는 것이다. 그 것은 선박의 항행은 풍변에 의해서 행진하는 까닭에 3, 4, 5월에 부는 동북풍을 이용하기 때문이라고 주장하고 있다. 임진왜란도 4월에 일어났으며 세종대왕 기해년에도 5월에 침입한 사실 등이 증명하고 있다. 그렇기 때문에 지봉은 3, 4, 5월에 특히 해상을 방비하라고 주장하고 있는 것이다. 기후와 動兵관계가 불가분의 위치에 있는 것은 고금이 동일하다.

다음에 지봉은 손자의 말을 인용하여 방어와 공격의 방법을 다음과 같이 주장하고있다.

「善守者 藏於九天之下 善政者 動於九天之上」[71] 즉 속에 속이 있고, 겉에 겉이 있어서 적이 나의 의도를 모르게 하는 일이다.

여기까지 지봉의 국방사상을 살펴보았다. 지봉의 치국사상의 근본이며 국방사상의 기본이 되는 '축성사' 詩 한 수를 음미해 보기로 하였다.

築城詞

五日運一石 十日運一木 驅石鞭見血 伐木山盡禿
主將催務速 役卒敢言勞 樓櫓一何壯 雉堞一何高
看看匪石築 一一民脂膏 築已旋役壞 何時築得城
吾聞以城城 不如以賢城 城城止百年 賢城可萬里
萬里與百年 終亦有時毁 曷若民爲城 本固乃邦寧
此城雖無形 萬世保太平 是知城非城 至險藏小民

---

70) 芝峰類說 1, 風運.
71) 芝峰類說 3, 征伐.

願畵無形城 持以謁楓宸[72]

　닷새나 걸려서 돌 하나를 운반하고, 열흘이나 걸려서 한 나무를 운반한다. 매여오는 돌 뭉치에 핏자국이 서리우고, 벌목한 산마루에 사태가 드러난다. 재촉하는 장군은 호령이 추상같고, 공사하는 군졸들은 긴 한숨을 절로 쉰다.
　쌓아도 항정없는 저 성의 높이여, 쌓아도 항정 없는 저 성의 넓이로다.
　보고 또 보니 돌로 쌓은 것이 아니로구나. 낱낱이 백성들의 피와 땀이 서렸도다. 어느 때나 이 공사가 끝날 날리 있으랴. 듣자니 돌로써 쌓은 성은 民心으로 쌓은 성만 같지 못하다 하니 돌로써 쌓은 성은 백년이면 무너지고, 민심으로 쌓은 성은 만리를 평정한다. 그러나 만리를 평정해도 마침내 무너지고, 돌로 쌓은 성도 끝장에는 무너지니, 민심으로 성을 쌓으면 국가가 태평하고 백성이 안락한다. 이 성은 형상은 없어도 길이길이 태평의 세계를 누리리라. 성 아닌 民城을 그대여 아는가, 모르는가. 지극히 험난해서 백성을 감춰준다. 원컨대 성벽 없는 성을 그려서, 위정자에게 드리고 싶다.
　이것이 지봉의 근본사상이라고 할 수 있다. 지봉의 문집이 모두 없어져도 이것 한 수만 있으면 족하다 할 것이요, 그는 비록 죽었어도 이 시 한 수만은 천추만대에 남으리라고 생각된다. 국가의 흥망과 전쟁의 성패는 모두 민심에 달려 있는 것이다.

　이상에서 대강 지봉의 국방사상을 알아보았다. 그러나 지봉의

---

72) 芝峰集 16.

서구 문화사상으로 이루어진 그의 사상체계와 천문지리사상 등 여러 부분에 관해서는 천학 비재한 필자로서는 감당하기 어려운 처지이므로 좀더 공부하고 연구해서 후에 다시 발표할 생각이다.

6. 결 론

위에서 분석한 자료를 가지고 결론을 도출해 보면 다음과 같다.

1. 李睟光은 1563년(명종7)에 태어나 1628년(인조 7) 향년 66세로 작고하였다. 그의 호는 芝峰이고 太宗의 6대손으로 선조 때와 광해군 때에 활약한 인물이다. 그는 임진왜란과 黨爭을 체험하였으며, 군사원조를 요청하는 請願使 등 세 번에 걸쳐서 사신으로 中國을 왕래하며 식견을 넓힌 바 있다. 이 때 中國에 온 서양학자들과도 교류가 있었으며 琉球, 安南, 暹羅 등 남방국가의 사신들과도 교류하여 그의 학력이 널리 알려졌다.

그는 당시 세계문명의 중심지에 위치하고 있었던 明나라를 왕래하면서 얻은 식견과 345家 2,165人의 저서를 섭렵하고 얻은 자료를 가지고 서술한 것이 芝峰類說이다. 지봉유설을 분석해 본 바 그의 사상을 다음과 같이 정리할 수 있다.

2. 芝峰의 宇宙觀은 周易의 음양원리와 老子의 三生萬物사상에 입각해서 우주진화과정을 설명하고 있고, 그 진행은 邵康節의 元會運世法으로 진행하고 있다고 보고 있다. 당시의 유학자들이 현실적인 도덕론만 주장하고 있던 것과는 달리 芝峰은 천지창조론과 진행과정을 설명하고 있어서 과학적인 연구 면모가 역력히 보이는 것이 특징이다.

3. 芝峰의 儒道觀은 '誠'사상을 바탕으로 '務實'을 주장하고 있다. 이 '實'사상이 곧 '實學'사상으로 계승된 것이다. 그리고 그의 政治觀은 '政治'가 곧 '正治'라고 주장하고 있으며 文章觀에 있어서는 학자가 공부는 하지 않고 남의 글을 한 두자만 고쳐서 쓰는 폐단이 팽배하여 있다고 주장하며 史官 추천에 있어서는 가장 엄격하게 추천받아서 등용해야 한다고 주장하고 있다.

4. 임진왜란을 체험한 지봉 이수광은 국방정책에 앞서 勤學, 正心, 敬天, 恤民, 納諫, 紀綱확립, 大臣등용의 신중, 붕당해소, 미풍양속확립, 법질서의 확립과 국고충실로 녹봉을 확보할 것을 건의하고 있다.

5. 지봉은 산악전에 능한 함경도 지방 인사를 등용해서 정병화할 것을 주장하고 군인 丁年을 20세로 할 것을 또한 주장하고 있다. 그리고 인재를 발탁, 일단 등용하면 믿고 그 소임을 다 할 수 있도록 자주 해임시켜서는 안된다고 주장하고 있다.

6. 지봉의 국방정책은 군의 精兵을 주장하고 있다. 精兵은 正心化된 군인으로 이루어진다고 보고 軍의 정예화를 위해서는 王이 먼저 바로서야 하며 養兵에 앞서 養民부터 해야 한다고 주장하고 있다. 그리고 전쟁을 해서 승리하는 것보다 싸우지 않고 '不戰而勝'하는 '廟勝'을 도모해야 한다고 주장하고 있는 것이 그의 두드러진 주장이라고 할 수 있다.

이상과 같은 지봉의 개혁사상은 조선후기 사회의 실학사상으로 발전하는데 기여한 바 있다. 즉, 지봉의 걱정은 반계에게서 그 답을 들을 수 있다. 그러므로 지봉은 苗而不秀의 우국지사요 반계 유형원(1622~1673)은 秀而不長의 학자였는데 그 결실은 실학의 집대가 성호 이익(?~1763)과 다산 정약용(1762~1836)에 이르러서 그 결실을 볼 수 있었다고 하겠다. 일찍이 천관우는 반계 유형원 연구에서 1세기의 준비와 1세기의 붕아, 1세기의 전성기를 거쳤다고 하였다(『역사학보』 3집, 1953, 34쪽). 역사도 생명체의 흐름과 같아서 생·장·성의 과정을 거쳐나가는 것은 당연해서 실학의 발전과정도 또한 그렇다고 할 수 있다. 16세기 중엽부터 17세기 중엽까지 이르는 동안(선조, 광해, 인조) 신사조의 준비기라 할 수 있으니 내부적인 병폐와 외부로부터의 신사조 유입으로 이루어진 사상의 변혁기에 속하는 학자들은 한백겸, 이수광, 김육, 권문해 등을 들을 수 있을 것이다. 다음은 17세기 중엽부터 18세기 중엽에 이르는 동안(효종, 현종, 숙종, 경조, 영조)을 발전기라고 할 수 있으니 유형원을 비롯해 이익, 안정복, 이중환 등을 들 수 있고, 다음은 개화기로 18세기 중엽부터 19세기 중엽에 이르는 동안(영조, 정조, 순조, 헌종)은 실로 斯界의전성기로서 박지원, 홍대헌, 박제가, 정약용, 김정희 최한기 등이 대표적인 인물들이다.

이렇게 보면 지봉은 실학사상계의 위치에서 그 초창기에 해당하는 인물이라고 할 수 있다.

同春堂 宋浚吉의 생애와 유적

1. 서

동춘당 송준길은 1606년(선조 39) 서울에서 태어나 1672년(현종 45) 현재 대전광역시 대덕구 송촌동 동춘당 사저에서 만 66세를 일기로 하세한 조선 후기 예학의 대가이다. 그의 관향은 은진이요 시조는 고려왕조 때 판원사를 역임한 大原인데 송준길은 그의 13대손이며, 지금의 대전 송촌동인 백달촌에 내려와서 삶의 터전을 마련한 쌍청당 愉(1389~1446)의 7대손이다.

송준길은 아호가 同春堂인 것 같이 봄바람처럼 훈훈하고 온화한 천품을 지닌 옥같은 군자이다. 그는 타고난 효심으로 부모님께는 효도를 다하고, 스승을 부모와 같이 섬겼으며, 나라에는 충성을 다 바쳤고, 향리에 돌아와서는 도학을 닦는 한편 사회향풍 개혁에도 공헌한 바 있으며, 자식의 부모된 도리에도 최선을 다한 도학군자이다.

이 글에서는 동춘당 송준길의 이와 같은 생애를 살펴본 후 그가 세운 동춘당과 고택 및 옥류각을 살펴보고 나아가 그의 묘소와 墓表 그리고 금석문 數例를 통해서 동춘당 송준길의 참 모습과 향풍쇄신 운동의 일면도 살펴봄으로써 그의 진면목을 살펴보고자 한다.

2. 생애

언급한 바와 같이 동춘당 송준길은 1606년(선조 39) 서울에서 태어나 1672년(현종 45) 송촌동 동춘당 사저에서 66세를 일기로 하세한 도학군자이다.

동춘당 송준길은 16세 되던 해에 모친이 별세하였고 22세에 부친이 작고하였는데, 그의 부친 생존시에는 부친의 任所인 영천까지 수행해서 효성을 다하였고 작고한 뒤에는 부모의 초종지례를 애통하는 가운데 모심으로써 자식된 도리를 다하였다. 이때 얻은 신병으로 평생을 강건하지 못한 채 지냈다고 하니 그 애절했던 정도를 짐작할 수 있다.

동춘당 송준길은 그의 부친이 작고한 다음 해에 그의 부친을 위해 家狀[1]을 짓는 한편 사계 김장생에게는 행장을 받고, 우복 정경세에게는 墓碑銘[2]을 그리고 청음 김상헌에게는 묘비명[3] 우암 송시열에게는 묘표[4]를 받아 府君의 행적을 후세에 전하도록 하였으니, 여기에 참여한 인사들은 당시 학계와 관계를 대표하는

---

1) 『동춘당연보』, 성균관 간 1981, 11쪽.
2) 『淸坐窩遺稿』, 宋炯彬 간, 1984 209쪽.
3) 주1) 199－201쪽, 주2) 214－216쪽.
4) 주2) 222－224쪽.

사림들이다.

한편 동춘당 송준길은 18세 때부터 외당숙인 사계 김장생을 모시고 수학을 했는데 그의 자질과 학문의 精博함을 보고 사계는 그가 장차 예가의 종장이 될 것이라고 칭송한 바 있으며, 영남학자 愚伏 鄭經世는 그의 인물됨을 보고 사위로 맞이하였다.

스승인 사계 김장생이 모시고 공부한 지 8년만에 돌아가시자 이초려·송우암과 더불어 장례를 정중하게 모셨고, 정경세는 장인이지만 사제간의 의리로 정복을 입고 장례를 치렀으며, 사계를 위해서는 그 유고5)를 정리해서 전하게 하고 그의 부친과 장인인 정경세를 위해서는 그 연보6)를 정리해서 후세에 전하도록 하였다.

다음은 동춘당 송준길이 관계에 진출한 후 활약한 실상을 알아보기로 하겠다. 그는 18세때 생진사초시에 합격하고, 다음 해에는 생진사회시에 합격하였다. 25세에 현 翊衛司洗馬職과 31세에 대군사부, 예산, 현감 등 여러 가지 직분을 제수받았으나 나아가지 않았다. 그가 관직에 오른 것은 44세(1649)때 효종대왕이 즉위한 후 사헌대장령으로 불러 부임하면서부터이다. 그는 다음 해 바로 집의로 승진한 후에 국권을 전담하던 친청파 김자점7)을 탄핵하여 물러나게 했다. 김자점 일당의 축출은 곧 청나라로부터의 독립을 의미하는 것으로 믿고 있는 그는 대의명분에 입각해서 김자점일당을 조정에서 몰아내고 국권을 굳게 다져나가고자 했다.8) 그러나 김자점 일당의 밀고로 청군이 다시 몰려와 송준

---

5) 주1) 317쪽.
6) 주1) 35쪽. 37쪽.
7) 『효종실록』 권2 卽位年己丑九月己巳
8) 『동춘당선생문집』 권7 양사청원찬김자점적 1-4장.

길을 비롯한 사림들의 실각을 몰고오고 말았다.9) 짧은 기간이지
만 그는 변란 때 포로가 되었던 부녀들에 관련된 법과 내사노비
의 復戶法10) 등을 고쳐 기강을 바로 잡는 데 힘을 기울인 바 있
다.

사임하고 향리에 돌아온 그는 그후 여러 차례에 걸쳐 왕의 부
름을 받았으니 불응하고 송촌 동춘당과 옥류각에서 우암 송시열
을 비롯한 사림·문인들과 더불어 강학에만 전념하였으며 때로
는 명산대천을 찾아다니면서 호연의 기상을 닦아 수련에 전념하
였다.

그는 52세 때 효종이 찬선을 제수하고 轎子를 보내면서 상경
하라고 하므로 의리상 마지못해 올라갔다가 바로 사직하였다. 그
러나 왕은 4월에 호조참판, 9월에 대사헌, 11월에 이조참판, 12월
에 성균관祭主 등을 수여하고 그의 봉직을 원했으나 역시 받아
들이지 않았다. 그럼에도 불구하고 왕은 그의 54세 되던 해에 병
조판서와 이조판서를 수여하였으며, 이후에도 말년인 64세 되던
해까지 대사헌과 찬선 등을 수여하고 여러 차례 부른 바 있다.
우암이 지은 묘비명11)에 의하면 동춘당 송준길은 持平이 3번,
진선이 6번, 집의와 찬선이 7번, 대사헌이 26번, 참찬이 12번, 이
조판서가 3번 등 평생을 관직 생활로 일관한 듯 하나 그의 76
회12)에 걸쳐서 사직상소를 내고 있어 실제로 봉직한 기간은 얼

---

9) 주6) 참조.
10) 『효종실록』 권2 卽位年己丑十二月辛巳.
11) 「동춘당 송궁묘지」 『송자대전』 六, 사문학회, 1971, 161~162쪽.
12) 『동춘당선생문집』 권1~6. 목록조 송자께서도 入任한 날은 불과 40
여 일밖에 되지 않는다고 전하고 있고(기고봉, 『속집』 권2, 잡저) 퇴
계·율곡 양선생도 같은 바 있어 학통을 짐작케 해준다.

마 되지 않는다.

그러나 짧은 관직 생활 기간에도 불구하고 다음 몇 가지의 두드러진 정책을 주장하여 실시해보려고 노력하였다.

첫째로, 병자호란의 국치를 씻어보려고 인화와 양민정책13)으로 국가안녕을 도모할 것을 건의하고, 특히 궁중 법도와 駙馬의 사치풍조14)를 없애도록 건의 실천케 했으며, 정예부대 양성과 병농일치책15)을 건의하고 있다.

둘째로, 병조, 이조, 양조에 봉직하던 기간에는 대동법16)의 확대실시를 주장하여 이를 실시하게 함으로써 방납·대납의 폐단이 없도록 노력하고, 사창제도17)를 확대 실시할 것을 건의 실시토록 하였다.

셋째로, 동춘당 송준길은 실리보다는 명분을 더 소중하게 여기는 士林이었다. 즉 앞서 말한 바와 같이 친청파 김자점의 무리들을 척결하는 데 앞장 선 것만 보더라도 알 수 있거니와 강도에서 節死한 이시직·송시영과 김상헌·김경여 등을 회덕 충절사18)에 모시고 그 충절을 칭송한 것만 보더라도 알 수 있다. 특히, 청음 金尙憲에 대해서는 遯巖書院, 魯峯書院, 崇賢書院 등에 제문을 올리면서 추모하고 있다.

넷째로 회덕향안19)을 제정해서 鄕風刷新 운동에 적극 참여했

---

13) 주1) 52쪽.
14) 주1) 81쪽.
15) 주1) 112쪽.
16) 주1) 112쪽.
17) 주1) 272쪽.
18) 주8) 권20, 雜著, 7쪽.
19) ① 성주탁, 1978, 「회덕향약고」『백제연구』9 충남대학교 백제연구소.
    ② 성주탁, 1980, 「우암 송시열과 회덕향약」, 『한국사론』8, 국사편

다고 하는 사실이다. 회덕향안은 그의 조부인 응서(1531~1608)가 처음부터 참여를 하였고, 부친 爾昌(1561~1627)과 아들 광식(1625~1664)이 참여하고 있는데 이미 없어진 회덕향안을 그의 말년에 작성 실시하고 있음을 서문에서 우암 송시열이 밝히고 있다. 서문의 글씨는 그의 친필로 전하고 있다.

다섯째, 그는 자신의 분수와 천수를 아는 선비였음을 알 수 있다. 그의 말년에 현종이 대사헌, 이조참판, 좌참찬 등 벼슬을 내리고 조정에 머무르기를 권하였으나 말년인 65세에 世子冠禮에만 참석하고, 왕에게 모든 관직을 사양하며 사은숙배한 다음 나오니 문인 송만기가 이 광경을 보고 "선생님께서는 다시 못 올라오실 인사인 것 같습니다. 龍顔을 뵙고 차마 눈을 돌리지 못하시는 선생님을 뵐 때 이와 같이 느꼈습니다."하니 "그렇다"라고 대답[20]했다 하다.

그가 작고하던 66세 되던 정월 꿈에 퇴계 선생을 뵙고 다음과 같은 시를 읊으셨다.

平生欽仰退陶翁
沒世精神尙痛感
此夜夢中承誨語
覺來山月滿牕櫺

이 해 11월 말 병환이 위급해지자 우암 송시열은 문병 차 와서 손을 잡고 울으니 그는 벽에 걸어놓은 '高山仰止 景行行止'를

찬위원회, 245쪽.
20) 주1) 413쪽.

가리키며 죽고 사는 것은 정한 이치라 하고 '存吾順, 沒吾寧'의 깊은 경지를 말씀하니 우암은 "형님은 능히 邵堯夫의 임종경지와 같습니다."[21]하고 눈물을 흘렸다. 우암 송시열과 동춘당 송준길은 13촌간이나 인척관계로는 재종6촌간도 되므로 우암은 한살 위인 송준길을 형님으로 불러내려왔다. 동춘당과 우암은 일가일 뿐만 아니라 사계문하에서 동문수학을 하였으며, 조정에 나아가서는 북벌문제와 대왕대비 복상[22]문제 등 당시 관계와 학계를 주도하며 진퇴를 같이 하던 双頭馬車였다고 할 수 있다. 동춘당 송준길은 12월 2일 그가 38세 때 지은 동춘당에서 66세를 일기로 永眠하였다. 그가 작고한 다음 해(현종 14, 1773) 정월 大匡補國崇祿大夫議政府領議政兼領經筵弘文館藝文館春秋館觀象監事世子師의 증직과 文正의 시호를 내렸으며 숭현·봉암·충현·遯巖·용강·창주 등 여러 서원에 봉향하게 하는 한편 문묘에 配享토록 하였다. 그의 업적에 대해서는 『조선왕조실록』[23)에 671건에 달하는 관련 기사가 등재되어 있는 사실만 보더라도 당시에 그가 점유하고 있었던 사회적 비중을 족히 짐작할 수 있다.

그의 인품과 학덕에 대해서는 제자인 權尙夏가 "瑞日祥雲, 和風甘雨, 百世宗師, 繼往開來, 一條淸水, 濕厚和平"이라고 밝혔는데 참 적절한 표현이라고 생각한다.

끝으로 동춘당 송준길의 가족 상황을 알아보기로 하겠다.

그는 앞서 말한 바와 같이 16세에 모친상과 22세에 부친상을 당하였고 50세에 정부인이, 59세에 부실 이씨가 사망했으며 59세

---

21) 주1) 424쪽.
22) 『현종실록』 권2 元年之年庚十四月 」亥巳.
23) 『조선왕조실록』 總索引, 국사편찬위원회, 1973, 408쪽.

에는 큰아들 정랑 광식이 42세로 별세하였고, 30세 전후해서 두 딸과 아들을 잃었다. 착하고 후덕한 그에게 큰 시련이었을 것으로 생각된다. 이와 같은 불행한 일을 당했지만 그는 상주와 서울에서 이름도 짓기 전에 죽은 자녀들을 송촌으로 이장한 후 學堂山墓表를 세워 내려오게 하고 있고, 墓表 끝에는 우암 송시열의 세살 난 딸 西淑의 이름까지 묘표에 새겨서 그 실전을 면하게 해주었으며, 65세 말년에도 10살 어린 나이로 일찍 죽은 누이의 묘표를 연산에 있는 묘소에 세워서 그의 훈훈한 부정과 동기간의 돈독한 우애를 엿볼 수 있게 해주고 있다.24) 한편 그의 둘째 딸은 閔維重에게 출가해서 숙종의 왕비가 된 인현왕후를 낳았다. 인현왕후의 예의 바르고 언행이 청초한 부덕은 외조부인 동춘당 송준길에게 큰 영향을 받았을 것이다.

효경에 효자는 어릴 때는 부모를 잘 섬기고, 장년이 되어서는 나라에 봉사하며, 말년에는 입신하는 것이라 하였으며 입신한 후 정도를 실천하여 그 이름이 후세까지 전하도록 해서 부모의 명성이 세상에 나타나도록 하는 것이 제일 큰 효도(夫孝, 始於事親, 中於事君, 終於立身, 立身行道, 揚名後世, 以顯父母, 孝之終也)라고 하였는데 그는 바로 이와 같이 살았던 도학군자라 할 수 있다.

3. 유적

1) 동춘당

동춘당은 대전광역시 대덕구 송촌동 192번지에 위치하고 있으

---

24) 주8) 권2 십일, 묘표.

며, 보물 제 209호로 지정되어 있는 건물이다.

조선시대 별당 건축의 대표적이라 할 수 있는 이 동춘당은 조선 효종 때 학자요, 동춘당 송준길(1606~1672)이 거처했던 곳으로 그의 호를 따서 건물 명칭을 동춘당이라 하였다.

동춘당은 정면 3간, 측면 2간으로 구성되어 있으며, 우측 2간은 우물마루를 깔은 대청으로 꾸미고 좌측 1간은 흑면으로 반면을 내어 위에는 반침으로 아래에는 온돌 아궁이의 함실로 이용하는 온돌방을 들였다.

창호는 대청의 전면과 측면에 각간 사분합 띠살 들어열개문을 달고 흑면에도 쌍여닫이 띠살문으로 처리하여 문을 열면 내·외 공간이 단일공간이 되도록 하였다. 대청과 온돌방 사이에도 사분합간 중 가운데 2짝은 쌍여닫이 맹장지문으로 양쪽 문은 대형 맹장지 들어열개를 달고 있어 필요할 때 문만 떼어 내면 별당채 전체를 뜯어서 하나의 큰 공간으로 사용할 수있는 융통성을 부여하고 있다.

구조는 자연석으로 쌓은 단층의 낮은 기단 위에 화강석 네모뿔형 주초석을 놓고 방형 기둥을 세웠는데 기둥머리에는 草刻이 되어 있는 樑棒이 건물의 내외 방향으로 끼워져 대들보를 보강하고 그 위에 굴도리로 된 주심도리와 대들보를 결구하고 있다.

지붕틀은 전후 平柱 위에 대들보를 받고 있는 二重樑 五架橡 가구로써 宗樑 상부에는 제형대공을 설치하여 종도리와 함께 지붕의 하중을 받치고 있다. 지붕은 홑처마 팔작지붕을 이루고 있어 주변의 환경과 잘 어울리는 지방의 대표적인 별당건출물이다.

건물의 정면에는 우암 송시열 선생이 쓴 「동춘당」의 현판이 걸려 있는 바, 崇禎戊午年은 1678년(숙종 4)에 해당되며 선생이

작고한 지 6년 뒤의 작품이다. 숭정은 중국 명나라 毅宗의 연호
이다. 明나라는 청나라에게 이미 멸망했지만 임진왜란 때 명나라
의 도움으로 왜병을 격퇴시킨 혈맹의 의리를 생각해서 명나라의
연호를 그대로 사용하고 있다. 망와에는 임오년명기가 있으니
1642년(인조 19)에 해당되며 동춘선생 38세에 해당된다. 연보에
도 이 해 2월에 사당과 正寢 및 동춘당을 건립하였다고 기록되
어 있어 문헌과 사실이 일치함을 볼 수 있다.25)

2) 동춘 고택(正寢, 家廟, 別廟)

정침, 가묘, 별묘 등 선생의 고택은 동춘당과 같이 송촌동 192
에 위치하고 있으며, 대전광역시 유형문화재 제3호로 지정되어
있다.

동춘당 고택 배치도를 보면 동춘당 좌측으로 대문이 부설되어
있다. 대문을 들어서면 일자형의 사랑채와 ㄷ자형의 안채가 전체
적으로 튼 입구자모양을 이루면서 배치되어 있고, 그 우측 편에
는 가묘와 별묘가 일각을 이루면서 남향하여 배치되어 있다.

(1) 안채(정침)

안채는 건물의 중앙부분과 3간통간에 우물마루의 대청을 드리
고, 그 좌측으로는 2간의 마루방과 반간의 퇴마루가 달린 1간반
의 안방, 1간식의 자녀방과 침모방 그리고 부엌이 각각 연결되어
있고 또한 대청의 우측으로는 1간씩의 건넌방과 웃방, 부엌과 찬
방 그리고 행랑방이 붙어 전체적으로 ㄷ자형의 평면을 이루고

---

25) ①『문화재유적총감』, 대전직할시, 1992, 351~352쪽.
　　②『동춘당 연보』성균관, 1981, 26쪽.

있다.

구조는 자연석으로 쌓은 낮은 기단 위에 전면에는 네모뿔형 주초석을 후면에는 덤벙 주초석을 혼합해놓고 민흘림 방형 기둥을 세웠는데 주상부에는 공포가 없이 납도리집 계통으로 간결하게 꾸몄다.

지붕틀은 전후 평주 위에 大樑을 걸고 그 위 양편에 동자주를 세워 宗樑을 지지하고 있는 2중량 5가연 가구로써 종량의 중앙 상부에는 梯形臺工을 설치하여 종도리와 함께 지붕의 하중을 받고 있으며, 지붕은 홑처마 팔작지붕을 이루고 있다.

(2) 사랑채

안채의 전면에 있는 사랑채는 정면 6간, 측면 2간의 일자형 평면으로 되어 있는데 정면 6간 중 중앙 1간에 우물마루의 작은 사랑대청을 들이고 그 대청의 좌측으로 1간의 사랑방과 안채로 출입할 수 있는 1간의 중간을 내었고, 사랑방 앞에느 함실을 내기 위해서 퇴마루를 약간 높여 놓았다. 그리고 대청의 우측으로는 퇴마루가 달린 2간의 큰 사랑방과 1간의 부엌이 붙어 있는데 부엌의 전면에 1간의 달림채를 두어 청지기가 거처하도록 배치하고 있다. 구조는 자연석을 갖고 1벌대로 쌓은 낮은 기단 위에 네모뿔형 주초석을 넣고 방형 기둥을 세웠는데 柱上部는 간단한 납도리집으로 구성하였다.

지붕틀은 전후 平柱 사이에 內高柱를 세우고 여기에 大樑과 退樑을 결구한 2중량 5가연 가구로써 대량 우측에 동자주를 세워 내고주와 함께 종량을 받고 있다. 종량 상부 중앙에는 사다리꼴대공을 설치하여 종도리와 함께 지붕의 하중을 받도록 하였으녀, 지붕은 홑처마 팔작지붕으로 처리하고 있다.

(3) 가묘, 별묘

동춘당 후면에 위치하고 있는 이 건물은 남쪽으로 난 소슬삼문을 들어서면 정면에 별묘가 있고, 그 왼쪽에 정면 3간, 측면 1간으로 된 祭器庫가 동향으로 배치되어 있으며, 소슬삼문 우측에 가묘가 나란히 남향하여 배치되어 있다. 가묘와 별묘 모두가 3간, 측면 2간의 평면으로 되어 있는데, 정면에 전퇴간을 둔 개방형 평면이며, 내부는 통간으로 하여 마루를 깔고 전면 3간에 모두 사분합문을 달았다.

구조는 장대석으로 쌓은 기단 위에 네모뿔형 주초석을 놓고 방형 기둥을 세웠는데 주상부에는 공포가 없느 굴오리 三樑 집이며, 지붕은 홑처마 맞배지붕을 이루고 있다.26)

3) 옥류각

대전광역시 대덕구 비래동 산 1-11에 위치하고 있는 옥류각은 대전광역시 유형문화재 제7호로 지정되어 있다.

옥류각은 동춘당 송준길 선생과 그 문인들이 산수가 수려한 이곳에 2층의 누각을 짓고 강학하던 곳이다. 선생 34세(인조 17, 1639)에 축조하였는데 누하로 계곡의 폭포수가 흘러내려가도록 되어 있어 그 운치가 한결 높은 곳이다. 옥류각 입구에는 「超然物外」라고 쓴 선생의 친필이 암벽에 음각 되어 있다. 세속에 물들지 않은 정결한 명승지임을 뜻하는 것이니 바로 이 경지가 선생의 淸淨無垢한 심정을 묘사한 것이 아닌가 사료된다.

---

26) 주25 - ①) 354~356쪽.

옥류각은 정면 3간, 측면 2간으로 평면을 구획한 후 정면 3간 가운데 좌측 2간통간을 우물마루의 넓은 대청으로 만들어 강학을 하면서 초연의 기개를 넓히는 공간으로 이용하였고 우측 1간 통간에는 온돌방을 들였는데 그 방밑으로 계곡물이 흐르고 있다.

창호는 대청에 면한 3간에 간단한 난간을 돌린 채 문을 달지 않았으나 온돌방 사이에는 사분합 띠살들이 열개문을 달아 연목에 달려 있는 걸쇠에 걸도록 하였고, 방의 전·후면에는 쌍여닫이 띠살문을 각각 달았다.

구조는 정면 3간 중 우측 2간에는 큰 활석으로 된 덤벙주초석으로 놓고, 원형 기둥을 세운 반면 바른 쪽 1간을 계곡 건너편에 팔각의 주형장초석으로 놓고 원형기둥을 세워 2층 누마루를 만들었다. 2층에서는 1층의 원형기둥 대신에 방형기둥을 세운 후, 주상부에 건물의 내외방향으로 樑棒을 결구시켰는데 이 樑棒의 끝을 翼工뿌리처럼 깎아 돌출시키고 있어서 無出目 초익공처럼 보이고 있다. 지붕틀 가구는 전후 평주 사이에 대량을 걸고 그 위 양편에 동자주를 세워 종량을 바치고 있는 2중량 5가연 가구로써 종량 위에는 낮은 제형대공을 설치하여 종도리와 함께 지붕의 하중을 받고 있다. 지붕은 홑처마 팔작지붕을 이루고 있다.[27]

4) 묘소

선생의 묘소는 대전광역시 서구 원정동 산 60-2번지에 위치하고 있으며 대전광역시 문화재자료 제15호로 지정되어 있다. 봉분의 전면에 장대석 6판을 놓아 묘역을 조성하고 있다. 봉분의

---

27) 주25-① 343~345쪽.

전면에는 183cm×125cm×30cm의 싱석이 있는데 뒤에는 魂留石
이 있고, 앞에는 판석 위에 북석을 놓았으며 분향석에는 한쌍의
귀면을 양각하여 배치하였고 우편에 주전자석을 배치하고 있다.
그리고 좌우에 문인석 1대를 배치하고 있는데 그 크기는 176cm
×50cm×45cm이다.

선생의 묘는 처음에 연기에 모셨으나 후에 공주 등 여러 곳으
로 옮겨졌다가 숙종 26년(1700) 이곳으로 이장하여 오늘에 이르
고 있다.28)

5) 묘표

선생의 묘표는 선생의 묘소 앞에 위치하고 있다. 비문은 선생
의 외손자인 숭정대부 행 병조판서 閔鎭厚가 짓고, 글씨는 조산
대부 행 의역현령을 지낸 증손 堯佐가 썼으며, 1711년(조선 숙종
37)에 세워졌다. 비의 전체 높이는 248cm, 비신 143cm, 비신 폭
58cm에 썼으며 비신 두께는 27cm이다.

비문의 내용은 선생의 가계와 출생년월일 및 선생이 출사한
이후 1672년 12월 2일 작고할 때까지의 중요한 행적을 추려서
기록하고 있고, 아울러 부인 진주 정씨의 인품과 출생년대를 기
록하고 있으며, 끝으로는 내외 손 70여 명의 현달한 후손과 선생
의 복록을 찬양하고 있다. 특히 선생께서는 유언으로 銘狀29)과
誄文30)을 구하지 말고 다만 작은 표석에 이름만 밝히라고 하였
다. 그 유명에 따라 4곳에 조그만한 비석을 세웠다고 전하고 있

---

28) 『문화 유적 총람』 대전직할시, 1992, 277~278쪽.
29) 묘비 등에 새겨 그 사람의 공적을 찬양한 글이다.
30) 뇌문이란 죽은 사람의 생전의 공덕을 칭송하는 글이다.

다. 이 비문은 宋悋憲이 번역하였다.[31]

4. 금석문

1) 宋爾昌 묘비[32]

소재지: 대전광역시 동구 이사동
연　대: 조선 인조 6년(1628)
찬　자: 김상헌
쓴　자: 송준길
규　모: 전체 높이 279cm, 비신 높이 149cm, 비신 폭 57.5cm
　　　　비신두께 48cm

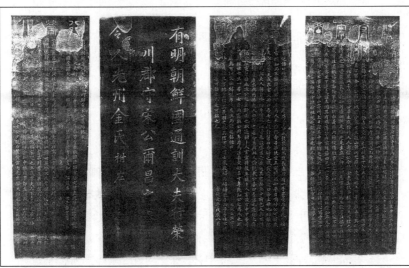

동춘 친필 금석문

---

31) 『대전금석문』 대전광역시사편찬위원회, 1995, 586~593쪽.
32) 동춘당 송준길은 57전이 금서문을 썼는데 부친 송이창의 묘비문은 그가 23세때 쓴 첫번째 금석문이다(주31) 58~362쪽.

2) 송준길 묘표[33]

소재지: 대전광역시 서구 원정동
연 대: 조선 숙종 37년(1711)
찬 자: 閔鎭厚
서 자: 宋堯佐
규 모: 전체 높이 248cm, 비신 높이 143cm, 비신 폭 58cm, 비
　　　　신 두께 27cm

「전면대자」
同春堂 宋先生 浚吉之墓
贈 貞敬夫人 晉州鄭氏祔左

「음기」
「한문 음기 생략」

「음기」

　선생의 이름은 浚吉이요, 자는 明甫이다. 계보는 은진에서 나왔는데
고려 判院事 大原의 후손이다. 明誼라는 분은 사헌부 執端이었고, 그
손자 愉는 호가 雙淸堂이다. 쌍청당의 증손은 이름이 汝楫인데 이가
선생의 고조이다. 증조는 世英이며 조부는 應瑞인데 군수이다. 아버지
는 爾昌인데 군수를 지냈으며 어머니는 광산 김씨로 僉樞를 지낸 殷輝
의 따님이니 沙溪 文元公은 그 종형이 된다.
　선생께서 만력 병오년(1606) 12월 28일에 한성에서 출생하였는데 신

---

33) 주31) 590~593쪽.

유년(1621)에 어머니 김 부인이 돌아갔다. 상을 마치고 문원공에게 나아가 배우고 또한 愚伏 鄭文莊公의 가문과 통혼이 되었으며 그로 인하여 師事하였다. 天啓 갑자년(1624)에 사마 양시에 합격하고 정묘년(1627)에 외간상을 당했는데 집상함에 있어 한결같이 의식과 몸가짐을 문원공과 같이 하자 사람들이 장차 가례의 종장이 될 것이라고 하였다. 崇禎 경오년(1930)에 洗馬에 제수 되었으나 나가지 않았고 임신년(1632)에 童蒙敎官이 내려졌으나 얼마 되지 않아 그만두고 돌아왔다. 병자년(1636)에 조정 신하들이 서로 천거하여 특별히 예산현감에 제수되었으나 부임하지 않았다. 계미년(1643)에 持平이 제수되었으나 사직하여 교체되었다. 이로부터 출사하라는 교지가 자주 있었는데 을유년(1645)에 상소하여 원손의 位號를 바르게 할 것과 金文正公尙憲을 불러들여 輔導를 맡기라고 청하였다. 그러나 보답을 못하였다.

기축년(1649)에 효종이 즉위하여 進善·掌令·執義를 제수하고 불렀다. 공은 조정에 나가자 곧 김자점의 벼슬을 빼앗고 귀양보냄과 동시에 그와 접촉하는 무리들도 물리치라 하였고, 또 경정관이 출입하여 강론하도록 청하였다. 경인년(1650)에 휴가를 얻어 돌아갔고 기미년(1655)에 司導寺正이 되었다. 그리고 승지와 이조참의 겸 찬선에 올랐다. 왕은 편안히 올라오도록 수레를 보내 재촉하였고 도착하자 접견하고 술을 베풀었다.

임금께서 일찍이 교지를 내려 이르기를 "세자의 학문이 발전한 것은 찬선의 공이다."라고 은밀히 箚子로써 북벌의 뜻을 펴셨다. 무술년(1658)에 여가를 얻어 돌아왔는데 특별히 호조참관으로 승진시켰다. 왕께서 편치 않다는 말을 듣고 궁궐로 나아가 기거하자 대사헌과 이조참판 겸 祭主를 제수 하였다. 기해년(1659)에는 병조판서로 승진시켜 대사헌을 체배하였다.

현종께서 처음 정사를 맡은 때 이조판서를 임명하자 소매 속에 넣고 간 箚子로 가까운 종친들이 궁중에서 머물며 힘을 기르지 못하도록 할 것과 경자년(1660)에 참찬을 체직해달라는 소를 올렸는데 慈懿大妃

복제를 고쳐야 한다고 했다가 尹善道의 무고에 얽혀 돌아왔다. 사관을 보내고 또 특별히 도승지를 보내여 만류했으나 끝내 잡지 못했다.

신축년(1665)에 부르자 달려갔으나 효종의 大祥日이 지나 이내 돌아갔다.

을사년(1665) 임금께서 온천에 거동하려 할 때 들어가 어가를 수행하였다가 도성으로 돌아갔다. 원자를 위해 輔養官이 된 몇 달만에 물러나 돌아갔다. 병오년(1666)에 또 온천에 가려고 어가를 호종하고 가다가 도중에서 사양하고 돌아왔다. 무신년(1668)에 또 온천에 따라가다가 세자의 병이 급하다는 말을 듣고 서울로 돌아갔다. 기유년(1669)에 왕이 온천으로 거동하면서 도성에 머물러 있으라고 하였다. 왕의 행차가 들어오자 여가를 얻어 돌아왔다.

경술년(1670)에 들어가 세자의 관례에 참여하고 곧 돌아와 이미 한강을 건넜는데 임금과 동궁이 다 각별히 타이르고 힘써 만류하므로 잠시 들어갔다가 돌아왔다. 임자년(1672)에 병에 걸렸는데 스스로 고치기가 어려움을 알고 상소하여 許積의 간악한 죄상을 극언하였으나 왕께서 기뻐하지 않았다. 병이 악화되어 遺疏를 초고하였는데 '성현의 학문에 힘쓰고, 군자를 가까이 하며 소인을 멀리하라'는 도리를 언급하였다. 임금께서 의원을 보내어 진찰할 때에는 이미 알아차리지 못했다.

마침내 12월 2일 하세하자 왕께서 부음을 듣고 특별히 영의정을 증직하면서 장례에 필요한 물품을 지급하여 연기 죽암리에 장사지냈다. 후에 묘소의 징조가 이롭지 못하므로 세번이나 이장하여 비로소 鎭岑 沙店洞 酉坐로 된 언덕에 안장하였는데 곧 경진년(1700) 10월이었다.

이보다 앞서 간사한 무리들이 임금이 유충함을 기화로 예송으로 함정을 만들어 형을 따르게 하고 죽음에 이르도록 하였다. 경신년(1680)에 다시 특별히 벼슬을 되돌려주고 일찍이 賊臣을 논한 적이 있는 張曲江의 고사에 따라 묘소에 제사를 지냈다.

또 諡狀을 기다리지 않고 시호를 내려 文正이라 하고 嗣孫에게 벼슬을 주도록 하는 한편 유고를 수집하여 간행하도록 하였다. 또 이때

筵臣이 이장할 것을 아뢰자 관리에게 시켜 내전에서 이장도구를 마련하도록 하고 中使와 호상을 보내어 이장하는 의식을 더욱 유감없도록 하였다. 평구 杖履(이름난 사람의 머무른 자취)가 미쳤던 지역에 후학들이 俎豆를 마련하여 정성껏 봉사하고 있다.

부인께서는 타고난 바탕이 맑고 착하며 덕성이 어질고 두터우며 글과 사기를 대략 통하였으므로 식견이 넓고 돈오하여 어버이에게 효도하고 가장에게 순종하여 자제를 가르치는 데에는 법도가 있었다. 친척들에게는 성의껏 다하니 사람들이 말하기를 선생께서 수신제가한 공이 부인의 내조로 이루어진 것이라고 하였으니 참으로 아름다운 배필이라 하겠다. 갑진년(1604) 8월 27일에 낳아서 기미년(1655) 7월 29일에 하세하였다. 처음에는 공주땅에 장례하였다가 선생을 이장할 때 합폄하였다.

아들 光栻은 正郎이고 두 따님은 선비 나명석과 驪陽府院君 閔維重에게 출가하였다. 정랑의 아들 중 炳文은 현감이고 炳夏는 正郎이며 炳遠은 都事요, 炳翼은 전직 府史이다. 따님은 판관 元夢翼의 아내가 되었고, 여양부원군의 아들 중 맏이는 곧 불초 鎭厚이며 다음은 鎭遠인데 문과에 급제하여 留守이다. 따님은 진사 李晩昌과 현령 申錫華의 아내가 되었으며 인현왕후는 차례가 둘째이다.

병문의 두 아들 堯卿도 벼슬을 받아 군수가 되었다. 내외 증손은 모두 70여 명이나 된다. 측실의 아들 光林은 현감이며 光梴·光榮 등도 아들 딸을 두었으니 아! 선생의 큰 덕과 사업을 소자가 감히 만의 하나도 엿보아 헤아리지 못할 것이로되 그 언행과 사적은 사람의 이목에 두렷이 알려져 있고 또한 사관이 기록한 글이 있으며 하늘이 무너진다 하더라도 금석에 새겨둔다면 무사하리라고 생각된다. 선생의 유언에 따라 銘狀과 誄文도 구할 것 없이 다만 작은 표석에 이름만 밝히기로 하였다. 이에 우암 송선생이 지은 묘지에서 그 대략을 골라 세손과 벼슬 경력을 낳고 죽은 해와 자녀의 이름을 적어 표석의 음기를 위와 같이 적는다.

崇禎紀元 84年 辛卯(1711) 정월 일

外孫 崇禎大夫 行兵曹判書 閔鎭厚 謹述

曾孫 朝散大夫 行義城縣令 堯佐 謹書

3) 학당산묘표

소재지: 대전광역시 대덕구 송촌동 학당산

연 대: 조선 현종 9년(1668)

서 자: 송준길

규 모: 전체 높이 137cm, 비신 높이 100cm, 너비 50cm, 두께
15.5cm

학당산묘표

(한문)

이곳 학당산은 우리 증조할아버지인 贈承政院 우승지 부군(宋世英)
과 증조할머니인 증 숙부인 谷山延氏의 묘소이다. 이 묘소에서 동쪽으
로 두서너 발자욱 조금 낮은 곳에 당숙인 진사 부군(宋文昌) 묘소가 있
다. 그 묘에서 남쪽 조금 낮은 곳으로 두서너 발자욱 가면 내 형의 묘
가 있다.

형의 이름은 竹인데 선조 18년(1585: 만력을유) 서울 자택에서 출생
하였다. 형의 모습이 단정하고 아름다워 보는 사람들이 기특하게 여기
고 사랑하였다. 임진왜란 때 부모를 따라 회덕 고향에서 피난하다가
班疹이란 병에 걸려 일찍 죽었는데 나이 겨우 여덟살이었다. 참으로
단명하였다.

(형의) 묘에서 동쪽 옆으로 한 발자욱쯤 되는 곳은 나의 딸 靜一의

묘이다. 정일은 인조 5년(1627: 天啓 정묘)에 출생하였는데 우리 선군께서는 병환 중에도 몹시 사랑하였다. 인조 12년(1634: 崇禎 무술)에 어머니를 따라 상주의 매호에 근친갔다가 갑자기 병이나 일찍 죽었다.

이 묘에서 동쪽 옆으로 한 발자욱쯤 되는 곳에 나의 아들 석대의 묘가 있다. 인조 8년(1630: 숭정 경오)에 출생하였는데 골상과 도량이 다 보통이 아니었다. 온 집안에서 기대가 아주 컸었다. 인종 18년(1636: 병자)에 나를 따라 서울에 들어가 병을 치료하다가 痘疾에 걸려 일찍 죽었다. 듣는 사람들이 다 애석하게 여겼으며 尤庵이 지은 誌文이 있다.

碩大 묘에서 옆으로 한 발자욱쯤 되는 곳에 딸의 묘가 있다. 인조 13년(1635: 숭정기해)에 출생하여 이름도 지기 전에 일찍 죽었다.

정일의 묘 바로 아래 남쪽으로 조금 낮은 곳에서 두어 발자욱 쯤 되는 곳에 손자 順龍의 묘가 있고, 석대의 묘 바로 아래에서 남쪽으로 조금 낮은 곳 서너 발자욱 쯤 되는 건너편 光彬의 어머니 묘 옆에 李娘의 묘가 있다. 이랑은 곧 나의 부실로 國姓 李東馨의 딸이다. 느즈막에 나에게로 와서 손이 없다. 현종 2년(1661: 신축) 내가 나라의 부름을 받고 조정에 나가 있는 동안 낭이 고향집에서 병들어 죽었는데 겨우 21살이었다. 내가 몹시 불쌍하게 여겼다.

형의 묘에서 서남쪽으로 예닐곱 자욱되는 건너편 한 구렁의 다른 작은 언덕에 또 손자 우현의 묘가 있다.

슬프다. 우리 누이와 형이 다 같이 일찍 죽었는데 누이의 장지는 連山巨正里의 우리 외할아버니(金殷輝) 兆域 아래에 있다.

그 15년 후에 내가 비로소 출생하여 아버지의 대가 끊어질 뻔하다가 다시 이어졌으니 또한 다행한 일이다. 내가 조실부모하고 형제도 적은 데다가 만년에 이르러 외아들을 잃고 문호를 부지 하지 못하게 되었다. 전에 태어난 아이들이 모두 자랐다면 내 신세가 이처럼 외롭고 괴로우랴, 또 학당의 한 구역 내 여러 묘가 총총히 있어 알아볼 수조차 없는 지경에 이르렀겠는가? 볼 때마다 마음이 상하여 슬픈 회포를 견딜 수 없다. 그래서 여기 형의 묘 옆에 돌 하나를 세우고 아울러 모두 묘의 소재를 기록하는 것이다. 이 뒤 사람들은 이를 가엽고 불쌍히 여겨 짓밟거나 능멸하지 말지어라. 아! 슬프구나.

숭정 戊申(1668) 봄

정헌대부 의정부 좌참찬 겸 成均館祭酒세자시강원찬선 浚吉이 적고 쓰다.34)

5. 결

이상의 자료를 가지고 동춘당 송준길의 참된 모습을 도출해보려고 한다.

첫째로 동춘당 송준길은 그의 아호와 걸맞게 봄바람 같이 훈훈한 인정을 갖춘 옥같은 도학군자라고 할 수 있다. 부모에게는 효성을 다하고 스승을 부모와 같이 섬겼으며 장인 정경세의 初終之禮까지 인사를 다 한 인물이다. 나아가 조정에 출사해서는 임금을 부모같이 섬기는 신자로서의 도리를 다 하였으니 유교정통원리인 군사부일체사상을 몸소 실천한 인물이다.

둘째 동춘당 송준길이 왕의 소명으로 조정에 나가자 친청파 김자점 일당을 조정에서 축출하고 병자호란의 국치를 씻기 위해 양민정책, 병농일치정책, 대동법의 확대실시, 사회제도의 확대, 防納·代納의 방지 등 괄목할만한 정책을 과감하게 제안하여 실시하려고 노력하였다. 그는 25세에 翊衛司馬洗馬職으로 출사한 후 대사헌, 호조판서, 좌참찬 등을 역임하고 65세에 귀향할 때까

---

34) 송준길, 「학당산묘표」, 『鄕土硏究』 제6집 충남향토연구소, 1989, 10~13쪽 (宋昌準 옮김), 『大田金石文』, 대전광역시시사편찬위원회, 1995, 485~487쪽.

지 관직생활을 하였으나 실제로 조정에 나가서 집무한 날은 얼마되지 않음을 볼 때 그는 산림과 도학에 비중을 두고 수학한 인물로 평가할 수 있다. 한편 과감한 정책실현으로 북벌을 주장하고 소인배 축출을 앞장 선 일면을 보면 안일과 첩거를 능사로 여기는 소승적인 유학자가 아니었음을 알 수 있다.

셋째로 동춘당 송준길이 말년에 향리에 돌아와서는 우암 송시열, 제월당 宋奎濂 등과 협력해서 회덕향약을 제정하여 향풍쇄신운동에 앞장서고 있음을 볼 수 있다. 향약서문은 동춘당 송준길의 말년 글씨이다. 그때 그는 이미 와병중에 있었음에도 이 운동에 적극 참여한 것을 볼 때 그의 인물이 안일에 만족하지 않고 있음을 알 수 있다.

넷째로, 동춘당 정침·가묘·별묘로 구성되어 있는 고택과 옥류각 등 건축물을 남기고 있는 점이다. 보물 209호로 지정되어 있는 동춘당은 별당 건축물의 대표적인 작품이라고 할 수 있으며, 대전시 유형문화재 3호로 지정되어 있는 정침, 가묘, 별묘로 구성되어 있는 고택은 지방 사대부 가옥의 대표적인 건축물이라 할 수 있으며 시 유형문화재 7호로 지정되어 있는 옥류각은 누하로 계곡의 물이 흐르도록 되어 있는 누각의 대표적 건축물이라 할 수 있다. 이와 같은 건축물의 축조를 동춘당 송준길이 직접 건축하였다고 하는 사실은 평범한 사대부가 아닌 비범한 탁견을 지니고 있는 경세의 인물이었음을 엿볼 수 있다. 옥류각 입구 암벽에 각자된 「超然物外」의 친필각자는 동춘당 송준길의 인품을 잘 드러낸 작품이라고 할 수 있다.

다섯째 동춘당 송준길의 금석문 글씨도 높이 평가하지 않을 수 없다. 동춘당은 총 57점의 금석문을 썼는데 아마도 가장 많은 금석문을 쓴 인물로 알려져 있다. 「外柔內剛」「綿中裏鐵」의 주옥같은 글씨는 동춘당 송준길의 인물을 잘 드러낸 필치라고 할 수 있으며 동준당서체를 개발한 독특한 필체의 소유자라고 할 수 있다.

여섯째, 동춘당 송준길의 훈훈한 인정미 넘치는 인품을 학당산묘표에서 읽을 수 있다. 이 묘표에서는 일찍 죽은 형을 추모하는 애처로운 비문으로부터 사랑하던 자식과 여식의 애틋한 정을 담은 비문을 새겨 실전하지 않게 만들은 점, 총 9위에 달하는 묘표는 동춘당 송준길의 따뜻한 정이 넘치는 가장이었음을 엿볼 수 있다. 동춘당 송준길의 수제자 최상하가 선생을 평하기를 「百世宗師」, 「溫厚和平」이라고 한 것은 참으로 적절한 표현이라 할 수 있다.

03

明齋年譜

　　明齋 尹拯先生은 大明 毅宗皇帝 崇禎 2년 즉, 仁祖 27년(1629)
5월 28일 戌時에 漢京 貞善坊 大廟洞 외가에서 태어나다.

　　3년 庚午

　　4년 辛未

　　5년 壬申

　　6년 癸酉

　　7년 甲戌

　　8년 乙亥

　　9년 丙子　12월 후금의 병화를 당하여 아버지 魯西 선생을
　　　　　　　따라서 江都로 피난가다.

　　10년 丁丑　정월 江都가 함락하고 母夫人 李氏가 순절하다. 3
　　　　　　　월 할아버지 八松 선생을 따라 永同으로 가다.

　　11년 戊寅　3월 服喪을 마치다.

　　12년 己卯　6월 八松 선생 喪을 당하다.

13년 庚辰

14년 辛巳 魯西 선생이 錦山으로 거처를 옮겨서 선생도 따라가 모시며 수학하다.

15년 壬午 市南 兪棨 선생에게 수학하다.

16년 癸未

17년 甲申

18년 乙酉 4월 冠禮를 행하다.

19년 丙戌 3월 호서·호남에 潢池의 변란이 일어나 尼山으로 돌아오다.

20년 丁亥 10월 權氏 부인에게 장가가다. 부인은 炭翁 權諰의 딸이다.

21년 戊子 8월 交山에 가서 성묘하다.

22년 己丑

23년 庚寅 봄, 市南 선생의 편지에 답하다. 11월 市南 선생이 穩城으로 귀양가게 되니 전송하다. 12월 交山에 가서 성묘하다.

24년 辛卯 5월 連山 林里에 계신 愼獨齋 金集 선생을 찾아 뵙다. 10월 先塋 西麓에 있는 淨寺에 모여 강학하다.

25년 壬辰 정월 懷德으로 同春 선생을 찾아 뵙다. 師友簡牘帖을 만들다. 여러 士林이 堂北에 모여 鄕飮酒禮를 행하다. 4월 德裕山을 유람하다.

26년 癸巳

27년 甲午 8월 交山에 가서 절사를 지내고 성묘하다. 鷗浦에 계신 浦渚 趙翼 선생을 찾아뵙다.

28년 乙未 9월 魯西 선생을 따라 季父가 살고 있던 石江(石

城)에 가서 7일 동안 강학하다.

29년 丙申 閏5월 愼獨齋 金集 선생의 부음을 듣고 만사와 제
  문을 지어서 문상하다. 10월 유생들이 堂北에 모여 율곡
  의 향약을 행하고 位次 문제 등에 대해 강론하다.

30년 丁酉 3월 懷川의 尤庵 宋時烈에게서 朱子書를 받다. 5
  월 魯西 선생을 따라 林里에서 강학하다. 8월 交山에 성
  묘가다.

31년 戊戌 7월 仲父 童土 선생을 金溝縣 齋室로 찾아뵙다. 9
  월 愼獨齋 金集 선생을 遯巖書院에 配享하는 제례에 참
  석하다. 魯西 선생에게 家禮源流를 수학하다. 玄石 朴世
  采(字 和叔)의 편지에 답하다. 12월 明村 羅良佐(字 顯
  道)의 귀경을 전송하다. 학덕이 높아서 士林에서 선생을
  조정에 천거했으나, 나이가 어린데 너무 출세가 빠르다
  고 부친께서 만류하다.

32년 己亥 정월 朱子書를 礪山에 있는 黃山院齋에서 강론하
  다.

33년 庚子 4월 炭村·市南·草廬 등과 서신을 주고받다.

34년 辛丑 2월 牛溪 成渾 선생을 海州 石潭書院에 배향하는
  제례에 참석하다. 5월 아들 行敎가 출생하다.

35년 壬寅 3월 숙부 童土 선생이 영월 수령으로 재임하면서
  초청하는 서신을 받고 영동 지방 여행에 나서다.

36년 癸卯 다시 조정에 천거되었으나 거절하다.

37년 甲辰 3월 市南 俞棨 선생에게 편지를 보내다. 시남 선
  생의 喪事에 문상하고 제문과 墓誌를 찬술하다. 6월 內
  侍敎官을 제수했으나 부임하지 않다. 7월 交山에 가서

성묘하다. 10월 아들 忠敎가 출생하다.

38년 乙巳 7월 관등을 뛰어넘어 六品 工曹左郞을 제수했으나 부임하지 않다. 8월 交山에 가서 성묘하다.

39년 丙午 12월 世子翊衛司翊贊을 제수했으나 부임하지 않다.

40년 丁未 정월 全羅都事를 제수했으나 부임하지 않다. 8월 交山에 가서 성묘하다. 귀로에 滄江 趙涑을 찾아뵙다.

41년 戊申 7월 司憲府 持平을 제수하여 사직 상소를 올렸으나 체임하게 하다. 9월 또 持平을 제수하니 사직 상소를 올렸으나 체임하게 하다. 12월 중부 童土 선생의 喪을 당하다.

42년 己酉 정월 특별 유시로 소명하니 사양했으나 허락하지 않다. 3월 임금이 온천에 행차하여 다시 특별 유시로 소명했으나 사직 상소를 올리고 사양하다. 4월 부친 魯西 선생의 喪을 당하다. 8월 魯西 선생을 장사하다. 12월 交山 墓盧에 가서 시묘살이를 하다.

43년 庚戌 2월 交山에서 돌아오다. 4월 다시 교산으로 가다.

44년 辛亥 6월 탈상을 하다. 交山에 가서 성묘하다. 宋斗章 (字 子文)의 喪에 곡하다. 魯西 선생의 年譜를 편찬하다. 世子 侍講院 進善을 제수하니 7월에 상소하고 사임했으나 허락하지 않다. 8월 司憲府 掌令을 제수하니 9월에 사직 상소를 올렸으나 체임케 하다. 交山에 가서 성묘하다. 松谷 趙公 復陽墓에 가서 곡하다. 10월 魯西 선생의 행장을 玄石(朴世采)에게 찬술해 달라고 청하다. 12월 또 進善을 제수하니 사직 상소를 올렸으나 체임케 하다. 淨

寺에 모여 童土 선생의 유고를 교정하다.

45년 壬子 정월 炭村 權諰 선생의 喪事에서 곡하다. 3월 宗
人들이 墳墓에 모여 宗約과 敎學 규약을 거듭 밝히다. 7
월 종조숙부 龍西 선생의 상사에 곡하다. 윤7월 喪禮備
要를 감수 교정하다. 9월 交山에 가서 성묘하다. 司憲府
執義를 제수하니 사직 상소를 올렸으나 체임케 하다. 10
월 季父 石湖 선생의 상을 당하다. 12월 同春 선생의 부
음을 듣고 찾아가 곡하다.

46년 癸丑 3월 進善을 제수하니 재차 사직 상소를 올렸으나
체임케 하다. 7월 또 진선을 제수했으나 사직 상소를 올
리고 사퇴하다. 다시 執義를 제수하니 또 상소를 올렸으
나 체임케 하다. 8월 또 집의를 제수했으나 9월에 상소
하고 사임하다. 牛溪書室重修記를 찬술하다. 11월 魯西
선생의 碣銘을 宋相(尤庵)게 청하다. 小學을 감수하여
재편찬하다. 12월 交山에 가서 성묘하다.

47년 甲寅 정월 長湍 선형의 산소에 성묘하다. 2월 仁宣大妃
가 승화하니, 縣廳에 나아가 배곡한 뒤에 성복하다. 尤
庵 宋時烈에게 편지를 보내다. 4월 송시열에게 편지를
보내다. 이전에 碣銘의 자료를 보낸 일이 있다. 從兄 處
士 尹搏의 상에 곡하다. 8월 己酉 顯宗大王이 승하하니,
縣廳에 들어가 배곡한 뒤에 성복하다. 9월 執義를 제수
하니 사직 상소를 올렸으나 체임케 하다. 12월 또 執義
를 제수하다.

48년 乙卯 정월 사직 상소를 올렸으나 허락하지 않다. 다시
사직 상소를 올렸으나 체임케 하다. 3월 魯岡書院의 齋

規를 제정하다. 4월 유생들이 魯岡書院의 齋室에서 회동하다. 6월 宋尤庵에게 편지를 보내다. 8월 생질 朴泰輔의 귀경을 환송하다. 10월 奇挺翼(字 子亮)과 氣數說을 논한 편지에 답하다.

49년 丙辰 정월 酉峯에 새집을 짓고 머물다. 2월 定山에서 玄石을 만나다. 宋尤庵을 長鬐 謫所에 가서 만나다. 3월 宋尤庵에게 편지를 보내다. 4월 碣銘을 보내고 宋尤庵의 편지에 답하다.

50년 丁巳 정월 宋尤庵의 편지에 답하다. 玄石의 편지에 답하다. 8월 交山에 가서 성묘하다. 11월 조카 可教의 喪에 곡하다.

51년 戊午 여름 家禮源流 癸甲錄을 교정하다. 長子婦 朴氏를 交山에 장사하다. 9월 公州의 青林으로 이사하다. 宋尤庵의 편지에 답하고, 세 번째 碣銘을 보내다. 10월 墳庵에서 宗會를 열다. 12월 유생들이 青林寺에서 회동하다.

52년 己未 정월 부여 朴泰漢의 冠禮에 참여하다. 2월 洪州龍溪로 이사하다. 敬勝齋를 위해서 유생들에게 규례를 제정하여 제시하다. 9월 朴泰輔가 易義諺訣을 논한 서신에 답하다.

53년 庚申 정월 玄石이 心學旨訣을 논한 서신에 답하다. 4월 秋浦 黃公의 年譜를 편찬하다. 5월 執義에 제수하고 특별 유시로 부르는 하명이 있었으나 6월에 상소하고 사임하니, 成均館 司業을 제수하다. 또 특별 유시로 부르는 하명이 있었으나 상소하고 사직하다. 10월 辛亥 仁敬王妃가 승하하니 縣廳에 나아가 곡하고 성복하다. 宋尤

庵을 懷川으로 찾아 뵙다. 또 執義를 제수하니 사직 상
소를 올렸으나 체임케 하다. 또 司業을 제수하다. 酉峯
舊第에 돌아오다. 국상중에 四禮私議를 저술하다.

54년 辛酉 정월 특별 유시로 부르는 하명이 있다. 2월에 재
차 사직 상소를 올렸으나 허락하지 않다. 4월 또 특별
유시로 소명하고 執義를 제수하자 재차 사직 상소를 올
려 사의를 표하다. 5월 지진의 이변이 있자 특별 유시로
求言하니, 상소를 올려 사양하고 사직했으나 허락하지
않다. 다시 사직 상소를 올렸으나 체임케 하다. 6월 禮
官을 파견하여 仁敬王后의 練禪 有無에 대해 물었으나
대답하지 않다. 宋尤庵에게 편지를 보내다. 8월 임금이
李夫人의 旌閭를 세우도록 명하다. 특별 유시로 불렀으
나 상소하여 사양하고, 9월에 또 편지를 올려서 거듭 사
양하다. 11월 또 특별 유시로 불렀으나 편지를 올려 사
양하다. 또 執義를 제수했으나 편지로 거듭 사양하다.

55년 壬戌 정월 편지를 올려서 사직하자, 특별 유시로 다시
부르다. 상소하여 사양했으나 모두 허락하지 않다. 4월
交山에 가서 성묘하다. 5월 玄石을 松都의 甘露寺에서
만나다. 掌落院正을 제수하다. 또 執義를 제수하니 상소
를 올렸으나, 체임케 하고 司業을 제수하다. 7월 災異가
있어서 특별 유시로 부르고 또 執義를 제수하다. 8월 감
사 상소를 겸하여 災異에 대한 경계를 첨부해 올리다.
특별 왕명으로 通政大夫 戶曹參議로 승격 제수했으나
사직 상소하다. 11월 재차 상소 사직했으나 체임케 하는
優批를 내리다. 大學諺解를 개정하다. 玄石의 서신에 답

하다. 초학자를 위해 일상생활을 그림 한 폭으로 그려서 제생들에게 나누어주다. 율곡 선생의 別集을 교정하다.

56년 癸亥　정월 임금의 부름에 편지로 거듭 사양하다. 특별히 史官을 파견하여 함께 올라오라고 부르다. 2월 상소를 올려서 거듭 사양하다. 牛溪 선생의 연보를 補遺하다. 3월 또 史官을 파견하여 불렀으나 4월 丙子에 재차 사임하였다. 그러나 거듭 소명의 優批가 있다. 丁丑에 소명의 철회를 상소했으나 허학하지 않고 召命을 재촉하다. 庚子에 待罪하기 위해 漢京으로 떠나다. 5월 甲辰 果川에 가서 丙午 상소에 대해 대죄했으나 이루지 못하다. 특별히 승지를 파견하여 선유하고 같이 입궐토록 하명하다. 丁未에 승지가 또 유시를 전했으나 상소문만 놓고 곧바로 귀가하다. 戊申에 水原에 도착하니 史官이 쫓아와 소장의 보류를 전하며, 걸음을 멈추고 하명을 기다리라는 批旨를 전하다. 己酉에 승지가 와서 召命 유시를 거듭 전하다. 庚戌에 소명을 거두게 하고 귀가하다. 6월 吏曹參議를 제수했으나 상소하고 사임하다. 7월 특별히 嘉善大夫 漢城府 右尹을 제수하니 사직 상소를 올렸으나 허락하지 않다. 10월 임금이 疾患으로 公州 玉樹庵에 머무르다. 12월 壬寅에 明聖大妃가 승하하니, 縣廳에 나아가 곡하고 成服하다. 滄浪 成濬 선생의 문집을 교정하다.

57년 甲子　정월 司憲府 大司憲을 제수하니 개정해 달라고 상소했으나 優批를 내려 허락하지 않다. 2월 宋尤庵의 서신에 답하다. 玄石의 서신에 답하다. 5월 會寧 사람 崔

愼이 玄石 朴公을 무고한 상소에 대해 상소하여 변명하
다. 相臣 閔鼎重 등이 예우하지 말 것을 청하니, 임금이
그에 따르다. 玄石의 서신에 답하다. 明村에게 서신을
보내다. 宋尤庵의 서신에 답하다. 7월 宋尤庵의 서신에
답하다. 12월 閔彦暉(字 以升)의 서신에 답하면서 中庸韻
을 제시하다. 金盛大 등이 통문을 돌려서 무고하고 헐뜯
다.

58년 乙丑 2월 趙士威의 서신에 답하다. 10월 玄石에게 서신
을 보내다. 玄石의 서신에 답하다.

59년 丙寅 정월 陶靖節의 歸去來辭를 차운하여 글을 짓다. 6
월 李世弼(字 君輔)의 心經釋疑와 大學에 대해 논한 편
지를 교정하다.

60년 丁卯 2월 宋尤庵이 魯西 선생을 무고 상소하니, 문인
羅良佐 등이 변명 항소하다. 11월 明村의 서신에 답하면
서 敎學 방법에 대해 논한다. 12월 交山에 가서 성묘하
다.

61년 戊辰 정월 坡州에 가서 西溪 朴世堂 및 玄石과 회동하
다. 2월 市南 선생의 문집을 편찬하고 발문을 쓰다. 8월
丙寅에 莊烈大妃가 승하하니, 현청에 들어가 곡하고 成
服하다.

62년 己巳 2월 임금이 대우하던 예우를 처음과 같이 하도록
禮曹에 명하다. 5월 朴泰輔의 상사에 곡하다.

63년 庚午 2월 부인 權氏가 죽다. 4월 玄石의 편지에 답하다.
9월 大司憲을 제수하니 自劾하는 상소를 올리자, 嚴旨로
환급하다. 臺臣 金一虁 등이 삭탈 관직을 청하는 상소를

올리자 그에 따르다.

64년 辛未 3월 姊氏의 상을 당하다. 6월 西溪에게 서신을 주
어 大學과 論語 疑義에 대해 논하다. 7월 玄石의 浦渚遺
書에 대한 논설에 답하고 발문을 찬술하다.

65년 壬申 5월 유생들이 魯院에서 회동하다. 玄石의 修學 방
법에 대한 논설에 답하다.

66년 癸酉 정월 魯西 선생의 묘지문을 찬술하다. 5월 朴泰漢
의 서신에 답하다. 9월 德浦 農窩에게 勉學詩를 주다. 11
월 成至善(字 汝中)의 상사에 곡하다.

67년 甲戌 4월 특별 등용을 명하여 吏曹參判을 제수하니, 사
직 상소를 올려 사임했으나 溫批를 내려 허락하지 않다.
사직 상소를 올린 뒤에 다시 상소를 올려 사직하다. 7월
여덟 번째 사직 상소를 올리자, 임금이 史官을 파견하여
돈독한 召命을 전하다. 玄石의 서신에 답하다. 愼獨齋
선생의 續疑禮問解를 감수 정정하고 발문을 찬술하다. 8
월 네 번째 사직 상소를 올리자, 임금이 山林의 신분으
로 나와서 알현하라는 優批를 내리다. 李世龜 壽翁의 心
經口訣을 교정하다. 9월 사직 상소를 올리고 10월에 다
시 사직 상소를 올렸으나 체임케 하다. 玄石의 서신에
답하다.

68년 乙亥 2월 玄石 朴公의 상사에 곡하다. 3월 世子侍講院
贊善을 제수하다. 4월 史官을 파견하여 특별 유시로 불
렀으나 상소하여 사양하다. 그러나 溫批를 내려 허락하
지 않다. 吏曹參判을 제수했으나 5월 거듭 사임하는 상
소를 올리다. 右相 申翼相(字 叔弼)에게 서신을 보내다.

6월 상소하여 생계를 주선해 주라는 하명을 사양하다. 特旨로 資憲大夫 工曹判書를 陞拜했으나 개정 상소로 伏乞하니, 溫諭를 내려 허락하지 않다. 7월 재차 상소를 올려 사임하다. 9월 議政府 右參贊으로 移拜했으나, 10월 상소를 올려 사임하다.

69년 丙子 2월 사직 상소를 올렸으나 허락하지 않다. 3월 成均館 祭酒를 겸직하게 했으나 사직 상소를 올리다. 이어서 생계를 주선해 주라는 하명도 사양하다. 5월 특별 유시로 소명했으나, 6월 상소하여 사양하다. 이어서 사직하니, 參贊으로 遞職케 하다. 다시 右參贊을 제수하자, 9월 사직 상소를 올려 사임하다. 재차 禮官을 파견하여 世子嬪의 永昭殿 배알에 대한 합당성에 대해 詢問하다. 12월 상소를 올려 사직하니, 參贊으로 체직케 하다.

70년 丁丑 정월 史官을 파견하여 宣召하니, 상소하여 사양하다. 2월 明村이 돌아갈 때 詩를 지어 환송하다. 3월 吏曹判書를 제수하니 상소하고 사직했으나 허락하지 않다. 윤3월 史官을 파견하여 특별 유시로 소명했으나 재차 상소하여 간곡하게 사양하다. 4월 사직 상소를 올리고 5월 다시 사직 상소를 올리니, 吏曹判書로 체임케 하다. 成至和(字 汝剛)의 서신에 답하다. 朴泰漢의 상사에 곡하다. 6월 상소하여 사직하고, 이어서 생계를 주선해 주라는 하명도 사양하다. 그러나 허락하지 않다. 8월 大司憲을 제수하자, 9월 사직 상소를 올리다. 12월 閔以升의 상사에 곡하다.

71년 戊寅 정월 사직 상소를 올렸으나 大司憲으로 체임케 하다. 2월 左參贊을 제수하니 사직 상소를 올렸으나 허락하지 않다. 3월 종제 德浦公의 상사에 곡하다. 8월 史官을 파견하여 召命 유시를 내렸으나 사양하다. 10월 藝官을 파견하여 魯山君 愼妃 복위와 賜號 문제에 대해 자문하다. 11월 특별히 史官을 파견하여 위로하고, 유시와 함께 召命을 전하다. 다시 좌참찬에 대한 사직 상소를 올리다.

72년 己卯 정월 崇政大夫로 승진하다. 2월 新資 삭제를 상소로 청했으나 허락하지 않다. 9월 특별히 官員을 파견하여 양곡을 하사하니, 감사를 표하고 사직하다.

73년 庚辰 8월 辛酉에 交山에 가서 성묘하다. 左參贊에 제수하다. 癸酉에 史官을 파견하여 특별 유시의 소명이 있었으나 敦召하다. 丙子에 소명을 하였으나, 상소하여 사양하고 귀가하다. 10월 禮官을 파견하여 聖廟創建에 대해 묻다. 11월 사임 상소를 올리다.

74년 辛巳 정월 사직 상소를 올렸으나 허락하지 않다. 3월 金叔涵(字 載海)의 서신에 답하다. 재차 禮官을 파견하여 文元公 金長生의 文廟 從祀 문제에 대해 자문하다. 7월 議政府 左贊成 兼 世子貳師에 제수하고 특별 소명 유시가 있었으나 개정을 청하는 상소를 올리다. 그러나 허락하지 않다. 8월 己巳 仁顯王妃가 승하하니, 縣廳에 나가서 곡하고 服을 입다. 재차 待罪하는 사직 상소를 올리다. 9월 崔領相 錫鼎(字 汝和)의 서신에 답하다. 10월 율곡 선생의 '爲學之方圖'를 정정 보완한 뒤에 발문을 찬술하다. 11월 세 번째 사직 상소를 올리고, 이어서

東宮 보호책에 대해 진술하다.

75년 壬午　정월 사직 상소를 올렸으나 허락하지 않다. 5월 사직 상소를 올리다. 7월 史官을 파견하여 특별 유시로 소명했으나 사양하고 상소하니, 優批 거듭 소명하다. 近思後錄을 편찬하다. 12월 定齋集을 교감 정정하다.

76년 癸未　정월 사직 상소를 올리다. 2월 禮官을 재차 파견하여 神宗 황제의 立廟 문제에 대해 자문하다.

78년 乙酉　정월 사직 상소를 올렸으나 허락하지 않다. 3월 宗會를 墳庵에서 열다. 4월 鄭生의 편지에 답하다. 11월 철회하라는 상소를 올리고 이어서 사직했으나 뜻이 관철되지 않다.

79년 丙戌　정월 사직 상소를 올렸으나 허락하지 않다. 3월 인재 천거의 하명이 있다. 4월 유생들이 모여 理氣說을 강론하다. 5월 梁得中이 四七說을 논한 편지에 답하다. 6월 사직 상소를 올리다. 林溥의 상소 사건에 대해 溫批 慰諭하다. 7월 太醫를 파견하여 감병케 했으나 사양하고 사직 상소를 올리다. 8월 5명의 노인들이 시를 지어 明村 등 諸公에게 보내다. 12월 사직 상소를 올리다.

80년 丁亥　정월 사직 상소를 올리다. 侍講院 관원을 파견하여 王世子의 강학 서적 연계 문제에 대해 자문하다. 9월 특별히 관원을 파견하여 곡물을 하사하니, 사양 상소를 올리고 이어서 사직하다. 12월 사직 상소를 올리다.

81년 戊子　8월 白光瑞(字 文玉)가 와서 近思錄을 강론하다. 12월 崔錫鼎(字 汝和)의 서신에 답하다.

82년 己丑　정월 史官이 와서 聖旨를 전하며 大匡輔國 崇祿大

夫 議政府 右議政을 제수하니, 개정을 청하는 상소를 올렸으나 隆批로 허락하지 않다. 4월 다섯 번째 상소로 사임하니, 도승지를 파견하여 敦諭하다. 6월 여덟 번째 사직 상소를 올리니, 또 승지를 파견하여 돈유하다. 8월 열한 번째 사직 상소를 올리니, 또 승지를 파견하여 돈유하다. 9월, 經筵官을 파견하여 繼講 문제에 대해 자문하다. 11월 열세 번째 사직 상소를 올리다.

83년 庚寅 정월 임금이 병이 나셨다는 소식을 듣고 縣門에 移次하여 열다섯 번째 대죄 상소를 올리다. 2월 열일곱 번째 사직 상소를 올리니, 승지를 파견하여 敦諭하다. 明村 羅公의 상사에 곡하다. 3월 열여덟 번째 사직 상소를 올리니, 처음으로 체임을 허락하다. 史官이 와서 聖旨를 전달하여 判中樞府事로 移拜되니, 縣門에서 귀가하다. 4월 八松・魯西 두 선생의 贈職 왕명이 있어서 가묘에 그 일을 고하다. 史官을 파견하여 특별 유시의 소명이 있었으나 사양하고 이어서 月廩 즉 월급도 사양하다. 7월 옷감과 식량 등을 하사하자 사양하고 벼슬과 월품도 사양했으나 허락하지 않다. 윤7월 특별히 승지를 파견하여 위로 유시가 있다. 8월 사직 상소를 올리니, 優批 申諭하다. 9월 權絿의 持敬圖 뒤에 題하다. 10월 史官을 파견하여 특별 유시로 소명하다.

84년 辛卯 정월 옷감과 식량을 하사하니, 2월 사양하고 상소했으나 허락하지 않다. 3월 趙士威의 상사에 곡하다. 5월 유생들이 모여 鄕飮酒禮를 행하다. 11월 八松・魯西 두 선생의 迎諡禮를 행하고 사은 상소를 올리다.

85년 壬辰 정월 대죄하고 사직 상소를 올리니, 위로 유시만
내리고 허락하지 않다. 2월 선조 사당의 祭享祭禮를 강
론한 뒤에 작정하다. 5월 魯西 선생의 유고를 편찬 간행
하다.

86년 癸巳 정월 관원을 파견하여 곡식을 하사하니, 사양하고
아울러 사직 상소를 올렸으나 허락하지 않다. 윤5월 兪
相基의 家禮源流에 대한 논설 편지에 답하다. 7월 학질
을 앓다. 8월 太醫를 파견하여 감병하게 하다. 9월 藥材
를 하사하는 왕명이 있다. 11월 사직 상소를 올렸으나
허락하지 않다. 禮官을 파견하여 喪服 제례 문제에 대해
자문하다. 12월 손자 東源에게 詩를 지어서 격려하다.

87년 甲午 정월 喪祭禮遺書를 쓰도록 東源에게 명하다. 壬戌
에 訣別書를 작성하여 庶第 拙에게 주다. 午時에 자손들
에게 결별 소집을 하고 후사에 대처하도록 하다. 여러
유생들을 만나보다. 乙丑 母夫人의 忌日에 곡하다. 丙寅
에 酉峯精舍에서 임종하다. 戊辰에 임금이 부고를 듣고
喪禮를 갖추도록 하고, 官員을 파견하여 조문과 제례를
準禮대로 하도록 명하다. 王世子도 역시 宮官을 파견하
여 조문과 제례에 참여하게 하다. 3월 庚申에 公州 香芝
山의 白雲洞 卯坐에 장사하다.

90년 丁酉 5월 官爵을 추탈하도록 명하다.

95년 壬寅 8월 관작 복구를 명하다.

96년 癸卯 정월 승지를 파견하여 致祭케 하다. 8월 文成 시
호를 내리다. 靈光의 龍巖書院에 향사하게 하다. 10월
魯岡書院에 향사하게 하다.

97년 甲辰 2월 洪城 龍溪書院에 祠宇를 짓고 享祀케 하다. 8
　　월 九成書院에 향사하게 하다.
104년 辛亥 9월 유고를 편집하여 인쇄하다.
119년 丙寅 閏3월 己酉에 尼山 杜寺村의 子坐에 개장하다.

04

明齋家狀

家狀

府君의 휘는 拯이요 字는 子仁인데 처음 字는 仁鄕이다. 仲父 東土선생이 친히 明齋 두 글자를 써줌으로써 학자들이 이렇게 부르게 되었다. 尹氏의 가계는 坡平縣에서 나왔으며 高麗 왕조 壁上功臣 휘 莘達이 시조다. 몇대 후 휘 瓘은 平戎佐理로서 큰 공을 세운바 있다. 公은 軍중에서도 항상 五經을 가지고 다녔으며 鈴平伯으로 봉작되었고 諡는 文肅이다. 公은 휘 言頤를 낳은 바 공이 있어 平章事에 봉작되었고 諡는 文康이다. 이후 대대로 명망과 학덕 높은 賢祖로 계승되었으니, 조선왕조 초 휘 坤은 太宗大王을 섬겨 보좌한 공이 커서 坡平으로 開封되었으며 諡는 昭靖이다. 4대 후 휘 倬은 大司成을 역임하였고 經學이 깊어 오랫동안 成均館에서 종사하다. 3대 후 휘 昌世는 부군의 증조이다. 公은 吏曹參判에 증직되었는 바 천성이 성실하고 행실이 올

룡해서 淸陰金文正公이 誌文에서 자세하게 찬술한 바 있다. 祖의 휘는 煌이니 官은 大司諫이요, 호는 八松이다. 공은 일생을 선행과 의리로 사니 仁朝 丙子胡亂때는 화의를 배척하는 상소를 여러번해서 金文正公이 역시 墓銘에 이를 기록한 바 있다. 뒤에 조정에서는 특별히 領議政을 증직하고 文正의 諡를 내리다. 考의 휘는 宣擧니 丙子·丁丑 호란 이후 은거하여 修身과 明學에만 전념하니 학계와 세인의 존중받는 인물이 되었다. 孝·顯 兩朝에 걸쳐서 여러 번 召命이 있었으나 不就하므로 후에 領議政을 증직하고 諡를 文敬이라 내리다. 世人은 공을 魯西선생이라 칭하다. 妣는 公州 李氏 生員 휘 長白의 따님이다. 천성이 貞正英秀하고 經史에도 통달했으며 烈女의 품성이 있어 江都 환난에 스스로 자결하다.

府君은 仁祖7年(1629) 5월 28일 서울 貞善坊 사저에서 탄생한 바, 어려서부터 침착하고 도량이 넓었으며, 감정을 쉽게 노출시키지도 않고 아이들과 더불어 함부로 놀지도 않았다. 7~8세 때 마침 집에 어른들이 안 계셨는데 조모 成氏 夫人이 여러 손자들에게 家廟에 참례토록 하명하니, 參神이 끝나자 여러 아이들은 다같이 웃으며 떠들었으나 부군은 홀로 두 손을 모으고 正色으로 의젓하게 앉아 있었다. 성씨 부인이 이를 보고 八松 선생께 이 아이는 범상한 인물이 아니라고 고하다. 丁丑年 정월 胡亂을 피해서 江都에 피난 갔을 때 城이 함락되고 모부인 李氏가 순절하다. 부군은 누이와 함께 婢子를 거느리고 염습하는 것을 직접 보신 후 손수 衣衾을 가다듬고 단칸방에 빈소를 차려놓고 마루 아래서 기거하다. 부군은 흙을 파서 빈소에 두텁게 덮고 돌 여덟 덩이를 사방에 묻어 놓은 후 숯으로 덮어 표시해 놓고 곡을 하고 돌아오니 어른과 같았다. 부군의 그때 나이는 아홉살이고, 누이는 열살이다. 江華가 함락하자 亂中에도 부군은 혼백을 모시적삼에 싸서 짊어지고 한 달이 넘도록 모시고 와서 집에 모시다. 당시는 전쟁중이라 부군은 記譜小帖을 내놓고 누이에게 주며 말하기를 '누이는 여자이다. 불행히 서로 잃게 되면 이것으로 확인하자'고 하다. 난리 중 서로 잃어버리게 되자 누이는 붙들려 가게 되었지만 譜帖으로서 우리나라 사람임이 확인되어 풀려나다. 부군의 연세는 어렸지만 효성이 지극하고 사려가 깊으셨다. 난리가 끝난 후, 조정에서는 斥和의 죄를 추가 처리케 됨으로써 八松公이 永同으로 부처되니 부군도 따라가게 되었다. 나이가 어리므로 喪制대로 모시지 못함을 가슴 아프게 생각하고 매일 조석으로 애절하게 통곡하니 八松公이 달래며 말하기를 '맏아들의 도리로서 애통함이 끊이지 않는 것이 도리이나 이제부터는 朔望에만 애곡하도록 하라'고 하였으나 조석으로 병풍을 두르고 애통하며 3년상을 마쳤다. 탈상 후에도 素食만하니 어른들이 육식을 권하였으나 小子의 실정은 타인과 다르다고 하며 육식을 할 수 없다하니 더 권하지를 못하다.

부군은 어려서부터 학업에 정진해서 불과 10여세에 詩書와 子史集을 독파하는 뛰어난 재능을 가지고 있었다. 열살 때 蜘蛛(거미)와 蜻蜓(잠자리)에 대해서 다음과 같은 시를 지었다. '거미가 줄을 쳐서 상하로 얽었으니, 가엾은 잠자리야 처마 끝에 가지 말라.' 浦渚 趙公이 이 시를 보고 기특하게 여기고 말하기를 '이 아이는 뜻이 깊고 한량없는 착한 마음을 가지고 있다' 고 칭찬하였다.

壬午年(1642) 文敬公이 湖南 錦山으로 이사하니 市南 兪선생

도 같이 이사와서 한집에서 道義를 강론하게 되자 부군도 따라서 수업을 하다. 市南이 일찍이 '氣化人事'라는 과제를 준 바 諸生들이 부군을 보고 대답하도록 하니 曰, 兩漢文章. 程朱議論이라 하니 한대의 문장과 송대 정주자의 윤리를 숭상해서 한 말씀이다. 父兄師友들이 과거에 나가 응시토록 권했으나 부군은 마음속에 상처를 간직하고 있는 터라, 劉子羽의 재능이 없다면 차라리 청나라 許屛山의 인품을 배울 것이라 하고 벼슬을 단념, 가업에 종사하며 性理學 공부에 전념하다. 丁亥年(1647) 炭翁 權선생 문하에서 수학하고 스승으로 모시다. 朱子書를 愼獨齋 金선생에게서 수업한바 선생이 말씀하기를 '누구보다도 英甫가 이 책에 가장 뛰어난 바 있으니 가서 묻도록 하라'고 하다. 문경공의 명으로 丁酉年(1657) 懷川(宋尤庵)에 가서 주자대전을 강학한 후 역시 스승으로 섬기다. 부군은 강론에 감복해서 열심히 수학, 모든 학설을 수렴하니 마치 晦翁에 있어서 胡李二劉와 같고 朱塾의 東萊 선생(呂祖謙)과 같다고 하다. 孝宗 戊戌年(1658) 학행 있는 인사를 천거하라는 왕명에 재상들이 부군을 서로 천거함에 司講院 배속을 배려했으나 문경공이 빨리 출세함을 걱정하고 同春·市南에게 편지를 보내 자문을 구하니 모두 제지하다. 이후 부군은 세인들의 신망이 점점 높아지다. 顯宗 癸卯年(1663)에는 公鄕三司에서 모두 추천함에 市南도 역시 司馬溫公이 劉器를 천거한 고사를 모방해서 부군으로 하여금 소명에 응하도록 하매, 甲辰年(1664) 처음으로 內侍教官에 제수되다. 乙巳年 工曹佐郎을 제수하니 모두 不赴하고 戊申에 다시 司憲府 持平을 제수하니 呈狀 체임케 하고, 乙酉年 봄 특별 소명의 유시가 있자 부군은 충정어린 상소를 다음과 같이 내다.

'지난번 丁丑年(1637) 호란에 신의 모친이 江都에서 비명으로 사망하심은 신의 불효 탓으로 알고 애통하고 있습니다. 그후 신은 구차하게 생명을 부지하고 있습니다. 세월이 지나도 자나 깨나 이때의 일만 생각하면 마음이 아픕니다. 옛날 송나라 劉韐이 靖康의 난에 죽었는데 그 아들 子翬는 묘하에서 시묘살이로 終身했으니 古人이 변을 당한자 처신함을 가히 알 수 있습니다. 신도 벼슬길을 단념하고 시골에 칩거 평생을 지내려고 합니다. 오직 주야로 기도하는 바는 皇天이 聖上을 도우사 난리를 평정하는 대업을 이룩하게 하시고 大道가 행해지는 나라로 四海에 알려지게 되면 匹夫의 원통함도 눈 녹듯 녹을 것이니 이와 같은 일을 보고 죽는다면 아무 여한이 없을 것입니다. 그런데 신은 虛名과 亂倫에 빠져 있으면서도 실정보다 지나치게 소문이 나고 있어 이를 불행히 여기고 있습니다. 使臣 같은 이는 才學이 겸비한 使令이므로 國忠 家孝가 双全할 수 있는 인물이어서 조정에서는 벼슬하며 사건마다 일 처리를 잘 해서 위로는 鴻恩에 보답하고 아래로는 원통한 일을 풀어주니 臣子로서의 도리를 다하고 있습니다. 古人 중에도 이와 같은 처사를 하신 분이 있으니 子翬의 형과 子羽 부자가 그렇다고 할 수 있습니다. 신은 그렇지 못합니다. 타고난 천품이 그만 못하고 변화하는 사건 대처에도 공이 없으며 타성의 습관에 젖어 있으니, 어떻게 經學을 바로 배워서 왕도정치 구현에 도움이 되게 하고 세상일도 밝게 통찰해서 국사에 도움이 될 수 있겠습니까? 만약에 자신의 역량은 알지 못하고 한갓 은총만 입고 含寃忍痛의 初心만 가지고서 벼슬만 하고 돌아온 즉, 나아가서는 하는 바도 없고, 돌아와서는 지킬 것도 없는 자가 될 것이니 이것은 죄인 劉氏의 신세를 면치 못할 것입니다'라고 상소하다.

　3월 왕이 온천에 행행하면서 거듭 소명 유시를 내렸으나 편지를 올려 사양하다. 4월 문경공 상을 당하매, 文公家禮에 준해서 交河에 장사한 후 계씨 農窩공과 더불어 시묘살이를 번갈아 하며 3년상을 마치다. 시묘 3년 동안은 매일 조석으로 묘소에 올라가 배곡 애통 하다. 그때 경기 근처 사림 자제들이 많이 찾아와 수학을 청하니 부군은 朱子 寒天故事에 의해서 때때로 강학하다. 辛亥 여름에 탈상하다. 그 전에 문경공은 童土公과 더불어 范氏義庄과 여씨독법을 모방해서 '家約'을 만들고 종회를 신설한 후 집안 사람들을 모아서 수학케 하다. 부군은 노후 宗人들을 훈도 양성해서 선대 유업을 계승코자 종인들을 모아 학규를 밝히고 삭망에는 몸소 강론을 하며 유업을 대성시키다. 甲寅年(1674) 侍講院 進善 4번, 掌令 한번, 執義 네번의 제수가 있었으나 모두 사퇴 상소를 내다. 숙종 즉위 초 재차 집의소명이 있었으나 익년 정월 사퇴 상소를 내다. 이때 말하지 못할 쓰라린 사적 사정으로 초야에 묻혀 평생을 지낼 뜻을 다시 천명하다. 丙辰年(1676) 酉峯에 집을 짓고 戊午년에는 공주 청림으로 거처를 옮겼다가 己未년에는 洪州 龍溪 명승지로 이사하니 원근 학자들이 모여와 서실을 짓고 敬勝齋라 하며 재규도 제정하고 훈도하다. 경신년(1680) 酉峯 옛집에 돌아온 바 이해 여름 조정에서는 기풍쇄신을 도모하고자 대신 金壽恒과 閔鼎重 등이 왕께 고하기를 尹某는 인품이 훌륭하고 성실해서 사림들의 추종이 많은 즉, 이를 초청 경연에 참석토록 하시라 하니 왕은 재차 특별 소명 유시를 내리다. 이후 몇 해에 걸쳐 여러 번 집의·사업을 제수하고 또 거듭 소명 유시를 내렸으나 모두 사직 상소를 내다. 辛酉年(1681) 여름 지진이 다시 나서 왕이 조언을 구하매 부군은 다음과 같은 상소를 내다. '아뢰기 황송하오나 지금은 말세인 것 같습니다. 말세의 증상은 모두들 알고 있는 바이나 주상께서는 천명도 조작함이 가한 처지이오니 전화위복의 기회로 만드시옵소서. 이것은 주상께서 마음먹기에 달려 있습니다. 진실된 마음을 가지시면 참된 공의 결실도 맺을 것이며, 정치를 잘하시면 재앙도 사라지고 축복이 있을 것입니다. 이에 하나님께 기도하셔서 영원한 왕명을 받도록 하십시옵소서. 오직 전하께서 하실 나름입니다.'

壬戌年 가을 또 災禍가 있어 특별 소명의 유시가 있자 부군은 다음과 같은 상소문을 올렸다. '인륜도덕이 날로 떨어져 위기 상황까지 이르렀습니다. 비록 미미한 이변에도 한숨이 터져 나오매 인사와 천시는 재촉하는 듯하고 위기감은 침소봉대되어 끝이 없는 듯 합니다. 그러나 이런 일들을 남의 탓으로 돌리고 한가하게 허송세월 함은 불가하온 즉 군신상하가 다같이 깨달아서 성실 일념으로 최선을 다해서 하느님께 감동토록 되어야 합니다. 그런 연후에 재앙도 사라지고 민심도 수습되게 됩니다. 이것을 착수하게 되면 관원들이 바로 서게 되어 그 효험도 나타날 것이니 그렇게 되면 문인들뿐만 아니고 말단 인사까지 구제 될 줄 압니다. 천하만사가 오직 주상의 마음먹기에 달려 있습니다. 그밖에 또 무엇을 구하겠습니까? 오직 주상의 입지 여하에 달려 있습니다. 이때 대신들이 선생의 학덕을 높이 평가하고 발탁 등용을 주청하니 7월에 특지로 호조참의에 숭배하다. 이에 사직 상소를 다음과 같이 올리다. '신은 사정으로 평생을 시골에서 평범한 초부로 살려고 결심하고 있습니다. 출세해서 득명하는 것은 분수에 맞지 않는다고 생각합니다. '實有沒齒溝壑 終以庸陋之賤品' 二端을 지

켜가며 반생을 살아왔습니다. 그런데 조정에서의 숭배 특지에 신은 등과를 못한 자입니다. 고래의 제왕은 천거가 있으면 시험을 치러 그 실상을 소상하게 안 다음에 벼슬을 주었다고 합니다. 그런데 신은 시골에서 살던 필부인바 어떻게 사대부의 반열에 끼여 행세할 수가 있겠습니까?' 하고 여러 차례 면직을 청했으나 왕은 優批 부답하다. 그때 현석 박송은 이미 소명에 부응해서 조정에 들어가 부군을 초치해서 국사를 논의해 나가기를 청하니 부제학 조공 지겸도 또한 초치할 것을 주상께 아뢰다. 이에 주상은 면직을 윤허하고 특별 소명의 유시를 내리니 부군은 魯岡院齋에 계시면서 왕래 강학하다. 삭망에는 향리에 있는 자질 좋은 자제들을 모아 강학을 하며 도학 진흥에 진력하다. 癸亥年(1683) 봄 주상이 사관을 파견, 함께 상경하도록 거듭 소명하니 이런 일은 특이한 일이다. 史官이 주상의 간곡하고도 진지한 유시를 세 번이나 가지고 왔으니 그 내용의 대략은 다음과 같다. '몇 번째 소명에도 불응하는 첫째 이유가 피하지 못할 사정에 의함이라 하니 이것은 대의로 볼 때 그렇지 않느니라. 지금이 어느 때인가? 나라는 위태롭고 재앙은 속출해서 상하가 불안하다. 이때에 그대는 명문가의 사림으로서 한결같이 절개만 지킨다고 하는 명분으로 향촌에 묻혀 국사는 도외시하고 있으니 이럴 수가 있겠는가?' 그러나 부군께서는 강력하게 사양하면서 다음과 같이 말씀하다. '임금님께 총애 받는 것을 빌미로 헛되이 놀고 먹는 것과 다를 바가 없으니 이런 일은 참아 못할 일입니다.(鑿杯流垣之流 息偃在家 虛紆恩禮 亦所不敢)

4월에 부군은 짐을 꾸려서 지고 교외에 나가서 대죄 상소하니 상께서 승지를 파견, 같이 상경하라고 선유 소명하다. 이에 대해서 '신이 이곳까지 온 것은 소명에 따르려 한 것이 아니고 집에서 안주하며 주상의 뜻을 거역하는 것처럼 보여 괴롭기 한량없는 고로 나와서 석고대죄 하는 것뿐입니다. 마음을 바꾸어 상경까지 하려는 것은 아니오니 통촉하시옵소서. 아! 슬픈 일입니다. 선비라고 해서 모두 훌륭한 것이 아니옵고 나라에서 대우 하는 것도 한길만은 아닐 것입니다. 程子易傳 이래로 이와 같은 설화는 수없이 많습니다. 선비된 자에 대해서도 기준이 있어서 경중에 따라 예우를 해야 할 것입니다. 이와 같은 기준에 따르지 않고 상께서 소명만 하신다면 수하 사람들은 대의를 잃어버릴 것이 분명합니다. 이제 신의 재학이 부족한 처지에 나가서 주상을 섬긴다면 전하의 위엄이 떨어질 뿐만 아니라 신의 본심도 상실하게 됨을 면치 못할 것입니다. 이렇게 되면 위상이 추락되어 진퇴도 곤란하게 됨으로서 세인의 웃음거리만 사게 될 것입니다. 이것 한가지 일만으로도 전하께 욕을 끼치게 되는 것입니다' 상이 溫批 敦諭하다. 그 내용은 다음과 같다. '슬프도다! 이 어려운 때에 그대 같은 유덕군자가 오랫동안 초야에 묻혀 있으니 사림들의 실망이 큰바 있도다. 시국이 위태롭고 과인의 간절한 유시도 있고 하니 마음을 바꾸어 상경해서 나라를 돕는다면 과인의 기쁨뿐만 아니라 국사에도 희망이 있을 것으로 기대된다. 그런데 이제 그대의 편지를 보니 더욱 간절하게 돌아갈 뜻을 굽히지 않고 있으니 이것은 과인의 부덕한 탓으로 생각되며 그대의 탓이 아님을 아노라' 이때 부군께서 머물러 계심이 모든 이의 바램이므로 주상께서는 측근자를 계속 파견 입대를 촉구한 바 있다. 그러나 부군께서는 이번의 거동이 분기점이 된다고 판단하고 경기까지 상경 대죄하니 주상께서는 도리어 은전을 베푸시므로 하루만 머무르고 상소 귀가하다. 내용은 다음과 같다. '신이 이곳까지 온 것은 소명을 받들어 온 것이 아니옵고 죄를 받으러 온 것입니다. 그런데도 전하께서는 죄를 주시지 아니하신즉 신하된 의리로서 이 한몸 거두어 초야에 묻혀서 군은을 입고 살고자 합니다. 보내신 近侍와 함께 상경하라고 하신 분부는 앞에서도 말씀 드린바와 같이 상이 예로 부르신다면 신하된 자는 진퇴의 의리를 지켜야 하는 법입니다. 의리로 보아 나아갈 만 하다고 하면 어찌 물러가 있기만 고집하겠습니까? 신의 경우 출사할만한 인사가 되지 못합니다. 진퇴와 의리에 합당한지 유무를 헤아리지 않고 상께서 붙들어놓기만 하신다면 그 혐의를 면키 어려우실 것이며 신으로서는 궁핍한 생활에 도움이 될는지는 몰라도 예와 의에 부합된 처사라고는 말할 수 없을 것입니다. 선비에게는 나가고 들어가는 두 가지 길만 있는 것인데 신자의 소견으로서는 나가지 않은 즉 오직 물러가 있어야 할 것으로 사료됩니다' 이와 같은 뜻을 승지가 주상께 아뢰매 상은 가서 같이 오도록 하명하고 특별 소명의 유시를 거듭나리다. 그 내용은 다음과 같다. '군신사이에는 마음을 서로 알 수 있는데도 그대만은 오직 성의와 예절이 도탑지 못한 듯하다. 사신을 보내 유신인 그대를 불렀는데도 상소문만 남겨 놓고 바로 돌아가니 내 마음이 서글프고 온 나라 사람들의 불행이라고 생각한다' 이와 같이 주상의 뜻이 간곡하매 부군은 발길이 돌아서지 않아서 수원에 머무르고 처분만 기다렸다. 주상은 승지를 파송, 간곡한 만류 당부를 하였으나 부군은 또 간곡한 말씀으로 돌아갈 것을 아뢰니, 주상은 다음과 같은 교시를 내리다. '한결같이 강요하는 것도 도리가 아니다'라고 하고 승지를 소환하니 부군은 곧 귀가하다. 이번 행차에 주상은 자리를 비워두는 등 많은 특별 은총을 베풀었으나 부군의 뜻은 만류하지 못하다. 이때 조정 대신들은 모두 주상의 은총을 많이 받았으므로 신자로서의 도리를 다해야 한다고 하다. 평소 부군을 친애하는 여러 인사들이 부군의 고집을 탓하지 않는 인사가 없었으나 부군의 뜻은 확고 부동하시다. 현석 박공이 와서 조정에 나와서 국사를 같이 하자고 권했으나, 부군은 사정에 벗어나는 일이라 하고 출세의 부당성을 말씀하다. 즉, 내가 출세하지 않은 즉, 그것으로 그만이지만 만약 출세를 하게되면 당연히 해야할 일이 있고 하려고 한즉, 우암 세도에 변화가 있게 마련이다. 그렇게 되면 그 원망이 예사롭지 않을 것인즉, 우리집안들은 멸문의 화를 당할 것이다. 내 능력으로서는 감당하기 어려운 처지이니 무슨 일을 해낼 수 있겠는가? 이런 것을 미리 알고 있는 터이므로 나는 출세하기를 기피하고 있다고 하다. 현석공이 더 이상 강요하지 못하고 가다. 부군이 돌아와 사람에게 말씀하기를 '숙부는 기미를 알지 못하고 있으니 조정에 오래 머물러 있지는 못할 것이다'라고 하다. 과연 얼마 후에 사퇴하다. 그 뒤 조정에서는 부군께 이조참의를 제수했으나 여러 번 사양했지만 불허하다. 7월 한성부윤을 제수했으나 네 번이나 사양 끝에 체임되다. 甲子年(1684) 봄 崔愼이 부군의 私書를 빌미삼아 宋相時烈의 원통함을 변명 부군의 배사를 꾸짖으니 그 화는 문경공까지 끼치다. 현석공이 무고에 대한 논박 상소를 올리자 재상 김수항·민정중 등이 윤모는 사감을 가지고 시열을 꾸짖으니 더 이상 賢人대우를 하는 것은 부당하다고 주장하니 왕이 이를 허락하다. 이때부터 세상이 떠들썩하게 되다. 위로는 大臣三司에서 아래로는 시골 구석에 있는 인사들까지 작당해서 일어나다. 부군은 변명도 조사도 일체 하지 않고 의리로서만 대처하며 문경공의 受國厚恩의 말씀만 암송하고 끝까지 대응하지 않다. 이와 같은 처신의 보람도 없이 편벽된 공론을 조작 산포했다고 죄목을 뒤집어 씌워 세상 사람들에게 통보를 하니 이럴 수가 있단 말인가? 처음 부군께서 宋相을 스승으로 모실 적에 문경공이 말씀하기를 '우암은 큰 인물이므로 평범한 사람은 따르기 어려운 분이다. 그 분을 스승으로 모실 적에는 그 분의 장점만 배우고 단점은 알고 있기만 하라'하고 또 말씀하기를 '尤翁은 남의 말을 받아들이는 폭이 좁은 편이므로 너는 오직 주자서만 열심히 공부하여라. 그리고 克己는 잘하면서도 이것이 기질의 병이 되어 출세한 이후에는 사의만 주장하고 국론에 불복하며 참된 공덕에는 경계를 하고 윤휴와 더불어서는 예송으로 원수가 되는 이와 같은 것은 받아들이지 말도록 하라', 거듭 심하게 경계하는 말씀은 '송상은 미워하는 것도 유별나서 자기에게 버금가는 자를 의심하기도 한다'고 말씀하다. 다시 한번 己酉事를 기입한 편지로 일깨워 주었는데 그 말씀이 지극히 간곡한 바 있었다. 문경공은 그 후 바로 국사도 못보고 누신 후 작고하다. 계축년(1673) 부군은 연보와 현석이 지은 행장을 가지고 비문을 청탁코자 송우암을 뵈러 가다. 아울러 을유서도 보이면서 작고한 문경공의 참뜻을 말씀드리다. 송우암은 행장과 족보, 도학 연원, 훈계의 말씀 등을 본 후 마음이 불편함을 역력히 알 수 있었는데, 기유서를 본 후 격분하다. 마침내 현석공 글을 옮겨 씀에 이르러서는 江都事와 윤휴사건을 가지고 흠집을 들추어내다. 문경공은 강도에서 있었던 일로 일생동안 자책하며 살아왔고, 宋相은 이에 대해서 대의에 누를 끼친 것은 아니라 하다. 한편 윤휴에 대해서는 처신에 문제가 있다고 해서 송우암이 절교한 것은 자신이 잘 알고 있는 일이다. 그런데 이때 와서 돌연히 두 가지 사건으로 빌미를 삼아서 죽을 자리에 죽지 않고, 단절할 자리에 단절하지 않았다고 하는 우암의 말이 씨가 되어 이후 내내 말썽거리가 되었으니 그 싹은 여기서부터 나온 것이다. 비문이 완성되매 부군은 현석공에게 부탁 내용 수정을 종용했으나 비웃으며 도외시하고 말다. 부군은 모든 것을 재고한 후, 도의문제에 대해서는 구분하되 격려를 하고 또한 친구 사이에 상처를 줄 뜻이 없다면 비문을 고쳐달라고 청하다. 다만 행장에 기록된 칭송의 덕담은 사실에 근거해서 써 주기를 간청하다. 그런데 송우암은 고칠 것은 고치고 고치지 못할 것은 고치지 못한다고 해놓고 헐뜯는 말만 일관되게 늘어놓았으니 인지상정으로서는 있을 수 없는 일이다. 부군은 이때에서야 송우암의 독특한 기질을 알았으며 처음으로 이렇게까지 된 근본 원인에 대해서 의아심을 가지게 되다. 송우암이 귀양가서 있을 때 방문한 바 우암은 또 李草廬 惟泰의 變禮說 求生論을 들먹이며 구차하게 목숨을 구하려 한다고 비위를 거스르게 하다. 부군이 귀가해서 그 글을 보니 變說이 아니고 송우암이 스스로 점을 찍어가며 가혹하게 몰아 부쳤다고 하는 말을 들은바 있다. 그래서 여러 번 예규를 들어가며 질의서를 보냈는바 이에 대한 회답은 의견이 상충되는 것뿐이다. 이때부터 그 동기에 대해서 의심하게 되었고 그 깊이는 날이 갈수록 골이 깊어지다. 이런 것들이 남의 입줄에 오르내리는 계기가 되니 털어놓고 얘기조차 할 수 없는 처지다. 庚申年(1680) 송우암이 해배되어 등청하자 의리없는 처사와 언쟁만 일으키고 또 士類들을 부추기는 것으로 평생을 보내니 부군은 이에 마음이 심히 상하다. 부군이 쓴 초본에 상심한 내용이 수백 번 거듭 나온다. 己酉書의 대지는 다음과 같다. 王伯의 의리쌍행을 강령으로 삼아서 몸소 실천한 후 사물에 접하도록 하며, 경험에 부합된 공만을 덕목으로 삼으면서 기질이 변화하지 않는다고 하는데 근본을 두고 있다. 학문에 성의가 없으면 끝에 가서는 衛武公懿의 경계하는 말과 한무제 輪臺의 후회가 있을 것이니 힘써 수학하라는 것이었다. 대개 기질에 대한 평은 그 사람의 의구심에 따라 변하게 마련인데, 양대에 걸친 사우의 정분은 마침내 침묵을 지킬 수 없는 지경까지 이르렀다. 말한마디만 하고 죽겠다고 충정어린 마음으로 직언을 하고자 하되 뿌리 채 흔들고 나서는 오히려 회개한 척하며 실추된 만년의 지조를 수습하려 하고 있다. 이처럼 눈을 가리고 아옹하는 식으로 처신하니 속이 보일 따름이다. 나를 아는 것도 나 자신이고 나를 벌 주는 것도 나 자신인 것이 준례인데도 그 만은 홀로 世道를 벗어나고 있으니 한탄스럽다. 문경공은 나라를 위해서는 목숨을 바치겠다고 하는 것이 평소 가지고 있는 소신이다. 이 글이 완성되매 현석이 보고 세상 도의에 누가 될까 두려워해서 저지시키다. 그러나 부군은 오히려 마음이 불편하시다. 사람을 통해서 이 글의 내용을 송우암이 전해 듣고 분에 못 이겨 병이 나다. 이 글로 인해서 세론이 분분하자 현석이 이에 대해 나무라니 부군은 다음과 같은 편지를 쓰다. 왕백의 의리쌍행 병용과 대학의 성의 정심학과는 같지 않다. 동춘이 말하는 '都市機關'이라고 하는 것과 초려가 말하는 '專用權數'는 견해의 차이가 있는 것을 나타내고 있는데, 사제간에 견해 차이가 있다고 하는 이 '函丈(선생)'의 말은 바로 이것을 두고 한 말이라고 하다. 이 글을 송우암이 본 후, 비문에 대한 유감에서 일어난 것이라고 말하고 소장을 내게 되다. 이때 송우암은 타인의 말만 듣고 문경공에 대해 매도하다. 이런 일들이 한두 건에 그치지 않자 사람들이 모두 부군을 의심하며 서둘러 절교하라고 해도 오히려 결단을 내리지 못하다. 부군은 다시 질의 편지를 내니 그것은 각성을 바램에서이다. 그러나 송우암은 더욱 심한 욕을 하며 그 누가 양친에게 미치니 절교하게 되다. 대저 사제지간이라고 하는 것은 도학에 대해서 의심나는 것은 묻고 미혹된 것은 풀어주어야 한다. 부군과 송우암 사이는 그 道가 이미 다르고 정분 또한 괴리되어 있어 의심이 있어도 묻는 일없고 미혹된 점이 있어도 바로잡아 주지 않으니 자고로 이와 같은 사제지간은 본 일이 없다. 부군의 심정은 사제지간에 발생한 불행한 사건에 대해서 묵묵 자정하고 성의 성심을 다해서 중도를 지키려고 애를 쓰는 한편 후세의 비판을 걱정하시다. 이해 겨울 송우암의 무리들이 율곡을 무고했다고 부군을 몰아 부치다. 부군은 일찍이 明村 羅公에게 편지를 보내면서 율곡이 초년시절에 한때 불문에 들어가 공부한 사실을 인용, 문경공의 강도사에 대한 사건도 같은 류에 속한다고 해명한 것이 불씨가 되어서 죄목을 작성 상소케 되니 세상이 떠들썩하게 되다. 상은 개인적 서신왕래를 가지고 현인을 모함한다고 하며 상소문을 던지고 말다. 丁卯年(1687) 우암이 또 문경공을 헐뜯는 상소를 하니 사림들이 분하게 여기지 않는 인사가 없었다. 명촌이 변명 소장을 내다. 무진년 晩庵 李尙眞이 부군께서 배사함이 아니라고 하는 것을 왕께 아뢰고 또 예우할 것을 청하다. 기미년 2월 주상이 부군을 처음과 같이 예우하도록 특명을 내리다. 경오년 (1690) 대사헌에 제수되다. 대개 그때의 인심은 부군이 윤휴를 누눈하고 율곡을 무고한다고 생각하여 用事者들은 윤휴 출향의

원한을 풀어 주고 복식을 이끌어 내려는 속셈이 있다고 비방하다. 부군은 참다 못해서 自劾 상소를 내니 그 내용은 다음과 같다. '신은 어릴 때부터 李珥·成渾 양 선생의 학문을 배워 聖賢相傳의 학문으로 소중히 여기고 있어 평생토록 양 선생을 추앙해 모시려 하고 있습니다. 이제 사람들의 무고로 문묘에서 출향됨을 보게 되었으니 이것은 도학 연원이 뿌리째 뽑히는 일입니다. 신의 처신이 어떻게 다시 용납 받을 수 있겠습니까? 신은 갑자년(1684) 이후 두 가지 죄를 짓고 있습니다. 신은 송시열에게 젊을 때부터 스승으로 모셔 왔는데 불행하게도 그 정분이 지탱하지 못하고 간찰사건으로 인해서 세상을 시끄럽게 하는 단서가 되었습니다. 이것은 신의 망언으로 이와 같은 일이 벌어져 그 욕은 어버이에게까지 미치고 있으니 할말이 없습니다. 이것으로 인해서 주상께서는 조정에서 매일 분열된 양론을 가지고 나와서 근심과 한숨으로 통탄하고 계시다고 들었으며, 필경에는 兩臣을 출향시키는 비답까지 내리셨습니다. 이 일로 인해서 그 허물은 양신에게 돌아가게 되었으며, 이일이 수년 사이에 조정으로 하여금 不靖으로 나타났습니다. 사림들은 분열되어 마침내 聖敎에까지 흠이 되고 선현에게는 누를 끼치는 영향을 가져 왔습니다. 이것이 신의 첫 번째 죄입니다. 윤휴 역시 선신과는 일찍부터 좋은 교분이었습니다 마는 예송이 있은 초기부터 선신은 그 失身을 지적하고 告戒했으나 따르지 아니하므로 절교하고 말았습니다. 그 이후 미세한 일에 대해서는 다시 논의할 것조차 없는 일인데, 그 후로 사람들이 소장을 낼 때에는 번번이 소신이 윤휴를 두둔한다고 억지 주장을 하고 있습니다. 말하기를 좋아하는 사람들은 없는 말도 만들어 내서 筵臣중에 윤휴를 두둔하는 사람은 신을 업고 중지 하기에 이르렀습니다. 신은 앞에서는 죄가 되고 뒤에 서는 후원하는 이중 인물이 되었으니 이것은 신의 진심이 아님을 아뢰옵는 바입니다. 신은 두문불출 숨을 죽이고 대죄하고 있는 처지이며, 분수에 맞지 않는 일은 감히 못하고 있음을 신은 소장에서도 소상하게 진술한 바 있습니다. 한번도 본심을 들어낸 바 없이 침묵만 지키고 안주만 하고 있는 비인간적인 처사를 하고 있으니 이것이 신의 두 번째 죄목이라고 할 수 있습니다. 어떤 사람은 신이 박태보 사망소식을 듣고 심신이 불편 생기가 떨어졌다는 말을 하고 다닌다 합니다. 처음에는 이 소식을 듣고 참담한 심경 말할 수가 없을 정도였습니다. 성왕의 태평세계를 헤아리지 못하고 불편한 마음을 들어낸 것은 황공스럽기 한이 없습니다. 신은 초야에 묻혀 살면서도 분수는 넘지 않고 살려고 노력하고 있습니다. 비록 한마디 말도 하지 않고 살고 있습니다마는 신의 인품에 좀 손상이 있게 되더라도 충정만은 알아주셨으면 하는 바램입니다'라고 상소하시다. 그 먼저 기미년 4월 坤宮폐위 때 박공이 고하다가 죽었기 때문에 부군은 상소하게 되었으며 소장에는 부군의 충정이 담겨져 있었다. 소장을 본 주상은 부정불미의 자태가 여러 곳 있다하며 화를 내고 돌려보내다. 이 사실을 들은 집의 金一夔 등이 삭탈관직 장계를 올리다.

　甲戌年 여름 곤전에 대한 의례가 바로 잡히자 상이 特叙를 명하고 부군을 이조참판에 제수하다. 부군은 누차에 걸쳐 사직 상소를 내다. 그 내용은 다음과 같다. '학식이 짧고 옳은 행실도 못했으며 한낱 민초로서 사회도덕에 누가 끼치게 됨으로써 재앙을 자초하니 죽어도 속죄할 길이 없습니다' 이후 계속해서 관직을 사양하다. 수상은 경연석상에서 갑자년에 兩相의 말만 경솔하게

듣고 처사함을 후회하는 교시를 내리다. 비지의 내용은 다음과 같다. '卿의 면직 건은 갈수록 마음이 아프도다. 그때의 일로 마음이 불편하지는 않는가? 이에 대해서는 내 이미 깊이 후회하고 있노라. 이제는 다시 종전과 같은 예우로 반듯이 소치해서 국사를 의논코자 하니 성심을 발휘해 주기 바란다고 하다.' 군신지간에 식면은 없었어도 계속 사관을 파견 소명에 응하도록 유시를 보내다. 그러나 부군은 다음과 같이 주상하다. '주상의 은혜가 여기까지 이르렀으니 감동해 마지않습니다. 신은 비록 부덕하오나 마음만은 일편단심 나라를 위하는 마음이오니 어찌 한번 용안을 뵙고 싶은 소원이 없겠습니까? 이 한 몸 다바쳐도 큰 은혜에 보답할 길이 없아온데 보잘 것 없는 충정으로 소명해주신 큰 은혜에 보답하기에는 너무나도 부족하옵니다' 8월에 또 사직상소하니 주상께서 더욱 간곡한 비지를 내리다. 그 내용은 다음과 같다. '유신을 대우하는 법도가 직분의 고하로만 다 되는 것이 아니다. 본직을 해임한 즉 송나라때 고사를 모방해서 백의로 進見할 수는 없겠는가?' 이에 대해서 부군은 다음과 같이 주상하다. '백의 진견하라고 하신 교시는 천부당 만부당하신 분부입니다. 신이 국록을 받은 후손으로서 버림받은 사람은 아닙니다. 보잘 것 없고 능력도 없는 신이 무슨 능력으로 상식을 뛰어넘는 큰일을 해낼 수 있겠습니까? 전에 선신께서는 효종대왕의 특별한 배려로 선비 옷차림으로 인견하겠다는 하명이 있었지만 선신께서는 끝까지 사양해서 주상의 관용을 얻으셨습니다. 보잘 것 없는 신은 또 주상의 한량없는 은총을 받고 있으니 무엇으로 보답해야 할지 몸둘 바를 모르겠습니다.' 그때 현석이 조정에 있으면서 다음과 같은 편지를 보내 오다. '주상의 비지 가운데 얼굴도 알지 못하는 처지에 白衣 入對하라 하는 교시는 종래의 보수적 관례를 벗어난 것이므로 받아 들일만 하다고 생각한다. 나는 「常理正法」으로 나가도록 권면한다'고 하다. 이에 대해 부군은 다음과 같이 답장하다. '「상리정법」은 본래 유가에서 나온 것인데 나의 사정으로서는 상리로 자처 할만한 처지가 못되며, 정법이라고 하는 미명으로도 수용할 수 없습니다. 이제 한번 나가서 뵙고 사퇴하면 어떠냐고 한 것은 어떻게 한번만 나가서 뵙고 그만 둘 수가 있겠습니까?'하다. 이때 주상께서 꼭 한번 대면하기를 원했으나 끝까지 나가지 않다. 乙亥年(1695) 봄 사간원 참선을 제수하고 사관을 파송 특별 소명 유시를 내렸으나 상소 사직하다. 비지에 다시 백의입대의 명이 있다. 4월 또 이조참판을 제수하니 거듭 사직 장계를 내다. 우의정 신공 익상이 부군의 참뜻을 알고 '윤모는 선비로서의 지조를 끝까지 지키고 살려고 하니 보통사람과 다르다'고 말하다. 이에 조정에서는 그 직분을 체임하고 부군으로 하여금 나와 問朝케 하고 조정에서는 月稟 즉 월급을 지급하면 사림에 대한 예우에 합당할 것이라 하다. 영의정 남구만은 혹시 흉년에 체직 예우로서의 월품도 받지 않을 것이니 주상께서 벼슬을 높여주신 후 그의 가난함을 돌보아 주심이 가하다고 하다. 6월에 가난한 자를 돌봐 주는 '周急之命'이 있어 도움을 받자 사양하다. 그러나 그 뜻이 수용되지 않자 그 일부만 수령하고 거의 대부분을 일가와 이웃들에게 나누어주다. 하사하는 모든 것은 이와 같이 처리하다. 이 달에 공조판서로 승배되었으나 7차에 걸쳐 사직 상소했으나 모두 불허하다. 이에 앞서 부군이 상소하기를 '수차에 걸친 관작 제수는 모두 과분한 일로 신이 선택할 여지가 없는 일입니다. 앞서 어떤 인사는 옛 직함을 써가면서 새로 제수된 직분은 사양하고 있습니다. 그리고는 조정에서 임명한 직함에 근거해서 행세를 하고 그 형식은 갖추고 있지 않으니 속이 들여다 보이는 일이라 하겠습니다'고 하다. 이후 신분계급이 엄격해져서 함부로 직함을 쓰는 일이 없어지고 '草莽之臣' 즉 재야 인사라고만 칭하게 되다. 10월에 의정부 우참찬에 移拜되었으나 누차 상소 사직하니, 주상은 하사의 큰 은전을 내리다. 丙子년 성균관 祭酒를 겸직 제수한 후 연신들이 부군의 가빈함을 주상하여 구빈의 하명이 있게 한바 하사품을 회수 기민을 위해서 쓰도록 상소하다. 여름에 특별 유시 소명이 있었으나 재차 상소 사양하다. 丁丑年(1697) 정월 사관을 명해 소명 유시를 전하다. 3월 이조판서에 제수하고 거듭 소명을 전했으나 부군은 강력하게 사임 교체의 상소를 내다. 또 구제의 하명이 있었으나 사양하시되 뜻을 이루지는 못하다. 가을에 대사헌을 제수하고 거듭 돈독한 소명 유시를 내리다. '슬프도다! 전번 癸亥년에 경이 나를 버리지 않고 상경할 의사가 있음을 알고 마음이 기쁘기 한량없었는데, 도성 문밖에서 무슨 뜻이 있었는지 곧 귀가하고 말았도다. 지금 생각하니 아쉬운 마음 그지 없도다. 내 마음이 이러할진대 경인들 나를 잊을 수가 있겠는가? 시골 선비의 교학만으로는 평생 살기가 어려울 터인데, 어찌해서 황급하게 달려오지 않는 건가?' 戊寅年(1698) 좌참찬을 제수하고 또 재차 소명 유시가 있었으나 모두 사양하다.

그때 전 현감 申奎가 노산군 신비 位號에 대한 복위를 청하니 주상이 예관을 파견 부군에게 재차 문의하다. 이에 대해서 측근들에게 의사를 수렴한 바 있는데 감히 대답하는 자가 없었다. 부군은 이때 이 문제에 대해서 다음과 같이 진술하다. '이 문제는 온 나라 국민들이 다같이 애통하게 여기고 있습니다. 만약에 거국적인 의사를 수렴한 후 실행하게 된다면 주상 전하의 성덕이 빛날 것이므로 불가불 진술할 수밖에 없습니다.' 마침내 논의에 부쳐지자 말씀하기를 '두건에 대한 논의는 막중 막대한 사건으로 200년 동안 원통한 기운을 오늘에서야 풀게 되는 것입니다. 열성조께서 굽어 살피시고 주상의 일념도 천지를 감동시킬 만한 성덕도 가지고 계시니 오직 주상전하의 결심만 있을 따름입니다'라고 아뢰다. 겨울에 사헌 鄭澔, 부응교 金鎭圭 등이 부군께서 배사했다고 꾸짖는 상소를 내다. 주상은 이에 대해서 모두 엄하게 물리치고 정호를 처벌하다. 그리고 다음과 같은 교시를 내리다. '부모와 스승은 다같이 소중하다. 그렇지만 부모가 욕을 얻어먹는데 자식이 되어 가만히 있는 자가 누가 있겠는가?' 이에 사관을 파견 위로의 유시가 있었다. 부군은 초야에 묻혀사는 몸이 세상에 해를 끼쳐 죄를 지은 바 크다고 하고 부모와 스승 어느 편이 가볍고 소중한가 하는 문제를 두고 사림들의 정론이 분분하니 안타깝기만 하다고 하다. 이에 부군은 다음과 같이 말씀하다. '이 지경에 이르면 한 사건을 가지고 사생결단까지 내는 큰 일이 벌어지게 마련이다. 스승이라 해도 천심 경중의 구분이 있는 법이다. 공자님과 안자·증자 같으신 사이는 군신이나 부자 사이와 같으나 그 아래 단계인즉 차등이 있게 마련이다. 그런데 스승과 제자 사이에 꼭 부자·군신의 사이처럼 동일시 해야된다고 하는 주장도 불가하고 부모가 소중하고 스승이 가벼운 편이라고 하는 주장도 또한 불가하다. 부모와 스승 사이에 경중을 구분할 수 없는 것은 사실이나 스승이라고 해서 모두 똑같은 조건이 되는 것은 아니다. 이렇게 풀이를 해야 만이 고훈에 어긋나지도 않고 모든 무리들이 합리적이라고 수긍할 것이다. 己卯年(1699) 봄, 아들 행교가 侍從 벼슬에서 崇政 계열에 오르니 부군은 분수에 넘치는 특전이라 해서 간곡하게 사양했으나 불허하다. 가을에 궁인을 파견 식물을 하사하고 안부를 물으니 진사 상소를 올리다. 그때 유림들 사이에는 주상의 조치에 대해서 무고 상소를 하는 자들이 속출하매 태학에서는 처벌문제를 가지고 논의가 분분하였다. 이에 대해 부군은 민망히 여겨 문인 한기주로 하여금 그 주장의 그릇됨을 책망하다. 그 내용은 다음과 같다.

모든 사람들이 사림들의 공론에 맡기고 있는데 사론이라고 하는 것은 정당한 의리에서 나와야 한다. 그런데도 오늘날의 현실은 편론에 치우쳐 있다. 중상모략이 판을 치고 자기의 주장에 맞지 않으면 이단이라 몰아붙이고 있는데, 이것을 사론이라고 할 수 있겠는가? 선비된 자는 먼저 의리를 행한 후에 논의를 해야 하고 충언을 상상한 후 浮僞를 경계하며 공정함을 가지고 私偏을 물리치며 화평을 힘쓴 후 편벽된 것을 물리쳐 天理의 정수를 열어야 사람들이 따를 것이다. 추호라도 사리에 눈이 어두워 끼여 들게되면 못쓰게 된다' 하다. 부군께서 교산에 성묘한지 수년이 되었어도 직명을 가지고서는 오랫동안 한양 근처에 이런 저런 일로 가지 못하다. 庚辰年(1700)에 이르러 소명이 뜸한 틈을 타서 선형산소에 작별 인사차 묘하에 도착하니 이 소문을 政院에서 듣고 輔德 李震壽가 초청할 것을 상소하니 유생들의 상소도 계속되다. 주상이 다시 사관을 파견 소명 유시를 거듭 내리니 부군은 또 인정에 얽매여서 혹시나 癸亥년에 있었던 일과 같은 일이 벌어지지 않을까 걱정하고 사양하는 상소를 낸 후, 곧 귀가 하다. 7월 의정부 우찬성 겸 세자이사를 제수하고 소명 유시를 다음과 같이 내리다. '경은 덕망있는 유림으로 백성들의 추앙을 받고 있을 뿐만 아니라 나는 식구같이 생각하고 좌우에 같이 있으면서 자문을 구해 세도를 바로 잡고자 하고 있다. 이제 경을 발탁 貳公을 제수하고 춘궁빈사의 중임을 겸임시킨 바 이와 같은 막중한 일을 경이 아니면 누가 해내겠는가?' 이에 대해서 부군은 분수 넘치는 일이며 세인들의 말썽거리가 될 소지가 있다고 사직 상소하니 불허하다. 8월 인현왕비 승하에 부군께서 달려가 배곡하지 못함과 소명에 누차 불응함을 죄송하게 생각하고 자칭 대죄 상소를 내다. 부군께서는 오랫동안 직명을 가지고 매여 있게 되면 안된다고 생각하여 계속해서 편지로 그 해임을 상소하다. 한가한 직분이라도 파직이 될까 두려워하는 것이 인심이지만, 부군은 특별 소명에 대해서도 언제나 해임해주도록 상소하다. 이해 겨울 장빈의 사사사건이 있었으므로 부군은 어린 동궁이 이런 변을 당한 고로 이를 걱정해서 동궁 보호책을 위한 상소를 내다. 그 내용은 다음과 같다. '옛날부터 나라가 어지러워지려고 하면 변고와 화란이 끊임없이 일어나는 것을 볼 수 있습니다. 주상께서는 고금의 세변을 통찰하고 계실 줄로 생각합니다. 이제 춘궁이 어린 나이로 이와 같은 어려운 일을 당하셨으니 오직 믿고 의지할 곳은 지존밖에는 없으십니다. 우환 걱정, 보육 걱정 등 여러 가지로 보살피실 일에 대해서 모두 주상의 성려가 필요하옵니다. 주상께서 지극하신 온정으로 宗祀의 소중함을 통찰하사 대궐 안에서 국사를 선처 국민들의 걱정을 덜게 하여 주시옵소서'하니 상이 優批 가납하다.

壬午年(1702) 가을 특별 소명 유시가 있었으나 거듭 사양 상소 하다. 甲申年(1704) 구상이 神宗皇帝廟를 漢江 근처에 건립할 생각으로 의론을 거쳐 府君께 자문을 구하니 다음과 같이 아뢰라. 神宗皇帝는 큰 은인으로 우리나라에서는 만세토록 잊을 수 없습니다. 주상의 聖念이 여기까지 이르렀으니 神明도 감읍할 것입니다. 建廟는 국가의 소중한 祀典인 바 누가 감히 이에 대해서 왈가왈부 하겠습니까?' 상이 후원에 設壇 후 御製詩를 짓고 '大報親祀'라는 명분으로 친히 제사까지 올리니 부군께서는 이 시의 운을 따라 시를 지어 충심을 토로하다. 乙酉년 11월 상이 선위를 전하는 명을 내리니 부군은 사임 상소를 내다. 그리고 다음과 같이 아뢰다. '큰 일은 잠깐이라도 중단하는 일이 있어서는 아니되오니 주상께서는 더욱 노력 하시사 하늘의 축복을 받도록 하시옵소서' 청하니 주상은 잠깐 동안에도 이 말을 잊지 않으시다.

丙戌年(1706) 여름 林溥가 부군 소치 상소를 냈으나 부군은 한결같이 나가지 않다. 어떤 자가 부군을 모함하여 동궁을 위해 코자 한다고 하매 상이 이를 알고 벌을 주다. 서울에 있는 문인들이 이에 대한 변명 상소를 내고자 하매 부군이 이를 듣고 괴이하게 여기며 말씀하기를 '이 일이 어찌 변명할 사건이겠느냐? 내가 있는데 문인들이 상소한다는 것은 합당하지 않느니라. 이것이 모두 나에게 직명이 있는 연고니라'라 하고 사직 상소와 함께 무고에 대한 상소를 내니 상이 優批慰諭 하다. 이때 부군의 병환이 위중하므로 사관이 상께 아뢰니 상이 어의를 파견 간병케 하니, 감사 상소를 올리다. 겨울에 또 곡식과 옷감을 하사하니 사양했으나 불허하다. 丁亥年(1707) 봄 說書 李世德이 왕명으로 부군께 와서 동궁의 繼講할 책을 물으러왔는데 부군은 이에 답하지 않으시다. 세덕이 사적으로 묻는데 대해서는 '聖經 賢傳은 모두 배울 만한 책인데, 동궁을 한번도 모시고 공부한 적이 없는데 어떻게 적절한 책을 천거할 수 있겠는가? 근사록과 성학전요는 참 좋은 책이므로 권하고 싶다'하다. 이세덕이 돌아가 주상께 아뢰니 상은 근사록으로 계강하도록 하명하다. 己丑年(1709) 정월 의정부 우의정을 제수하다. 사관이 소명 유시를 전하니 부군은 황송스럽게 생각하고 개정을 간구하였으나 왕의 비답이 엄중한 바 있었으니 그 내용은 다음과 같다. '이제 나의 뜻을 다음과 같이 정했노라. 먼저 경의 진퇴문제를 정해 놓은 다음 국가 안위문제에 대해서 논의코자 한다. 지금은 전번과는 사정이 같지 않으니 경은 어찌 나를 버리고 수수방관만 하고 있겠다는 말인가? 하물며 경과 나 사이에는 얼굴조차 모르고 지금까지 내려 온 처지이니 경은 내가 보고 싶지도 않다는 말인가? 내가 오래 전에 여러 번 초청했으나 마음을 돌려서 강 건너까지 왔었지만 곧 돌아가고 말았으니 아마도 나의 정성이 부족함인 줄 아노라. 지금 생각하니 부끄럽기만 하도다. 경도 생각해 보아라! 나라와 조정이 믿을 만한 곳이 한곳도 없는데, 이를 조절하고 부양해 나가는 인사는 사림들의 촉망을 받고 있는 경이 아니고 누가 할 수 있겠는가? 이러므로 해서 내가 간곡하게 경을 초치하는 바이니라' 하다. 부군이 이에 대해서 네 번 상소를 하니 그 내용은 다음과 같다. '슬픈 일입니다! 초야에 묻혀 있는 신은 조정에 등청토록 한 것은 삼대 이후 없었던 일입니다. 만약에 참된 현인으로 하여금 지금의 태평세대를 만났더라면 주상의 소명을 누가 거역했겠습니까? 주상의 성지는 옛날 성왕의 성심과도 같으신데 부덕한 신은 그렇지 못한 위인이오니 어떻게 하면 좋겠습니까?' 또 가로되 '일찍이 甲戌年 聖諭에는 군신사이에 면식조차 없다고 하신 교시를 받자옵고 주상의 은총에 감동하였습니다. 신이 10여 년

이래 심중에 맺혀 있는 것은 잠시도 주상 전하의 은혜를 잊어 본 적이 없는 일입니다. 이제 또한 주상의 교시에 목이 메어서 어찌할 바를 모르겠습니다. 주상의 은혜가 너무 커서 보답할 길이 없습니다. 주상의 은혜를 생각하면 눈물이 흐를 따름입니다' 주상이 재차 승지를 파견 유시를 내리니 부군은 다시 아뢰어 말씀하기를 '江郊의 사건은 생각할 때마다 주상의 은총에 감읍해 마지않습니다. 그때 박세채가 와서 동행 상경해서 주상께 사의를 표하자고 권했으나 신은 자신의 분수를 알고 있고 의리도 두려워서 따르지 못했습니다. 지금 돌이켜 생각해보니 신 또한 한이 남습니다. 만약 그때 상경해서 용안을 뵈었다면 돌아와 바로 죽는다 하더라도 아무 유감이 없을 터인데, 이제는 돌이킬 수 없는 일이 되어 버리고 말았으니 한이 되옵니다'하고 열 네 번째 강력한 사직 상소를 내다.

이때를 전후해서 주상의 유시가 더욱 간절하였으니 가로되 '文純公 李滉은 70세에 소명에 응했으니 이것은 오로지 성조의 지극하신 지성에 의한 것으로 생각한다. 경의 연세 높기는 하지마는 경의 학덕이 높아 선현과 더불어 손색이 없다고 생각하는 바, 나의 정성이 부족하고 예우 또한 후하지 못한 탓으로 등청을 지연시키고 있으니 이것은 전적으로 과인의 부덕한 소치로 알고 부끄럽게 생각하노라. 이제 경의 서장을 보니 경 또한 전에 江郊에서 귀가한 것을 후회한다고 하니 경의 충성심을 알 수 있겠고 과인 역시 경을 사모하는 마음 여기까지 이르렀으니 그립기 더욱 그지없구나!'하시다.

때에 修撰 金壽賢이 왕명을 받들어 경연 계강서에 대해서 자문을 구하니 부군은 다음과 같이 아뢰다. '講官의 말씀을 듣자옵건대, 사서오경으로부터 『성학집요』에 이르기까지 성현의 경서로 이미 진강하고 계신데 여기에 무엇을 또 더할 것이 있겠습니까? 이제 주상께서는 이 경서를 가지고 더욱 열심히 연찬을 하시게 되면 반드시 그 실효가 있게 될 것입니다. 주자께서 아뢰인 바 있는 독서법은 연찬하시는 데 큰 도움이 되실 것입니다. 주상께서는 이미 통독하셨을 터이오니 멀리 소신에게까지 물으러 보내실 것이 없는 일로 생각되옵니다' 또 수현의 질문에 대해서는 다음과 같이 대답하다. '경서가 소중함을 생각하고 숙독을 하며, 옛 어른들이 연찬 하시던 대로 '온고지신'이 제일 좋은 방법이다. 진강할 서책에 대해서는 근사록과 대학혹문을 권하고 싶다'고 하다. 경인년(1710) 봄 주상께서 예정해주신 날짜를 어긴 지가 오래되었는데도 부군은 앉아서 소명을 어겼으므로 옛 어른들이 縣獄에 가서 대명하는 준례에 의거 邑으로 나아가 열일곱 번째 상소문을 올리고 대죄하다. 그 내용은 다음과 같다. '신은 듣자옵건대 사물의 이치가 극에 달하면 변화되게 마련입니다. 이제 신의 허명과 竊位가 이미 극에 다다랐고, 주상의 은혜 또한 극에 다달았으며, 죄 또한 극에 달해 이 한몸 모든 것이 극에 다다르지 않음이 없습니다. 신은 이미 올 때까지 온 다한 목숨입니다. 만약 마음이 변해서 소명에 응한다고 하면 오직 죽음이 있을 따름입니다. 지금은 주상의 덕화가 넘쳐흘러서 백성들의 교화가 잘 됨으로 각기 맡은 바 직분을 잘 준수하고 있고, 천하만물도 양동하고 있어 모든 것이 순조롭게 풀리고 있습니다. 오직 신만이 부덕한 소치로 이에 동참하지 못하고 있으니 황공스러울 따름입니다. 어찌해서 이 지경까지 이르렀는지 신 자신도 한탄해마지 않습니다.

3월 18차 상소를 올리니 비로소 직분이 교체되는 은전을 입고 西樞를 수여받다. 주상의 환후가 회복되었다는 소식을 듣고 비로소 귀가하다. 그때 문정공과 문격공의 벼슬 및 시호에 대한 특별 하명이 있어 선묘에 고하다. 가을에 주상은 원로 대신들에게 옷감과 곡식을 하사 하였는데, 부군은 대신의 반열에 오르지 않았음에도 원로 우대의 은전을 받다. 다른 원로에게는 물자의 부족으로 그 은전이 미치지 못하매 부군도 한사코 사양했지만 하는 수 없이 받은 후 사은 상소 하면서 서추와 월품 사양도 하다. 그 먼저 崔相國 錫鼎의 '예기간편'이 많은 착오가 있어 종류에 따라 순서를 매기고 『중용』, 『대학』도 경전에 의거 분류하고 책 말미에는 講確한 인사의 명단과 부군의 존함도 기록하다. 그런데 후자가 순서와 성인을 훼손 모욕했다고 해서 최석정을 죄로 얽어넣고 또 洪胄亨은 강확 명단을 빙자해서 상소하므로서 그 욕이 부군에게 미치다. 이에 館學 유생 朴弼琦 등이 무고에 대한 변명 상소를 내니 주상이 胄亨의 거사를 중지 시키다. 이때 유생 李泰宇 등이 李潚 등의 죄상을 상소하다. 이에 주상은 주형과 景斗를 定配하고 대사헌 호는 삭탈 관직 후 축출하고 교리 홍만서, 이교악, 이택 등은 登對 伸救하고 호 등 네사람은 모두 귀양보내다. 왕은 향유들의 '강확'을 빙자해서 유현을 무고하는 것은 한심한 일이라 하고 승지를 파견 위로의 유시를 내리다. 신은 불초한 까닭에 여러 번 조정에서 소요가 일어나는 단서가 되게 하여 황공스럽기만 합니다. 주상의 크신 위엄으로 엄정하게 대처하시니 내외 원근이 모두 심복하고 있습니다. 이에 주상께서는 침착한 마음으로 사물에 대처하시면 될줄로 생각합니다. 그것은 득실을 살피고 경중을 판단하신 후 조용하게 교화시켜나가는 데 있다고 생각합니다. 어찌 주상 전하의 聲色에 달려 있겠습니까? 유현이라고 하는 인사들이 微臣에게 비길 바는 아니지만 성교가 번번이 여기에까지 미치니 죄송스럽고 황공스럽기 그지없어 항상 천지 신명께 화를 부를까 걱정되옵니다. 그러나 설령 고덕 유현이라고 하더라도 그 허물이 있으면 어찌 심판을 받지 않겠습니까? 그 허물을 한번 말하게 되면 현인에 대한 모욕이라고 몰아부쳐 수하자만 죄를 받게 되니 이런 것들은 말세에 자기 수호책에서 나오는 풍조이므로 옛날 어른들이 공평 정대한 마음을 가지고 그 허물을 들기 좋아하던 풍조와는 다릅니다. 윗사람이 된 자 사람들의 입을 틀어막아야만 한다고 해서 틀어막아 보지만 사람들의 마음을 굴복시키지는 못할 것입니다.' 계속해서 또 상소하기를 '허물을 다시 들추어내서 다시 처분의 과불급을 재론하는 것은 끝내는 '雷雨作解'의 의미를 가져오게 할 것입니다' 王은 이에 優批慰諭하다.

겨울에 서변에 해적의 침입 걱정이 있어 특별 소명 유시가 있자 부군은 아뢰기를 미천한 신분으로 천식이 있어 나아갈 수 없음을 아뢰다. 이에 문인이 묻되 '나라에 사변이 있는데 선생께서는 어찌해서 앉아 계십니까?하니 대답하기를 '송나라 靖康의 난에 양구산, 윤화정, 호문정 등이 모두 부임하지 않은 것을 牛溪 선생이 三賢事를 인용, 자신이 임진란 때 부임하지 않은 '素定' 즉 결정적인 요소가 되었다고 하는데, 나같은 미천한 몸이 구렁에 빠져 죽는다 하더라도 의리에 합당하면 죽는 것이 타당하나, 송나라 삼현이나 우계선생처럼 때에 따라 처신하는 '隨時之義'도 있어 이에 따르고자 한다. 현시점에서 나는 마땅히 나의 주상을 위해서 죽는 것이 타당하나 그렇게 安易한 나의 결정적인 요소

즉 '소장'은 여기에 있노라' 해명하다. 辛卯年(1711) 봄 또 옷감과
식량을 하사하였는데 사양했는 바 이루지 못하다. 겨울에 문정공
과 문경공의 '延諡之禮' 즉 조상에게 내린 시호를 이어 받는 의
식을 거행하게 되어 이를 감사하는 상소를 내면서 사직 상소도
내시다. 壬辰年(1712) 봄, 坤殿의 병환이 회복되었는데 나아가서
문후드리지 못함을 죄송스럽게 생각하고 대죄 상소를 내다. 여름
에 문경공 유고를 편집 간행하다. 癸巳년(1713) 봄 궁인을 파견
곡물을 하사하니 사양 상소하다. 그 선에 문경공이 금협에 계실
때 시남과 더불어〈가례원류〉를 같이 편찬 하였는데, 尼山에
돌아와서도 수정 보완한 책을 가지고 있었다. 이 해 여름, 시남
손자 상기가 『가례원류』는 시남이 홀로 편찬한 것이라고 하며
호남에서 간행할 것을 명하고 부군에게 부탁한 보유본을 상의
후 찾으러왔다고 하는 시남의 말이었다. 부군은 처음부터 부탁
받은 사실이 없으므로 共編한 사실이 없다고 하는 말을 하니 상
기는 사람의 권유를 받고 부군이 이 책을 전담해서 편찬했다고
하며 행패를 부리매 마침내 절교하기에 이르다. 부군은 그 잘못
됨을 딱히 여겨 말하기를 '시옹 자손의 이 같은 정성은 칭찬할
만 하니 분노할 필요는 없다'하다. 7월 학질을 앓다. 약효가 별로
없자 말씀하기를 '이 병은 약으로서 효험을 볼 수 없다'고 말씀
하다. 주상이 이 소식을 듣고 어의를 파견 간호케 하고 약재를
계속 하사하다. 부군은 주상의 은혜가 있어 외롭지 않다 하시고
복약하다. 왕은 궁인을 파송 문병케 하고 궁중 진찬도 하사하다.
겨울에 사양 상소와 서추 사임 상소도 겸해 내시면서 '신은 늙었
어도 죽지 않는 고로 항상 전전긍긍하는 마음으로 살고 있습니
다. 이제는 천식마저 깊어 복약을 해도 살 수 있는 나이가 아님

니다. 이제까지 연명한 것만도 주상의 은혜인데 이것은 신의 분수 밖의 일입니다. 그런데 '西樞' 직명이 아직도 신의 신상에 있어 이제 죽는다고 하면 조정에 누가 될까 두렵사오니 거두어 주시옵소서' 하다. 이에 주상의 비지 더욱 간곡한 바 있었다. 주상이 고대상제를 복원코자 부군께 물으시니 다음과 같이 대답하다. '신은 성학의 탁월함을 흠앙하고 있습니다' 부군 병환이 몇 달째 지속되었는데도 매일 세수와 빗질을 하신 후 주상께 새벽 인사를 드리다.

甲午年(1714) 정월 병환이 위독해지자 동원으로 하여금 「喪制禮遺書」를 쓰게 하다. 20일 결별차 모인 자손과 문인 시병자들에게 각각 훈계의 말씀을 하시고 사림의 의례에 따라 장사지내도록 하명하시다. 그리고 또 말씀하기를 '내가 죽고 난 다음에는 조정에서 하사하시는 물품을 받지도 쓰지도 말라'고 하시고 또 '齋號나 先生자를 명정에 쓰는 것을 나는 좋아하지 않는다. 牛溪선생 묘표에 '昌寧成某之墓' 여섯 자만 쓰셨는데, 이것은 본받을 만한 일이니라. 내가 죽고 난 다음에 명정 표면에 이것을 본받아 썼으면 한다. 내 일생에 주상으로부터 徵召된 바 있으니 '徵士' 두 글자를 주제로 써 주었으면 한다'하시다. 문인들이 그렇지 않다고 하자 부군은 말씀하기를 '官啣을 쓰지 않도록 함은 나의 조그마한 의리정신을 보인 것이요, 증사라고 쓰라 함은 내가 주상 은혜를 잊을 수 없는 뜻에서 함이니라'하고 또 두 아들에게 말씀하기를 '내가 천리길에 어버이 장사를 모셨는데 소나무나 개오동나무를 사용하지 못한 것이 항상 마음 아프다'고 하시고 나를 선형 아래 장사 지낼 때 너희들이 거기에 가서 시묘살이를 하고자 함은 이세 생각하니 살못된 일이다. 오늘날의 편론들은 국가와 더불어 같이 망하고서야 말 것이니 그로 인해서 살육이 그치지 않을 것이다. 사대부에 종사하던 자들이 편론만 일 삼다가 나라에 화를 자초하게 만들 것이니 어찌하면 좋겠느냐? 온 나라가 시끄러우매 너희들도 이 화를 면하기 어려울 것이므로 나를 산속 깊은 곳에 장사 지내고 거기에서 기거함이 가할 것이니라'하다.

23일은 이씨부인 작고하신 날이다. 그 6~7일 전 동원에게 말씀하기를 '제사 날에 나의 병이 위중하다고 해서 궐사 하는 일이 없도록 하라. 혹 신명께서 잊으실 까 염려되어서 함이니라. 제삿날 아침 햇빛이 창문에 들어올 때 부군께서는 엎드려 눈을 가리우시고 '어머니께서 바로 이때 작고하시다'하고 애곡 하시다. 병환이 점점 더해지셨는데 입안에서 중얼거리는 말씀이 있다. 옆에서 조용히 들으니 '如臨深淵, 如履薄氷, 得正而斃, 斯已矣. 人之生也直, 罔之生也幸而免, 君子曰終, 小人曰死'등 몇 구절의 말씀이다. 그 내용은 박빙 위에 선 듯 조심해서 살아야 하고 인생은 정직하게 살아야 하며, 군자의 죽음은 천명을 마치다(종)하고 소인의 죽음은 죽을 사(死)를 쓰니 그 구분이 있음을 말씀한 것이다. 다음날 아침 부녀자에게 병풍을 두르라고 하명하시고 머리를 동쪽으로 반듯하게 하신 다음 유연히 서거하시니 24일 신시이다. 부군께서 작고하기 며칠 전 노성산이 천둥소리처럼 3일 동안 울리니 사람들이 모두 이상하게 여기다. 문인들이 부군의 유명대로 사례로 장사지내다. 주상께서 부음을 들으시고 여러 번 애통하는 교시를 내리고 東園 祕器와 제수, 3년간의 월품을 하송하는 한편 예장과 弔祭를 의례에 따라 집행하도록 명하다. 동궁도 궁관을 파견 조문하다. 아들 행교는 유지에 따라 예장 등 모든 것을 사양 상소했으나 수용되지 않다. 3월 17일 공주 수지산 백운동 卯坐에 안장하다. 원근 지역에서 모여든 인사가 1300여 인이 넘다. 이에 앞서 부군은 서추 직분을 가지고 있었으므로 호조에서는 준례대로 월품을 보내 왔으나 사양하다. 그러나 수용되지 않다. 또 소장을 내는 것도 번거롭고 두려워서 본관으로 하여금 보내지 말도록 하다. 이때에 이르러 道臣이 주상께 아뢰매 상은 아들에게 지급하도록 하명하니 행교는 대궐에 나아가 환납과 아울러 3년 동안 월품 지급 하명을 거두시도록 상소하다. 주상은 처음에 불허하다가 다시 교시를 내려 가로되 '살았을 때 받지 않은 물품을 지금에 와서 그 아들이 어떻게 받을 수 있겠는가? 정리는 그렇지마는 환수하도록 하명 그 뜻을 바꾸고 지급한 3년 월품은 제수에 쓰도록 하다. 부군께서 작고 하셨는데 한편에서 원수 같이 여기고 미워하는 자가 있었다. 副學 정호가 또 「가례원류 서문」 문제를 가지고 헐뜯고 무고하니, 주상이 보고 진노하며 호를 처벌하도록 하명하다. 그리고 시 두 구절을 다음과 같이 지으시다. '儒林尊道德, 小子亦常欽, 平生不識面, 沒後恨彌深, 그대의 높은 도덕 유림들이 숭배하는데, 아들들도 또한 그의 덕망 흠모하네. 살아생전 얼굴조차 모르고 살았으니 죽고 난 후 한이 더욱 깊어지는구나.

生三雖事一, 自有重輕殊, 可笑論思長, 甘心大老誣.
천하만물 이치대로 생겨나는데, 모든 것이 경중 청탁 있게 마련이다. 가소롭구나! 옳고 그른 것 따지고 덤비는데, 제멋대로 원로 학자 헐뜯고 다니누나.

부군에 대한 주상의 예우는 작고하신 후에도 바뀌지 않다. 丙申年(1716)에 불행히도 당인들이 모사해서 문경공이 효종을 무고하고 부군은 배사했다고 무고하다. 안팎의 유생들이 항변하는 소장으로 변명했으나 모두 죄를 입게 되다. 丁酉年(1717) 마침내 양대의 관작을 삭탈하니 사림들이 기가 막히게 여기다. 경종 壬寅年(1722) 兩湖 유생 김수구 등과 館學 유생 黃昱 등이 무고임을 변명하는 상소와 대신들은 무고의 실상과 아울러 삭탈관직은 선황의 본의가 아님을 진달하니 왕은 양대 관작의 복구를 하명하고 文成의 시호를 내리다. 시법에 '道德博文'을 '文'이라 하고 '禮樂明具'를 '成'이라 한다. 제생들이 서원을 용계 구거에 건립하고 제행을 드리고 또 노강서원에 종향하게 하다. 부군은 타고나신 성품이 후덕하고 순수하며, 모습은 장중하고 도량은 넓으시다. 그리고 어려서부터 가정교육을 잘 받아서 가규도 잘 준수하고 어린이로서의 할 도리를 모두 지키고 자라시다. 장성해서는 문경공의 법문에 준해서 '主敬窮理, 克己躬行, 講習親切, 用功深密' 등 깊은 학문의 이치는 집안에서 모두 수학하시다. 부군의 학문은 성의 정심을 바탕으로 수신하며, 등급을 뛰어넘는 것을 경계하고 성인의 성품은 돈독한 입지에 있은 즉 나도 이와 같이 할 것이오, 나의 학문이 성인에 미치지 못한다면 내 성품도 미진한 곳이 있을 것이다. 최상의 '務實'이 곧 '실리'라 하고 사물이 없으면 무실할 체가 없으므로 가장 중요한 것이 '務實'이다. 수기에는 主敬, 존심에는 誠意가 중심이며, 자신을 기만하는 일이 없고, 망녕된 말을 하지 않고 살아야 한다. 독서는 진리를 연구하는 데 있은 즉, 이를 위해서 최선을 다하되 훈고학에는 힘을 쓸 필요가 없다고 하시다. 공사와 의리를 구분하고 박학, 忠信으로 학문과 처신을 해야 한다고 강조하다. 그리고 항상 학자들에게 말씀하기를 '立志가 없으면 무슨 일이든 시작이 있을 수 없고, '무실'이 없으면 무슨 일이든 성공할 수 없다'고 하여 '終始'사상을 강조하다. 그리고 또 말씀하기를 '橫渠先生의 '禮'로서 가르친다고 하는 말씀은 참 좋은 말씀이다. 사람이 일상생활에 '예'가 없으면 사람노릇을 하고 살 수 없다'고 하고, 또 말씀하기를 '공자님 문하의 학문은 '독서'를 근본으로 삼고 '持敬窮理, 收心養性'을 신조로 삼는 학문이다. 이것을 버리면 아무 것도 할 수 없다 하니 그 뜻은 인생 생활은 공경경자를 가지고 살고 진리를 탐구하며, 마음을 가다듬고 천성을 함양한다고 하는 뜻이다. 또 맹자의 말씀을 인용, 모든 일은 '정심' 즉 바른 마음을 가지고 처리하라는 말씀은 천고의 진리 말씀'이라고 하다. 또 말씀하기를 '이른바 자득, 즉 스스로 얻는다고 하는 것은 성현유훈의 밖에 있는 것이 아니다. 연구하기만 하면 일반적인 의리 가운데에서 얻을 수 있다. 이 진리를 깨닫게 되면 반드시 그렇게 되어야 할 이치를 깨닫게 될 것이다. 이것이 참다운 '自得'이요, 학문이라고 말씀하다. 또 말씀하기를 '선유 '四七之辯'은 그 이론이 많지만 율곡선생의 '氣發理乘' 한 마디가 정론이라고 말씀하고 '理通氣局' 네 글자도 圓方의 원리를 뜻한 것인데 이것 역시 천지 이치를 깨달은 진리의 말씀이라고 하다. 또 말씀하기를, 선현들께서 말씀하신 '의리' 문제는 同異 得失이 비록 다르나 스스로 공부하게 되면 깨닫게 마련이니 후학들이 가볍게 왈가왈부 할 일이 아니다. 각자가 열심히 그 뜻을 강구하고 연찬하게 되면 마침내 깨달을 때가 있을 것이라 하고 또 말씀하기를 寒暄의 자칭 소학동자라고 한 말은 침으로 성인을 본받는 근본 틀이 될 것이라 말씀

하고 우리나라 유학자 가운데 퇴계 선생을 가장 흠모하여서 동
방의 주자라고까지 말씀하고 주자를 배우려면 먼저 퇴계를 배우
라고 말씀하니 이것이 부군 평일의 소신이다.

　부군은 이와 같은 생각을 가지고 수신을 하고 知行을 병행해
서 노력하고 노력하면 행동거지가 천도에 어긋나지 않고 언행도
예법에 어긋나지 않을 것이다. 앞에서 말한 것들이 마음 속 깊이
간직되어 보다 더 심도 있게 자체화된 후, 사물을 접하게 되면
보다 더 순박하고 돈독해지며, 보다 더 겸손해지고 성실해지며,
보다 더 순수하고 빛이나 마침내 유덕 군자가 될 것이라고 말씀
하시다.

　부군의 일상생활을 살펴보면, 일찍 일어나 세수와 의관 정제,
청소, 책상정리, 독서, 어깨는 곧게, 보는 것은 단정하게, 한가한
때도 손님과 마주 대하듯 조심하고, 병환 중에도 흐트러진 모습
을 보이지 않으시다. 음식, 의복, 단장, 신발 등도 절도 있고 일
정한 곳에 두며, 위엄 있는 거동과 적은 말씨, 이 모두를 절도
있게 처사하셨으며, 만년에는 더욱 노력하셔서 성숙한 단계에 이
르시다. 『사서오경』과 『周濂溪』・『주자서』 등을 통독하셔서 사
람과 더불어 강론할 때에는 자신의 말씀 같이 암송하다. 한밤중
에도 일어나 앉아서 시・서・庸・學을 암송하고 강목을 애독하
다. 부군께서 항상 말씀하기를 書經은 주자께서 손수 주석을 한
것이므로 범례가 엄정하고, 사실을 모두 갖추어 있으니 선유들의
좋은 강론자료가 수록되어 있어 학자들은 불가불 숙독해야만 한
다고 하다.

　반고, 사마천, 한퇴지, 구양수 등의 서적도 끝 권까지 다 읽으
시고 예학에도 조예가 깊으셨다. 사람들의 질문에는 예경이나 다

른 책에서 인용, 하나하나 막힘 없이 답변해주다. 강학과 연찬을 평생동안 게을리 하지 않으시고 의리에 대한 연구에 대해서는 심오한 지경까지 연구를 하셨으되 스스로 만족하지는 않으시다. 저술을 좋아하지 않으셨으니 문인들이 후생들을 위해서 저술을 하시라고 권했으나 부군은 저서로 말 참견을 하는 것은 후학으로서 할 바가 아니라 하시고, 고인의 찬술을 후학들이 뚫어내는 것은 불가하다 하시다. 경전과 아울러 程·朱 제서에 이르기까지 모두 구비되어 있어 완벽한 터이므로 학자들은 진지하게 이 책들만 정독하면 되느니라. 여기에는 힘을 쓰지 않고, 한갓 저술에만 힘을 쓴다면 이것은 '무실'이 아니니라 하시다. 천문·지리·律呂·상수 계통의 학문은 나는 그것을 공부할 겨를이 없다 하고 유의조차 않으시다. 어떤 사람이 그 까닭을 물은 즉 일찍이 공들여 공부한 적이 없어 말할 수 없다 하시다. 부모님께는 효도를 다 하셨으니, 그 뜻을 어기는 법이 없으시다. 상사때는 준례대로 행하시되 지나치게 통곡하는 일은 없으셨고 그러나 상복 삼배 적삼은 눈물로 적셔져 썩는 데까지 이르시다. 비명에 간 이씨부인을 생각하고 평생 침통해 하셨으며, 누추한데 기거하고 채식을 하며, 스스로 검소한 생활을 하시다. 동기간에는 우애로서 평생을 지내고 어린이는 어루만져 주시며, 인자함이 가득하니 가정에 화기가 애애하시다. 제사 때는 더욱 근신하고 철에 따라 제향을 올렸으며, 그때에는 몸을 깨끗이 하고 조용하게 지내셨고, 집안을 깨끗이 소제하게 한 후, 정성을 다해서 제향을 지내도록 하시다. 祭日 나흘 전부터 소식을 하고 종일토록 숙연한 마음으로 지내다. 선대 제사 날에 혹시 참여하지 못할 경우에는 새벽에 일어니 정과히고 닐이 맑도록 기나났으며, 새벽에 가 묘에 나가서 참배하다. 이와 같은 제례는 한·서·풍·우 등 모든 악조건 속에서도 70~80이 넘도록 한결같이 거행하시다. 사람들이 주자께서는 70세에 선조의 제사를 후손에게 물려주었다고 하는 예를 들어 이를 말씀드리자 부군은 근력이 견디기 어려울 정도이면 강제로 할 필요는 없다고 하시다. 그리고 부군께서는 신독재, 炭翁, 시남 기일에는 이틀 동안 소식만 하기를 노년에까지 하고 특히 신독재 선생 후손이 가난함에 제사 때는 제수품을 보내고 친구의 상사에도 신위를 설치 추도하는 등 인사를 빼놓지 않다. 일가 친족간에도 우애를 돈독하게 하는 한편 애경사에도 인사를 궐하지 않으시며 말씀하기를 '선조께서 한결같이 사랑하시던 마음을 가지고 살아야 한다'하고 또 '한사람의 선악이 온 가족의 영욕이 될 수 있다' 말씀하면서 공부자께서 말씀하신 '放於利而行多怨, 小人懷刑' 등을 인용, 항상 덕을 베풀라고 하는 말씀을 하다. 수하에 일가들이 불의에 빠지지 않도록 하고 만약에 잘못한 일이 있으면 사안에 따라 선도 하는 등 성의를 다하고, 자질들은 文·行·忠·信·謙·恭·退·讓의 덕목을 실천하도록 권하다. 과거 수업에 대해서는 쓸 만한 인재는 구애되지 말고 수학해서 출세하도록 하되 여기에 집착하는 것은 바라지 않다. 과거 공부는 경서를 중심으로 공부를 할 것이며 사장학과 관련된 잡서를 읽는 것은 권치 않으시다. 집 안팎의 모든 경중사에 대해서는 꼭 致告한 후 신중을 기해서 처리하다. 자손들 가운데 교훈을 따르지 않는 자가 있으면 학문이 으뜸가는 자라 하더라도 종아리를 치고 타이른 후 눈을 감고 반성케 하다. 하명 없이 물러간 자는 그 허물을 알게끔 더욱 타이른 다음 반성의 말을 들으시다. 동원은 어려서부터 둔한 편이어서 부군께서 정성껏 가르쳐 주셨지만 그에 부응하지 못함을 자인한다. 항상 촌음을 아껴서 노력했지만 여의치를 못하였다. 학문을 함에 대해서 부군은 다음과 같은 경계 말씀을 주셨다. '학문을 하려면 마음부터 안정해야 한다. 마음이 불안하면 불의를 행하게 마련이다. 비록 학문을 못해도 이 뜻만 잊지 않은 즉 일상생활 모든 일에 있어서 학문하는 것 아닌 것이 없느니라'하고 또 말씀하기를 '자나깨나 앉으나 서나 언제나 학문을 잊어서는 아니된다'고 하시다. 또 매사를 순리대로 풀어나가도록 궁리를 해야 한다고 하며 모든 일에 자세하게 일깨워 주시다. 향리에 계시면서 일상생활은 겸손하게, 대인관계는 인화로, 모든 사람에게는 차별 없이, 길흉과 애경사에는 최선을 다하고 맡은 바 소임을 다한 자에게는 격려를, 과실 있는 자는 선도하시다. 원근 각지에서 내방한 인사에게는 비록 병중이라 하더라도 의관정제하고 무릎을 꿇고 온화한 모습으로 대화하시고 하인조차 꾸짖는 일이 없으시니 원근에 교화가 크시다. 그러므로 해서 모든 인사들에게 존경을 받고 흠모의 대상이 되시다. 평생을 '謙'자 즉 겸손하게 살고 스승으로 자처하지 않았으며, 문인들은 가까운 벗같이 대접하고 그 재능에 따라 인도하되 행실을 바르게 한 다음에 학문을 배우게 하시다.

『소학』,『격몽요절』『朱門旨訣』등 먼저 기본 경전부터 학습하게 한 다음 우계, 율곡 등 그밖에 책을 가지고 공부하게 하다. 학문을 가르침에 있어서는 쉬운 것에서부터 가르치는데 그림을 그려서 가르치기도 하다. 혹 깨닫지 못하는 자에 대해서는 이해할 때까지 가르쳐주시고 강압적이거나 장황한 얘기에 대해서는 싫어하다. 혹 질문하는 자가 의심나는 문제를 성의 없이 묻거나 답변을 하면, 그 번죽민 올리민 학문에 무슨 노움이 되겠는가?

학문하는 자는 모르는 것은 묻고 깊게 생각하며 체험도 해보고 반복해서 연구하며 뜻을 굳게 세운 다음 무실역행하도록 해야 한다고 가르쳐 주다. 갑자년(1684) 이후로는 문을 닫고 철강하시다. 어떤 사람은 성의를 가지고 점을 쳐서 求學을 고하기도 하고 어떤 부잣집 자제는 정성과 폐백을 다해서 구학을 하되 끝까지 고사하시다. 그리고 말씀하기를 '나는 더 이상 세상 사람과 인연 맺기를 원치 않노라' 하시다. 집이 가난해서 양식이 떨어져도 편안한 마음으로 처신하였으며, 자녀들의 물질적 봉양보다는 마음으로서 정성된 봉양을 원하시다. 만년에 밥상에는 검소하게 차리게 하고 의리에 합당하지 않은 물품은 하나도 받은 일이 없으시다. 소시적에 벼슬하는 일가 어른으로부터 벼루 한 갑을 얻었는데 부친께서 걱정하시자 이 후 단 한번도 다른 사람에게 물품을 구하려 해본 적이 없다. 수령 방백이 보낸 양식도 한말 이상은 모두 돌려보내고 직분에 관련된 물품은 비록 조금이나마 받지 않으시다. 말년에 지위 높은 친지들이 준례에 따라 양식을 넉넉하게 가져오면 조금만 남겨놓고 나머지는 모두 돌려보내다. 평소 '忠恕'를 실천하였으며, 불의의 물질을 경계하고 간혹, 사람과 더불어 절교하는 일이 있어도 자신이 먼저 절교하는 일은 없었으며, 절교 후에는 그 과오를 말씀하는 법이 없으시다. 이미 절교를 했다고 하더라도 그 과오를 깨달으면 새로 재출발 할 수 있다 하고, 혐의로 빠지는 길은 넓고 쉬어 이것이 말세의 폐습이라 하며 자제들에게는 혐의와 과실을 저지르지 말라고 말씀하다. 일찍이 일가에게 말씀하기를 懷川(尤庵)과 兪相基는 내 직계 자손만 단절할 것이요 그 밖의 일가들은 절교할 필요가 없다고 하다. 부군은 일찍부터 남모를 통한을 안고 시골에 살면서 학문에 전

넘하였을 뿐 출세는 단념하고 살다. 여러차례 주상의 간곡한 초청이 있었지만 사정을 구실로 끝까지 출사하지 않다. 계해년 (1683) 주상께서 부군과 같이 계시면서 동고동락 할 것을 바래고, 조정에서는 뜻을 조금 굽힐 것을 바랬지만 부군의 대쪽같은 굳은 의지는 꺾지 못하다. 만년에는 지위가 더욱 높아져 예우 또한 융숭했지만 이에는 관심을 두지 않고 당론의 분열과 세도의 붕괴가 곳곳마다 일어나는 데만 걱정하다. 이에 시골에 묻혀 살면서 변치 않고 사는 것은 오직 마음에 달려 있다고 하다. 武候의 재능이 있은 즉 당연히 출세할 만 하고 그리고 安疆의 雪辱처럼 시원하게 처사할 수도 있겠지만 그렇지 못한 나 같은 범인으로서는 내 마음 내가 지키고 내가 할 일 내가 하는 평범한 삶이 보람있다고 말씀하다. 현석공이 교지에 淸나라 연호를 쓰지 말 것을 주청한 바 있는데 부군은 이에 대해서 그렇다고 하면 출사하지 않는 것이 옳다고 하며, 이미 출사한 바에는 이런 구구한 일을 가지고 왈가왈부 할 일이 아니라고 말씀하다. 부군은 항상 주부자의 '區區東南事' 귀절을 암송하며 음미하다. 오히려 그 우환걱정을 이겨내지 못하는 자는 무슨 말을 가지고서도 그 심정을 회복할 수 없으며 도리어 우환의 수렁 속으로 빠지게 될 것이라고 말씀하다.

부군은 출세는 아니하였지만 세상사 우환걱정에 대해서는 내일같이 걱정하고 그 해결책을 모색하다. 가끔 조정의 실책이나 재앙의 걱정, 水·旱, 기근의 걱정 등을 듣고는 근심 빛이 역력하고 이 때문에 때로는 밤잠도 못 주무시는 때가 있다. 간혹 주상의 조언 요구 말씀에는 분수에 넘지 않는 범위 내에서 상소를 올려서 신자로서의 도리를 다하다. 주상의 명을 받고 근시가 왔을 때는 전후 사배 후 聖旨를 수령하고 이어 사자를 윗자리에 남쪽을 보고 앉게 한 다음 부군은 북향 재배하고 꿇어앉아 주상의 문후와 사자의 먼 여행길을 위로 한 다음에 사적인 일을 아뢰오니 그 모습이 겸손해서 사람들의 마음을 감동케 하다. 중년에 회천의 사건이 벌어졌으니 진실로 이것은 횡액이었다. 비록 사지가 떨리고 참을 수 없는 능욕이었지만 부군은 의연하게 대처하고 초월해서 사시다. 부군은 尤翁께서 손수 쓰신 상소문을 검토한 후 상대측을 회천이라고 쓸 뿐 한번도 직함을 쓰거나 부르지 않으시다. 그리고 부군은 말씀하기를 '날조된 글을 보니 원수보다 더함이 있다. 그러나 조용히 생각해보면 당신의 원망과 노여움은 알지 못하고 도리어 오해만 가지고 슬퍼하니 이것은 아마도 내 性氣의 부족한 탓인지도 모르겠다' 또 말씀하기를 '내가 회천 사건을 처사함에 있어서 내 잘못도 없지는 않을 것이니 내게는 조금도 잘못이 없다고 주장하는 것도 또한 편견에 불과하다. 후세에 恩怨을 모두 잊고 난 다음에도 반드시 갑론을박의 논박이 있을 것이나 내가 스승을 배반했다고 하는 배사의 논란은 없을 것이다. 어떤 사람이 나를 응징하여 사제간의 명분을 가로막았다고 할 것이나 이렇게 되면 나는 후세에 누를 끼쳤다고 말할 것이다'라고 말씀하다.

종제 德浦公이 탄식하며 말하기를 '형님의 처사는 仁仁君子의 마음씨'라고 하다.

저서로는 문집 50권 續集禮書 약간이 있어 보관되어 내려온다.

슬하에는 2남 1녀를 두셨는 바, 장자는 행교인데 대사헌을 역임하고, 차자는 충교인데 副車를 지냈으며, 사위는 임운영이다.

행교의 초취는 도사 박태소의 딸인데 無育이오, 재취는 장령 송기후의 딸인데 3남 3녀를 두었으니 장은 동원, 차는 동준, 동함이요, 현령 송익보, 조한보, 현령 오수채는 서랑들이다. 충교는 한숭량의 딸에게 장가가서 2남 4녀를 두니 장자는 동렴, 차는 동엄이며, 사위는 김상갑, 權宏, 이정림, 이기연이다. 진영은 1남 1녀를 두니 남은 사경이요 녀는 현감 박필동에게 출가하다. 東源은 1남 光緝은 2녀, 동준은 2남 1녀, 동렴은 3남 1녀, 동엄은 2녀를 두었는데 모두 어리다.

슬프다! 동원의 출생이여, 부군이 이순에서야 태어났도다. 내 평소의 언행이 남의 이목을 끌 만한 뛰어난 인물도 못되고, 또한 사물을 처리함에 있어서도 몽매해서 선처하지 못한 점이 많도다. 어려서 아버지께서 작고하신 까닭에 혹 진실 되게 살지 못할까 하는 두려움이 있었다. 집에 전하는 문자와 여러 어른들이 가지고 있는 전기 등을 참고하고 그 밖에 얻어진 한두 가지 자료까지 참작하여 여러 해 동안 모아서 이 글을 기록하였다.

도덕의 고하, 造詣의 천심 등 능력 부족으로 모두 소기의 목적을 달성못했을까 송구스러운 바이다. 그리고 걱정되는 것은 자손으로서의 사언이나 僭論이 되지 않을까 걱정되는 바이며, 조금이라도 헛된 내용을 부풀려 기록해서 祖考 평생 '執謙之德'에 누가 있지 않을까 걱정되는 바이다. 다만 당대 유능한 인사들께서 어여삐 보아주시고 딱하게 여기며 이 자료들을 채택해주기를 바랄 뿐이다.

손자 東源 (성주탁 옮김)

壬辰倭亂과 余大男

1. 머리말

한반도는 대륙의 동북단과 일본열도의 중간 지점에 위치하고 있어서 지정학적으로 중요한 위치를 점유하고 있다. 우리나라와 똑같은 위치를 점유하고 있는 나라는 세계적으로 3곳이 있는데 그 하나는 지중해를 중심으로 북단에 위치하고 있는 발칸반도와 그 서쪽에 있는 로마반도 그리고 우리나라이다.

이와 같은 지정학적 위치를 점유하고 있는 나라는 그 주체세력이 강력할 때는 정치·경제·문화의 중심지가 될 수 있으나, 그렇지 못할 경우에는 언제나 수난의 골목길이 되고 마는 것이다.

발칸반도에 있는 그리스(Greece)는 B.C 8세기경 오리엔트와 에게문명의 바탕 위에서 합리적인 그리스 문명을 창출 유럽문화의 발상지가 되었으며, 그 서편 반도에 위치하고 있는 로마

(Roma)는 B.C 8세기 중반 건국한 이래 A.D 3세기경에는 세계문화의 중심지가 되었다.

오직 우리나라만 강력한 중심세력이 형성되지 못해서 大陸을 통일한 中國의 漢·唐·宋·元·明·淸의 영향을 직간접적으로 받아 내려왔으며, 남쪽 바다 건너에 있는 日本은 통일 세력이 형성만 되면 그 여세를 몰아 언제나 우리나라를 발판으로 삼아 대륙으로 진출하려는 시도를 하고 있다.『삼국사기』에는 신라 건국 초기부터 자주 왜적의 침입이 있었음을 전하고 있는데 이와 같은 일본의 한반도 진출 시도는 급기야 1592년 임진왜란을 불러 일으켰고 1910년에는 韓·日 합방의 치욕적인 庚戌國恥를 당하기도 하였다.

이 글에서는 1592년 4월부터 1598년 8월까지 만 6년여 동안 벌어졌던 임진왜란의 처참한 전쟁속에 13살 어린 나이로 왜군에 붙들려 가서 일생을 일본에서 마친 여대남의 애절한 사연을 소개하고자 한다.

2. 余大男의 생애

1592년 임진왜란이 일어날 당시 여대남은 13살 어린나이였다. 그는 慶南 河東郡 良浦面 朴達里에서 余天甲의 아들로 태어났다.

그의 아버지 余天甲은 倭軍에게 끌려갔다가 무사히 돌아왔고, 普賢庵에서 글공부를 하던 余大男은 倭軍 高橋三九에게 붙잡혀 倭將 加藤淸正 앞에 끌려가 혹독한 심문을 받게 되었다.

칼날이 번쩍이고 서슬이 시퍼런 왜장 앞에서도 어린 余大男은 기죽지 않고 종이와 붓을 달라고 해서 唐代에 유명한 시인 杜牧

의 山行詩를 외워 써서 올리니, 왜장 加藤淸正이 글과 글씨를 보고 '이 아이는 범상한 아이가 아니다'라고 하며 자기 곁에 두고, 자기의 입을 것 먹을 것을 주며 애호해주기를 몇 달 동안 하였다.

그후 일본 肥後 지방으로 압송되어 머리를 깎고 승려가 되라고 하는 명을 받아 승려가 되었다고 전한다.

余大男이 加藤淸正에게 잡혀 있을 무렵에 그의 측근에는 日眞이라는 승려가 있었는데 그는 四溟大師와 만나 울산에서 평화를 의론한 인물이다. 이 일진스님이 余大男을 도와주며 머리를 깎고 승려가 되라고 하는 권유로 佛家에 귀의하였다고도 한다.

余大男은 日眞 스님의 도움으로 교토의 六條講院에서 수학을 하였는데 육조강원은 일본의 제일 가는 불교강원이다. 余大男은 久遠寺, 法輪寺에서도 수학한 바 있다.

법명을 日遙 스님으로 고친 余大男은 일본 불교계의 큰스님이 되었으며 29세 젊은 나이에(光海君元年, 1609) 加藤淸正이 영주로 있는 熊本 本妙寺의 삼대 主持가 되었다.

본묘사는 熊本의 중심사찰이요, 二代 主持는 余大男을 출가시킨 日眞 스님의 제자 日繞 스님이다.

余大男은 한때 신변을 정리하고 귀국하려고 加藤淸正의 아들 忠廣에게 석방해 주기를 간청했으나 그는 이를 거절하고 편지왕래 조차 막았다고 한다. 忠廣은 2년도 안되어서 실력자 細川上利에게 밀려나고 말았는데 細川 역시 余大男의 간청을 불허하였다고 한다. 細川上利는 일본의 前總理 細川護熙씨의 선조이다.

일요 스님으로 출가한 余大男은 1659년 12월 16일 79세를 일기로 生을 마감하니 그의 유해는 熊本 본묘사 뒤편에 안장되었다. 本妙寺에는 加藤淸正의 神社와 余大男의 묘와 加藤의 회계 책임자로 무역과 재정을 담당했던 金宦(加藤이 내려준 관명)의 묘가 나란히 보존되어 내려오고 있다. 1611년 加藤淸正이 죽자 中尾山에 장사하였는데 本妙寺가 대화재로 소실되자 加藤이 묻힌 본묘사를 신축하게 하여 오늘에 이르고 있다.

앞서 余大男이 적장 加藤 앞에서 써 바쳤다고 하는 詩의 내용은 다음과 같다.

獨上寒山石逕斜
白雲生處有人家
定車坐愛楓林晩
霜葉紅於二月花

비탈진 돌길로 높은 寒山 올라가니
흰구름 피어나는 곳에 외딴집 하나 있네
가던길 멈추고 잠시 늦가을 단풍을 감상하니
서릿발 단풍잎이 梅花보다 붉구나.

余大男이 13살 어린 나이로 위의 唐詩를 외워서 썼다고 하면 그의 총명은 출중했음을 알 수 있다. 그 나이에는 小學 정도를 배우면 고작일터인데 그때 그는 이미 四書를 마치고 詩文學 정도를 배울만치 총명했던 것 같다. 그래서 加藤淸正의 총애를 받았는지도 모르겠다. 원문은 '遠上寒山石逕斜'인데 活字本으로 된 余大男의 山行詩와 진본에는 '獨上寒山石逕斜'로 고쳐서 읊었는바, 이것은 아마도 당시 余大男의 쓸쓸한 심경을 묘사해서 읊은 것 같다.

다음은 余大男의 아버지 余天甲이 그의 아들 余大男에게 보낸 부자간의 서신왕래를 소개하고자 한다.

3. 부자간에 주고받은 편지 내용

1) 아버지 余天甲이 아들 余大男에게 보낸 편지

朝鮮國 慶尙道 河東에 사는 아비 余天甲이 아들 余大男에게 보내노라.

네가 癸巳年 七月 雙溪洞에 있는 普賢庵 친척 스님 燈蓬의 처소에서 잡혀간뒤 너의 생사를 몰라 너의 어머니와 함께 밤낮으로 통곡해 울었느니라.

지난 丁未年 우리나라 통신사가 日本에 갔을 때 河東官人이 길에서 너를 만나 성명을 물은 즉, 네가 대답하기를 '나의 성명은 余大男이고 아버지는 余天甲이다'고 하였다며 그 사람이 돌아와 내게 알리므로 네가 비로소 日本 京中(필자 주 京都) 五山에 살고 있음을 알게 되었느니라.

너의 어미와 나는 비통한 마음으로 서로 울면서 말하기를 남들은 잘도 도망쳐서 고국으로 돌아오건마는 우리 아들 大男이는 돌아오지 않으니 필경 부모가 살아 있지 않은 것으로 알기 때문에 아닌가 하였느니라. 항상 너에게 편지를 보내려고 하였지마는 보낼 길이 없었느니라.

작년 가을 너의 친구 河終南이 처음으로 日本에서 돌아와서 나에게 알리기를 '네가 붙들려 가서 日本의 승려가 되었다'고 하더라. 그리고 네가 일찍이 日本 京都에 있다가 九州 肥後國 熊本 法華寺내에 있는 本妙寺에 내려와 살고 있으며, 本行院 口遵上人이라 부르기도 하고, 金法寺 學淵이라고 부르기도 한다고 전하더라.

네가 잘 있다고 하는 소식을 들으니 기뻐서 어쩔줄을 모르면서도 부모가 길러준 은혜를 잊고 남의 땅에 安住해서 돌아오지 않으니 도리어 원망스럽기도 하다. 日本에서 의식이 족하여 돌아오지 않는 것이냐? 중이 되어 해외에서 편히 있으니 돌아오지 않는 것이냐?

너도 생각해 보아라. 내 나이 58세요, 너의 어미 나이 60세가 되었느니라. 비록 전쟁은 치렀지만 살림살이도 점점 좋아지고 종도 많아서 남들이 부러워하건만 오직 자식 하나 잃은 것이 한이 되는구나.

네 나이도 방금 40이 되었고 그 위에 학문도 하였다 하니 부모를 아끼는 정도 있을 터인즉, 돌아와 부모를 모시면 이것이 효도가 아니겠느냐? 살아 생전에 서로 만나 고향 땅에서 함께 살면 이 또한 영화가 아니겠으며 노비들을 부리며 가업을 계승하는 것도 또한 즐거운 일이 아니겠느냐? 하물며, 나와 너의 어미는 이미 늙고 쇠잔 하였으니 너는 심사숙고해 보아라. 서둘러 너의 大將軍과 大師에게 네가 돌아갈 뜻을 간곡히 말씀 드려 보아라. 배를 타고 바다를 건너 무사히 살아 돌아와 청천하늘을 바라보며 부자간에 한집에서 여생을 보낸다면 이보다 더 큰 즐거움이 어디 있겠는가? 부모의 소원은 이것뿐이니라.

庚申(1620)년 5월 초 7일

아비의 이름 余天甲은 어릴 때 이름이고, 官名은 余壽禧 [수결]

2) 아들 余大男이 부친 余天甲에게 보낸 편지

부모님께 백번 절하고 답서를 올립니다.

천만 뜻밖에도 친서를 받자옵고 부모님 내외분께서 여전히 편안하시고, 근력도 좋으시며, 아울러 금실도 좋으시다고 하는 소식을 알았습니다. 封函을 열고 읽고자 함에 감격의 눈물이 떨어지니 이는 하늘의 돌보심이 아니겠으며, 神明의 도움이 아니겠습니까? 아마득해서 그 연유를 알지 못하겠으나 오직 경하스러울 뿐입니다.

아들 好仁(余大男의 아명)은 우리 집안 대대로 쌓은 積善의 餘德을 입사옵고 그 위에 아버님께서 일찍부터 글을 가르쳐 주신 덕분으로 붙잡혀 가던 날 시퍼런 칼날 앞에서도 두려워하지 않고 '獨上寒山石逕斜白雲生處有人家' 二句를 써서 올렸습니다. 그랬더니 淸正將軍이 이 아이는 범상한 인물이 아니다 하고 옆에 두고, 의복과 먹을 것도 나누어 주었습니다.

이와 같이 보호한지 몇 달 뒤에 저를 日本 肥後땅(現 熊本縣)에 보내어 머리를 깎고 중이 되라고 하였습니다. 그때부터 지금까지 法華妙經만 외우며 세월을 보냈는데, 그 생활은 추위와 굶주림을 면할 정도였습니다. 그렇지만 처음 붙들려온 날로부터 지금까지 28년 동안 날마다 손을 씻고 향을 피우고 아침에는 해님을 향하여 빌고, 저녁에는 부처님께 절하며 이렇게 告하였습니다.

'우리집은 조상 대대로 재앙을 받을만한 나쁜 일을 한일이 별로 없는 것으로 알고 있는데 애처로운 이 小僧은 무슨 죄가 있어서 이처럼 오래토록 異域땅에 떨어져 있게 하시나이까?'하며 애통했습니다.

이제 천만뜻밖에도 아버님 편지를 받자오니 저의 생각으로는 28년 동안 기도를 드린 응답이 아닌가 합니다. 마음 같아서는 당장 달려가서 부모님을 뵙고 그동안 쌓였던 회포를 풀고 싶습니다. 그렇게만 된다면 그날밤에 죽는다해도 후회될 것이 없을 것 같습니다. 그런데 가장 한탄스러운 것은 이 자식을 이제까지 먹여주고 입혀준 은인들을 어떻게 저버릴 수가 있을까 하는 문제입니다. 이 나라 같이 형벌이 엄한 나라에서는 도망한다는 것은 감히 마음조차 먹을 수 없는 일입니다.

엎드려 비옵건데 어머님, 아버님 4~5년간만 마음을 누구려트리고 기다려 주십시오.

아버님 편지를 가지고 이 나라 장군님과 태수님께 2~3년을 한정하고 산설히 泣訴한다년 그늘노 무보의 자식인지라 풀어수는 일이 생기리라고 믿습니다. 조만간 天道가 무심하지 않아서 소자가 다시 귀국할 수 있다면 두 분께서는 잃었던 아들을 얻으시고 저로서는 잃었던 어버이를 얻게 되는 것입니다. 이렇게 되면 전화위복의 계기가 되는 것이니 하느님께서도 다행스럽게 여기실 것입니다. 지금부터 저는 보내 주신 편지를 조석으로 모셔 받들 것이니 두 분께서도 이 아들의 편지를 자식 보듯이 하여 주시면 천만 다행이겠습니다.

보내 주신 편지 가운데 부모가 길러준 은혜를 잊고 남의 땅에 안주하여 오랫동안 돌아오지 않음은 衣食이 족해서 그런 것이 아니냐고 하신 말씀은 달게 받겠습니다. 그러하오나 원통한 점은 좀 해명을 드려야 하겠습니다. 태평세대에 저 혼자 부모와 친구들을 버리고 이국땅에 잠입해서 산다면 소자의 비길 데 없는 不孝의 죄는 三千五刑으로도 부족할 것입니다. 그리고 당장에 받을 화만도 입으로 다 말할 수 없는 줄 압니다마는 소자가 잡혀 올 때는 임금님의 아들이 포로가 되고 양반집 딸들이 욕을 보는 마당에 제가 남의 나라에 온 것이 어찌 원하는 바라 하겠습니까?

엎드려 비옵건대 부득이한 일이었음을 굽어살피시어 은혜를 저버렸다는 비난을 이웃에 퍼뜨리지 않게 하여 주시옵소서. 그러면 천만 다행으로 생각하겠습니다.

그런데 어찌해서 할아버지 안부와 鎣方 스승님 생사는 자세하게 알려 주시지 않으셨는지요? 꿈속에서도 잊을 수가 없습니다. 아울러 河東官屬과 벗 河終南 두사람에게 감사의 뜻을 전해 주시면 감사하겠습니다. 드릴 말씀은 끝이 없으나 매인 몸이라 바빠서 대강만 아뢰옵고 세세한 것은 줄이는 바이오니 굽어살피소서. 분부하신 일들은 백번 절하며 모시겠습니다.

庚申(1620)年 10月 初 3日

迷子 余好仁 日本國 熊本 本妙寺에서 올립니다.

〈 追白 〉

보내주신 편지는 9月 그믐께 전해서 받았습니다.

이곳에는 마음을 주고 사는 친구들이 없는데 다만 居昌 李希尹, 晉州 鄭逖, 密陽 卞斯循, 山陰 洪雲海, 扶安 金汝英, 光陽 李崀 등 5~6명의 친구들이 조석으로 만나서 고국 이야기를 하며 살 따름입니다.

不孝 자식이 심사숙고 끝에 부탁말씀 드리고 싶은 것은 이 나라에는 우리나라의 매(鷹)를 진귀한 새로 여기고 있습니다. 만약에 오는 인편이 있으시거든 매 2마리만 보내 주시면 고맙겠습니다.

對馬島主와 肥後太守에게 바치고 풀려나기를 도모해보겠습니다. 그렇게 된다고 하면 얼마나 다행스러운 일인지 모르겠습니다. 총총

3) 余天甲이 余大男(日遙)에게 보낸 두 번째 편지

日本國 九州 肥後國 本妙寺 日遙 앞

전년 6월에 답장을 이 왜인에게 전한 바 있다. 전자에도 편지를 부산을 왕래하는 인편에 보낸 것이 한두 번이 아니었는데, 너의 답장을 받아 보지 못해서 밤낮으로 흐느껴 울었단다. 이 왜인이 신의가 있어서 내 편지를 너에게 전하였고, 너의 답장을 또한 가지고 와서 나로 하여금 너의 손때 묻은 편지를 보게 하니 이 왜인은 너와 나 사이에 부자간의 정을 통하게 한 잊을 수 없는 은인이다. 마땅히 부산에 가서 고마운 이 왜인에게 감사의 뜻을 표해야 할 것이나 마침 감기에 걸려서 뜻을 이루지 못하게 되므로 일가 余得無로 하여금 이 왜인에게 가서 뵙고 고마운 뜻을 전하는 한편 그 편에 편지를 또 보내노라.

너와 생이별한지 30년만에 이제야 처음으로 너의 편지를 받고 봉투를 뜯어 세 번 네 번 연거푸 읽어보니 네 얼굴과 음성을 대하는 듯 슬픔과 기쁨이 엇갈림을 금할 길이 없구나.

네가 죽었는지 살았는지 항상 걱정만 하였는데 肥後國王이 너를 살

려 주었을 뿐만 아니라 國王에게 은덕을 입은 바 적지 않은 듯하니 그 은혜를 무엇으로 갚았으면 좋겠는가?

(그런데 아들 大男아!) 아비 나이 이미 60이 넘었고, 네 어머니 나이 또한 65세나 되었으니 이제 살면 얼마나 살겠는가? 밤이 되면 날마다 향을 피워놓고 너를 위해 하느님께 빌었더니 이것이 헛되지 않았구나! 이제 원하는 것은 꼭 한번 너를 만나보고 죽었으면 여한이 없겠노라.

네 편지를 받고 보니 너를 보고싶은 마음 더욱 누를 길이 없다. 넌들 오고 싶은 마음이야 없으랴마는 네 몸을 네 마음대로 하지 못하는 처지를 이 아비는 아노라. 그렇지만 포로로 붙들려 온 이 자식만이 오직 늙으신 부모님의 혈육이오니 돌아가 효도를 다 할 수 있도록 해 주십사 하고 간절하게 임금님께 고 한즉, 혹시 가납해주실는지 누가 알겠느냐? 지성이면 감천이라 하니 하물며 피와 눈물이 있는 사람으로서 감동하리라고 나는 굳게 믿는다. 다행히도 그곳을 빠져나와 고국에 돌아와서 살아 생전에 너를 만나게 된 즉, 30년 쌓인 한이 하루아침에 어름처럼 녹아 없어지겠노라. 이와 같이 꿈같은 일이 성취된다면 너의 효도가 이보다 더 클 수가 없으니 너는 최선을 다해서 힘써 보아라.

네 편지에 할아버지 안부와 鼇方丈 선생의 생사여부를 물어 왔으니 어찌 소상하게 전하지 않겠는가? 그런데 두 줄기 눈물이 그칠 줄 모르고 흐르니 아마도 깊은 정이 보이는 듯 느껴졌음이니 혈육의 깊은 정을 새삼 알겠노라. 할아버지께서는 지난 癸巳年(1593) 7월 12일 왜놈에게 화를 입으신 후 돌아가셨고, 鼇方丈 선생께서는 천수를 다하시고 丁巳年(1617) 8월 18일 돌아가셨느니라. 선생의 조카 辛喜 역시 돌아가셨다.

너의 편지에 매 2마리만 보내주면 對馬島主와 肥後國王께 선물로 주고 불초 소자가 풀려나기를 도모해볼까 하는 말을 하였는데 난들 최선을 다해서 네가 있는 그 곳으로 보내서 네 뜻대로 해주고 싶지만 매는 개인이 선물로 줄 수 없도록 국법이 엄중하니 마음은 간절하나 어찌할 수 없구나.

　한편 姜堂長의 딸과 金壽生 이질들은 모두 나와 절친한 사이인데 이제 살아 있다고 하는 소식을 듣고 보니 그 기쁨이 한량없도다. 壽生 등은 매인 바 없어 한가할 터인즉 네가 돌아올 때 모두 같이 돌아오게 되면 천만 다행으로 생각한다. 姜堂長의 아들 天樞는 癸巳年에 포로로 붙들려 갔다가 도망쳐 돌아왔느니라. 네가 거명한 그 밖의 사람들 중에는 자리를 잡으면서 소식을 전해오기도 했지마는 李苣 의 형 李蕙는 3년 전에 이미 죽었고, 金緯, 金灌 형제는 아직도 생존해 계시느니라. 또한 그의 일가 되는 金光禮와 그의 동생 明禮 및 光禮의 아들 秀男과 子男 등도 모두 붙잡혀간 바 되었으니 네가 혹시 소식을 들었으면 상호협력해서 도망쳐 나오도록 도모해 봄이 어떻겠느냐? 너는 이국 땅에 있는 몸이니 조심조심하고 살아서 무사히 돌아오도록 하여라.

　壬戌年(1622) 7月 初八日

　父 余壽禧는 기뻐하며 이 편지를 余大男에게 전하노라.

4. 편지 내용 검토

　부친 余天甲과 아들 余大男의 편지 내용을 검토해 보면 다음과 같은 내용으로 집약할 수 있다.
　① 부친 余天甲의 편지를 통해서 余大男이는 壬辰倭亂이 일어났던 다음해 7월 普賢庵 族僧 燈蓬 처소에 있다가 납치되었다. 그때 부친 余天甲의 나이는 31세, 부인의 나이는 33세, 余大男의 나이는 13세였다.

② 부자간에 편지 왕래는 余大男이 拉致된지 28년만에(1620, 光海君 12) 아들 大男이 살아 있다고 하는 소식을 우리나라 통신사를 통해 전해 듣고 5월에 보내서 9월에 받아 보았다. 부친 편지를 받은 大男은 10월 3일 회신을 보냈고 그후 부친 余天甲은 3년 만인 1622년(光海君 14) 7월 18일 倭人편에 두 번째 편지를 보냈다.

③ 余大男의 편지에 의하면 大男의 친한 친구만도 居昌 李希尹, 晋州 鄭漦, 密陽 卞斯循, 山陰 洪雲海, 扶安 金汝英, 光陽 李苣 등이 납치되었다. 그들의 고향이 경상, 전라 남부 지역이었음을 볼 때 이 지방의 피해가 컸음을 알 수 있다.

④ 아들의 소식을 전해들은 余天甲은 납치된 자들이 잘도 도망쳐오는데 너는 왜 못 오느냐? 그곳에서 衣食住에 만족함인가? 하고 조속 귀국을 종용했으나 大男은 이에 대해서 마지못해서 붙들려왔음을 고백했고, 이곳에 온지 28년이 되었어도 돌아가서 부모님을 모시고 싶은 생각이 간절하다고 편지를 하고 있다. 그리고 상전들에게 호소해서 풀려나고자 하니 3~4년간의 여유를 주시고 풀려나기 위해서 우리나라 매 2마리만 보내 주시면 對馬島主와 肥後國太守에게 선물을 하고 호소를 해보겠다고 간절한 편지를 보내고 있다. 그리고 할아버지와 붙잡힐 때 모시고 있던 일가 燈邃 스님, 친구 河終南의 안부도 묻고 있으며 동네 어른들에게 마지못해 붙들려 온 것이지 安住해서 있는 것이 아님을 전해 달라고 하는 부탁 편지이다.

⑤ 이에 대한 부친 余天甲의 편지에서 다음과 같은 일을 알 수 있다. 첫째는 倭人편에 편지 왕래를 하였다는 점, 둘째는 네가 매 2마리를 보내달라고 하는 부탁은 국법에 매는 외국으로 못보내게 되어 있으니 국법을 준수해야 하겠다고 하는 점이다. 그리고 조부와 邃方 스님의 소식을 전하고 있다.

⑥ 끝으로 왕래한 편지의 보존문제이다. 왕래한 3통의 편지는 우리나라에는 한통도 남아 있지 않고 부친 余天甲이 보낸 2통의 편지와 余大男이 부친에게 보낸 편지 초본이 그대로 本妙寺에 보존되어 내려 오고 있다. 왜 그럴까? 그리고 이 3통의 편지는 해마다 10월 중순에 약 10일 정도 포쇄를 해서 보존하고 있다고 本妙寺 主持는 전하고 있다.

5. 맺음말

만 6년간이 넘는 壬辰倭亂과 그 전란으로 말미암아 13살 어린 나이로 倭兵에게 납치된 余大男의 일생은 우리에게 많은 교훈을 시사해 주고 있다. 그 내용을 다음에 정리해보기로 하겠다.

① 동남쪽에 日本, 서북쪽에 中國과 러시아등 열강에 둘러 쌓여 있는 우리나라는 지정학적으로 중심지에 서 있다.

우리와 같은 지정학적 위치에 있는 그리스와 로마는 주체세력이 강했기 때문에 세계의 중심국가가 되기도 하였다. 우리나라는 그렇지 못해서 강대국의 침해를 많이 입었다.

② 싸움이란 하나가 되기 위한 피차간의 몸부림이라고 풀이

할 수 있다. 개인이나 국가간의 선쟁도 마찬가지이다. 전쟁 후 우리나라 陶工들의 日本 被拉은 개인적으로는 불행한 일이요, 잡혀 보낸 우리나라로서도 큰 손실이지만 日本 陶藝史를 다시 쓰게 하고 세계적인 위상까지 높인 것은 큰 공헌이라 할 수 있다. 余大男 역시 개인적으로는 불행한 일생을 보냈지만 日本 불교계의 큰 획을 그은 스님인 것만은 사실이기에 그대로의 공헌한 바가 크다고 할 수 있다. 그리고 활자 기술과 經書 및 朱子學도 수용해서 日本 문화의 발전을 가져오게 하는 계기가 되었다(李相伯, 韓國史前期篇 震檀學會).

③ 余天甲, 余大男 부자간의 편지를 통해서 그들의 참 모습을 살펴보기로 하겠다.

余大男의 소식을 28년만에 듣고 애타게 돌아오라고 하는 아버지 余天甲과 자기가 살은 해 수 보다 배가 훨씬 넘는 28년간을 타국에서 보내며 40세가 되었어도 하루 빨리 돌아가고 싶다고 하는 아들 余大男의 편지에서 骨肉의 정을 뼈아프게 느낄 수 있다.

④ 하루빨리 석방되어 귀국하기를 소원하고 있는 余大男은 아버지께 매(鷹) 2마리만 보내 주면 이를 상납하고 석방해 주기를 부탁하겠다고 하는 애원을 하고 있다. 그러나 아버지는 부자간의 정으로서는 해주고 싶지만 국법이 금하고 있으니, 국법을 지켜야 한다고 회신하고 있다. 개인의 인정과 사정보다 국법을 준수하려고 하는 부친 余天甲의 정

신은 참 훌륭하다고 할 수 있다.

⑤ 余大男의 사람됨이다. 13살 때 모시고 있던 燈邃 스님의
안부, 조부의 안부를 챙겨서 묻고 있다. 그 경황없는 중에
서도 스승의 안부를 묻는 것은 스승을 부모같이 모시는
그의 사람됨에서 나온 충정이라고 풀이 할 수 있다. 그리
고 조부의 안부를 물은 것은 너무나 당연한 일이라고 생
각된다. 또한 자신이 日本에 온 것은 자의가 아니고 납치
되어 왔으니 이런 사정을 이웃에게 알려서 욕먹지 않도록
해달라고 하는 부탁이다. 그의 사람됨을 엿볼 수 있는 대
목이다.
나이 40세에 편지왕래를 부자간에 처음 한 이후 余大男은 79
세까지 장수하며 日本 熊本 本妙寺에서 살았다. 그 긴 세월동안
余大男의 심정은 어떠했을까? 한 많은 一生이었다고 할 수 있
다. 아마도 괴로운 사바세계를 탈출하고 싶은 심정에서 출가해서
生을 마쳤을 지도 모르겠다.

⑥ 父子間에 주고받은 편지 3통이 日本 熊本 本妙寺에 온전하
게 보존되어 내려온 것은 一等史料의 가치가 있어 참 다행
스러운 일이다. 그러나 우리나라에는 余天甲이 쓴 2통의
초본이 하나도 남아 있지 않으며, 余大男의 편지도 없는
것은 더욱 아쉬운 일이다. 本妙寺에 보존되어 있는 余大男
의 편지 초고는 초고인지라 글씨체가 좋은 편은 아니었다.
만약에 부친에게 보낸 편지 진본이 있다고 하면 그 사료적
가치는 더욱 크리라고 믿는다.

※ 日本 熊本 李妙寺에서 소장하고 있는 余天甲・余大男 부자의 서신 진본
을 복사 의뢰 溪龍奬學財團에서 보관하고 있음.

참고자료

『宣祖實錄』. 국사편찬위원회, 1985.
『三國史記』. 乙酉文化史, 1977.
李相伯. 『韓國史最近世篇』, 1962.
李丙燾. 『國史大觀』, 1955.
李基白. 『韓國史新論』, 1989.
余大男의 편지 1통.
余天甲의 편지 2통.

第 3 編 附 編

17세기 燕岐鄕案硏究

박현숙

1. 서

향약에 대한 연구성과로 16세기 이후의 향촌사회에 대한 연구가 그동안 많이 이루어졌다.[1] 그 결과 향약은 주로 재지사족들이 그들의 자치조직인 유향소를 중심으로 향약을 시행해 내려왔음이 밝혀지고 있다.[2]

이 글에서 논하고자 하는 연기향안 자료는 앞에서 예시한 바

---

1) ① 『조선후기 향약연구』 향촌사회사연구회, 민음사, 1990. 5.
   ② 동래향청鄕校考住錄, 경성대학교 향토문화연구소, 1989.
   ③ 김용덕, 1978, 『향청연구』, 한국연구원.
   ④ 이태진, 1972, 73, 「사림파의 유향소 復立運動(상)(하)」, 『진단학보』 34・35.
   ⑤ 田川孝三, 향안・향규에 관한 一聯의 논문을 들 수 있다.
   ⑥ 이형영, 1990, 「17세기 연기지방의 향규와 향촌사회구조」, 『한국학보』 61, 136쪽.
2) 수1-(1), 「박성하 18세기 州縣鄕約의 싱적―김홍득의 향약헝목을 중심으로―」, 170~171쪽.

있는 축적된 연구성과를 기조로 해서 구명해보고자 한다.

이 자료는 성주탁 교수가 1988년 연기군지를 편찬하기 위해 자료를 수집하던 중 연기향교에서 수집한 것이다.

자료의 내용을 살펴보면 이 글에서 분석해보고자 하는 연기향안서와 改修正序 및 重修序와 향원명단이 수록되어 있는 좌목으로 편집된 향안을 비롯해서 一鄕立法, 鄕約座目 등 총 33종3)에 이르는 방대한 자료이다. 이 글에서는 구향안서와 개수정서 및 중수서와 함께 수록되어 있는 향원명단인 좌목을 다음과 같은 순서로 분석해보고자 한다.

이 글 2장에서 제시하고자 하는 자료에서는 구향안서를 자료 2-1, 신향안서를 자료 2-2, 중수서를 2-3, 일향입법을 자료 2-4, 향원명단이 수록되어 있는 구향안 좌목을 2-5, 신향안서가 첨부되어 있는 좌목을 자료 2-6으로 잠정 분류해서 제시하고자 한다.

이 글 3장에서는 위에서 제시한 자료를 분석해보고자 하는데 앞서 3-1절에서는 연기향안이 성립된 역사적 배경을 설명함으로서 이 고장의 연혁을 알아보는 동시에 연기향안이 성립되기까

---

3) ① 「향안관계 자료」
   구향안 1책, 2) 향안 3책, 3) 일향입법 1책(1652년)
   ② 「향교관계 자료」
   菁莪錄 13책, 2) 西齋청아록 1책, 3) 校宮立法 1책, 4) 齋任案 4책, 5) 일기 2책(1929~60년)
   ③ 「서원관계 자료」
   院長案 1책, 2) 書院別廳案(內題: 鳳巖書院別廳節目) 1책, 3) 京有司案 1책, 4) 例兼都有司案 1책, 5) 尋院錄 1책, 6) 원생안 1책 (1859년)
   ④ 「향약관계 자료」
   향리좌목 2책

지의 사상적 배경을 알아보기로 하겠다. 3-2절에서는 앞서 제시한 바 있는 자료 2-1, 2, 3, 4, 5, 6을 순서대로 분석해서 연기향안 입의의 배경과 의의 및 설립연대 등을 도출해내기 위한 자료분석을 해보려고 한다.

이 글 4장에서는 3장에서 분석한 자료를 가지고 연기향안 성립의 취지와 목적 그리고 연대를 도출하고자 한다. 다음은 3장에서 분석한 일향입법의 자료를 근거로 해서 연기향안의 향규를 알아보고 나아가서 연기향안에 가장 많은 영향을 주었다고 판단되는 서원향약과 비교·검토해봄으로써 연기향안의 특수성과 보편성을 알아보고자 한다. 나아가서 연기향안의 회원명단 가운데 가장 많은 향원을 점유하고 있는 부안 임씨의 내력과 분포상황을 알아봄으로써 연기향안에 끼친 부안 임씨의 위치를 알아보기로 하겠다.

이와 같은 분석 내용을 근거로 5장에서는 연기향안의 향약사적 위치를 알아봄으로써 결론을 맺고자 한다.

연기향안 자료에는 '향안', '향규', '향약' 등 여러 가지 자료가 있어 단일명칭으로 통일하기가 어려운 실정이다. 이 글에서는 일반적으로 알려진 향약이라는 명칭을 '향안', '향규' 등을 포괄한 통상명칭으로 때에 따라서 사용하고 있음을 밝힌다.

2. 자료

1) 자료 2-1 구향안서

夫鄕[4]之設久矣. 夏有六鄕, 周有左右鄕, 至秦曰鄕邑, 至漢曰鄕

---

[4] 주제에 12,500가를 향이라 하고 500가를 黨이라 한다(중문대사전 邑

曲, 自古而今, 無代無鄉. 鄉者家之推也, 國者鄉之推也, 國本於鄉, 鄉本於家, 則鄉於國家, 顧不大哉. 故盛帝顯王之爲治也, 莫不以鄉 爲鄉.

夫六禮[5]者, 鄉之禮也. 七敎[6]者鄉之敎也. 八政[7]者鄉之政也. 上 功上齒者鄉之事也. 曰庠曰序[8]者, 鄉之學也. 選士於鄉則, 有論秀之 法, 興賢於鄉則, 有大比[9]之制, 行飮[10]於鄉則, 有鹿鳴之歌[11], 絀惡 於鄉則, 有郊遂[12]之移, 至於樂事勸功尊君, 出入相友, 守望相助, 疾病相扶持者, 何莫非使一鄉之人, 厚人倫而敦風俗也哉. 孔子張聖 於鄉黨純純如也. 孟子大賢曰死徙 無出鄉者, 良以此也.

今夫是鄉, 古所謂全岐 而燕岐新號也. 鼠壞蟻封, 地雖褊小, 人 多忠信, 俗尙淳古, 爲湖西一路最, 自國初以來, 居是鄉者, 祖而孫 父而子, 生於斯, 長於斯, 題名有案, 以爲之誌, 歸宿有堂, 以爲之所, 將與國, 咸休於無窮矣.

悲夫, 邦家不天生民無祿, 歲在丁酉[13]堂存案灰重寒有識之心, 今 年夏五月 有一二先生, 會于公堂, 相與語曰, 接王制, 鄉遂之書, 固 爲詳悉. 況我國朝州三百六鄉, 必有案, 夫案豈爲徒哉.

部). 전하여 향리라고 함. 아래에서는 향을 향촌으로 통칭하기로 한 다.
5) 冠禮, 婚禮, 喪禮, 祭禮, 鄉飮酒禮. 相見禮(『禮記』)
6) 부자, 형제, 부부, 군신, 장유, 붕우, 賓客의 도리.
7) 食, 貨, 祀, 司空, 司徒, 司冠, 賓, 師(『書傳』).
8) 夏曰校, 殷曰序, 周曰庠(『맹자』).
9) 大比는 향시로 과거제도이다.
10) 주대에 향교의 우등생을 중앙정부에 천거할 때 향대부가 주인이 되 어 송별회를 베풀던 행사.
11) 鹿鳴之歌
12) 국도 밖을 郊라 하고, 교 밖을 遂라고 하는데, 이를 국도 밖으로 해 석했음.
13) 정유년은 1597년, 선조 30년으로 추정된다.

所以序長幼也. 所以明尊卑也. 所以辨邪正也, 所以別賢愚也, 則
吾鄕之案, 不可以不重修也. 苟能重修鄕案, 使吾鄕之子弟後進者,
登堂而想先生之跡, 對案而思先人之名, 起敬心日, 入孝出悌, 退而
免鄕原之賊[14], 進而爲國家之用, 鄕人指點曰 某有子某有孫, 則於
案有光, 豈不美歟, 以其不然, 鄕人指點曰 某也邪, 某也譎, 某也狂,
某也佞, 則其爲人也, 不止吾鄕人之罪也, 豈吾重修鄕案之意也.

於是, 可否子弟, 進退後進, 總若干員, 屬余爲之序, 吁, 余實無何
敢爲之辭, 然夫人而未必得君行道, 立身揚名於世, 則藏修鄕里之中,
推吾孝敬之心, 而行之外者, 必也鄕乎, 吾黨之人, 信能無負鄕先生
重修之意, 則亦仁人 君子之徒也.

2) 자료 Ⅱ - 2 신향안서

鄕案, 鄕黨[15]世籍也, 中有父兄名, 爲古人子弟之對是案者, 感悼
不忍臨是案, 然鄕有事輒開莫不愿, 然且或不精之輩, 得之開是案,
而擲之地, 有若敎小兒破卷, 是誠痛焉, 以是崇禎上下癸酉[16]名籍已
舊改修, 正封之尊閣, 舊案中子弟爲今人別寫一案, 日後有事, 開此
案而亦無異於舊案, 于以分卷焉.

崇禎後壬辰[17]仲冬

---

14) 한 시골에서 군자 소리를 듣는 위선자.
15) 주4) 참조.
16) 숭정연호는 명 의종의 연호로 1628년(인조 6)에 해당됨. 따라서 상
    하계유년은 1628년을 기준으로 해서 1573년(선조 6)과 1633년(인조
    11)에 해당된다.
17) 숭정후 임진은 1652년(인조 3) 임.

3) 자료 Ⅱ-3. 중수서

嗚呼, 旣觀先生之案, 又讀先生之案, 怳如對越, 先生親炙訓敎者
也, 爲子爲孫者, 孰不惆惆於心 而興起也哉. 玆以曾衣乙卯 崔公一
華, 慷慨中瘵之久, 登堂聚義. 謹錄先生子枝, 以爲追錄之依歸矣,
倘有異議, 不復追錄, 則豈不寒心哉. 是以書先生序于左, 惟願諸君
子, 進退後進, 毋墜先人之意, 幸甚.

辛酉十月　日

4) 자료 Ⅱ-4. 一鄕立法

噫, 吾鄕舊有風. 今掃地矣. 丘夷[18]已甚, 擧目痛嘆. 以玆儒鄕合
席, 重榻鄕是[19]

崇禎後 壬辰 十一月　日

節目

1. 春秋鄕會, 糾正風俗, 而空官會, 亦爲完定事.
2. 化下人民, 妄論政法, 誣爲怨咀者, 勿論上下, 重則告營定配,
   輕則兩班定選, 同騎常漢, 苔五十, 而或贖錢三兩事.
3. 不孝不睦, 自恣自行者, 重則告官, 輕則自鄕中, 處斷事.
4. 選士時限 年二十六歲, 各薦一人, 必以元來儒鄕, 及流寓士
   夫, 而可籍者, 別選, 時誤薦者損徒事.
5. 首任望紀依前規, 舊任主之, 而曾經適會, 亦可備望事.

---

18) 丘夷를 '우리마을'로 해석했음. 丘는 方一里의 16배되는 촌락의 행정
단위이다.
19) 향시는 향규 또는 향약을 의미한다.

6. 鄕員與鄕外同任者, 永削事.

7. 鄕任爲苦, 一年遞改事.

8. 判鄕長葬時, 役軍二十名 定色吏 付役事.

9. 鄕員, 如有鴻罹之寃, 則鄕廳發通齊會, 伸白, 而若有托, 故不
    參則削籍事.

10. 鄕員有輕先去張者, 則削籍事.

11. 鄕會時, 高聲喧譁, 及公事未罷前, 先去者, 面責事.

12. 以少凌長, 言語悖漫, 行身鹿陋者, 皆損徒事.

13. 鄕任中, 上不能規諫, 下不能檢察, 致有民瘼, 則鄕中記過, 僉
    會時, 從輕重施罰事.

14. 閑散輩, 圖得鄕任, 以望外受差, 墜落鄕風者, 定送同騎事.

15. 閑散及無賴輩, 不整粧束, 任自出入, 而壓佐喧噪, 放心夷踞
    者, 使記吏, 驅出而執綱, 泛視不禁, 則鄕會時, 損徒或市惡,
    不系於執綱者, 定送同騎事.

16. 等級相異, 侵辱鄕儒者, 重則定送同騎, 輕則損徒於公門, 及
    同里常漢之重者, 苔五十, 或贖錢三兩, 輕者, 苔三十, 或贖錢
    二兩事.

17. 常漢之凌辱閑散者, 重則苔四十, 或贖錢二兩, 輕則苔二十,
    或贖錢一兩事.

18. 時位外凡員同寢鄕廳事體不可, 凡人留宿論罰, 時任鄕員留宿
    論罰, 當身者.

19. 鄕校及鄕廳所捧穀物, 計朔需用, 若或濫用犯朔者, 則削籍事.

20. 假鄕所不可任意除役, 而時任循私頓下, 則鄕會時, 滿座面責,
    而還付其已免者事.

21. 旗牌官陞楹, 外官軍官庭上拜, 而執綱, 拘於顏情, 不遵鄕法

者, 損徒事.

22. 引弓下流, 締交鎭底, 或圖差得帖, 或誣囑生釁者, 節節廉問, 苔五十, 或降定賤役事.

23. 官屬外附過之賴, 自鄕廳發牌捉致事.

24. 鄕員不遵鄕罰則, 更加一等事.

25. 鄕案丙裂之員, 不可以鄕罰處之, 自今以後, 當齊聲, 告官處治事.

26. 年未三十, 參於公會, 無所關緊, 凡發文時, 三十歲以上出通事.

27. 選士時, 各齋留經之糧米事.

28. 鄕案櫃, 時任鄕所不通公員, 任意開坼之員, 則削籍汰祗事.

5) 자료 Ⅱ‐5. 구향안좌목 115명단은 기재 샹략하고 3‐3) 구향안좌목분석에서 재론하기로 함.(명단은 필자의 논문 Ⅱ‐5 구향안서 좌목 참조)

6) 자료 Ⅱ‐6. 신향안좌목 440명단은 기재생략하고 3‐4) 재수정좌목에 대한 분석에서 재론하기로 함.(명단은 필자의 논문 Ⅱ‐6 신향안서 좌목 참조)

3. 연기향안 자료에 대한 분석

1)「구향안서」,「개수정서」,「중수서」에 대한 분석

구향안서를 살펴보면 향촌에 거주하는 향중 사림들이 향규를 만들어서 자기들의 향촌을 자신들이 자주적으로 자치해내려온 것은 먼 옛날 하·은·주시대부터라고 전제하고 국가는 향촌을 기반으로 성립되었으며 향촌은 가정을 바탕으로 이루어졌음으로 현명한 제왕들은 '향촌'을 기본으로 삼아서 통치했다고 설명하고 있다. 가정은 향촌의 기본 단위가 되고, 향촌은 국가의 기본단위가 된다고 해서 향촌을 국가와 가정의 중간 위치에 두고 설명한 것은 향촌의 중요성을 충분히 설명한 것이라 볼 수 있다. 이와 같이 향촌은 아래와 위를 연결하는 고리 역할을 하므로 연결고리가 끊어지면 나라는 자동적으로 붕괴되고 마는 것이다.

향촌의 크기는 지금의 2~3개 면 정도의 면적을 가지고 있었던 것으로 알려져 있는데 이것은 조선시대에서는 행정구역의 기본단위가 되는 것이다.

이 향촌사회를 통치하는 수단으로는 향교에서 예절을 가르쳐서 사회의 질서를 바로잡고 나아가 국가의 안녕을 도모했던 것이다. 향교는 오늘날의 학교인데 조선시대의 교육기관이다. 이곳에서는 위에서 제시한 바와 같이 육례, 칠교, 팔정을 가르쳤던 것이다. 육례는 관혼상제 등에 관한 예절을 말하고, 칠교는 부자, 형제, 부부, 군신, 장유, 붕우, 빈객 등 가정윤리의 규범을 말하며, 팔정은 경제, 사법, 외교, 제례, 교육, 민사, 군사 등 국가운영의 정책을 말하는데 이러한 여러 교육을 마친 다음 향시20)를 치루어서 중앙 조정에 천거하게 되어 있다. 이와 같이 교육과 과거제도가 맞물려 있기 때문에 입신출세해서 후세에 이름을 남기고자 하는 사람은 인격도야와 함께 학문축적을 열심히 하지 않을

---

20) 3년마다 한번씩 수재 및 원생은 각 지방의 首都에 모아 행하던 시험을 치루던 과거제도, 합격자를 擧人이라 한다.

수 없었던 것이다.

　조선왕조에서는 이와 같은 중국의 교육제도와 과거제도에 바탕을 두고 시책을 펴왔으므로 우리 연기에서도 이 안에서 향안이 당연히 있게 마련이다.

　이와 같이 제작된 향안이 정유년인 1597년(선조 30)에 화재로 소실되고 말아서 안타까운 일임을 개탄하고 상하와 노유의 질서, 是와 非의 분별 및 현인과 우인의 분별을 위해서 향안의 중수를 하지 않을 수 없는 명분을 제시하고 있다.

　구향안서의 내용과 문장을 검토해볼 때 구향안서문은 그 설립의 역사적 배경과 명분 그리고 교육제도와 과거제도를 설명한 다음 질서 있는 향촌사회를 건설하기 위한 명분을 설명하고 우리 연기향촌에도 설치해야만 하는 입장을 설득력 있게 설명하고 있다. 그리고 향촌사회의 질서 유지를 위해서 필요한 덕목을 제시해주고 후인들로 하여금 선인들의 얼을 본 받아서 선인에 욕되게하는 일이 없도록 당부하고 있는데 그 문장은 상당히 수준 높은 경지이다. 그러나 말미에 기록 연대가 적혀 있지 않아서 구향안이 창설된 시기가 어느 때인지 알 수 없는 것이 아쉬운 점이라고 할 수 있다. 따라서 구향안의 창설연대는 추정할 수 없다.

　다음은 개수정서에 대해서 검토해보기로 하겠다.

　개수정서는 1652년(효종 3, 임진)仲冬에 썼다고 하는 작성 연대가 명시되어 있는 서문이다. 그 내영은 구향안서에 비해서 문장도 훨씬 짧은 한 장에 불과하나 연대가 기록되어 있는 관계로 그 가치는 한층 돋보이는 자료이다.

　서문의 내용은 향안은 향촌에서 대대로 전해오는 회원명단이 기록되어 있는 문서라고 전제하고 그 내용에는 부형들의 존함이 기록되어 있는 만큼 그 자제들이 이 향안을 대할 때 감격함을 금할 수 없을 것이라고 공감성을 유도하고 있다. 그런데 이 책자는 파손이 심해 통탄을 금할 수 없다고 했다. 이러한 이유로 崇禎上下癸酉年에 작성한 향원명단의 향적이 이미 낡아서 改修한 다음 尊閣에 봉안해두도록 하였다. 구안을 작성할 때에는 자제들이었던 그들이 이제는 성인이 되어서 향안을 작성하게 되었다. 이때 별도로 향안 1권을 만들어서 후인들이 볼 수 있도록 했으니 구안과 다를 바가 없다고 서술하고 있으며 그 작성연대는 숭정 후 임진 중동으로 되어 있어 이 해는 1652년(효종 3)에 해당된다.

改修正序에서 가장 중요한 자료는 '崇禎上下癸酉名籍'이다. 숭정은 주에서 밝힌대로 1628년(인조 6)에 해당된다. 따라서 상하계유년의 상한연대는 1573년(선조 6)에 해당되고, 하한연대는 1633(인조 11)에 해당된다. 따라서 개수정서를 작성한 1652년(효종 3)보다 79년 앞서 이미 연기에는 향안이 있었음을 시사해주는 자료라고 하겠다.

重修序는 개수정서를 작성한 1652년(효종 3)보다 29년 뒤인 1681년(숙종 7)에 작성한 것이다. 중수서는 개수정서 다음에 37명의 향원명단을 기록한 다음 중수서를 작성해서 편집하고 있다. 개수정서 다음에 37명의 명단을 기록하고 난 다음 '을유정월십일월'이라고 하는 연대가 기록되어 있는데 1652년에서 1681년까지 29년 동안에는 을유년이 없어서 간지 기록의 착오인지 또는 그보다 앞서 있는 어떤 을유년에 해당되는지는 알 수 없다. 우선 중수서의 내용을 살펴보기로 하겠다.

중수서를 작성하고 있는 필자는 우선 선생님께서 작성하신 향
안을 보고, 또 선생님께서 쓰신 서문을 읽으니 마치 선생님을 모
시고 앉아서 친히 배우는 듯한 황홀한 기분이 든다고 전제하고
후손들이 이를 보고 어찌 감개무량하지 않을 수 있겠는가? 일찍
이 을유년에 崔一華公께서 안타깝게 여겼지만 중도 폐지된지 오
래되어 내려왔다. 이에 모두 모여서 선생님의 자손들을 기록한
후 추록해두도록 하였는데 그후 다른 뜻이 있어서 그런 것은 아
니로되 추록하지 못하고 있으니 한심스럽기 짝이 없다. 이에 선
생님께서 쓰신 서문 아래에 제군들의 진퇴상황을 기록해두니 선
인들의 뜻을 추락시키는 일이 없으면 심히 다행으로 생각한다고
기록하고 있다. 신유년 10월　일의 연대는 1691년(숙종 7)에 해
당된다.

2) 일향입법에 대한 분석

일향입법은 총 28항목으로 되어 있는데 그 입법 취지를 다음
과 같이 설명하고 있다.

우리 향촌에는 옛날부터 내려오는 순박한 풍습이 있었더니 지
금을 없어지고 말았다. 그 浮沈이 우리 마을에서 더욱 심한 바
있으니 통탄함을 금할 길이 없다. 이에 향촌 유생들이 한 자리에
모여 다시 향규를 제정한다고 그 입법 취지를 설명하고 있다. 제
정연대는 '신향안서'를 작성한 1652년(효종 3, 임진)이다. 따라서
신향안서와 관련이 깊은 것을 알 수 있다. 절목은 28개 조항을
개별번호를 부여하고 있기 때문에 알기 어려우므로 이곳에서는
이해를 돕기 위해 1조에서 28조까지 번호를 붙여서 분석해보고
자 한다.

절목 제1조는 춘추에 모이는 향회를 통해서 향촌의 풍속을 바로잡고 향규의 개정과 보완은 관의 입회하에서 실시한다고 하는 보편적인 원칙을 첫번째로 제시하고 있다.

방법에 해당하는 조항은 다음과 같다.

2조 정법을 망각한 행위와 무고자.

2조 불효불목, 自恣自行者.

5조 이 조항은 문맥이 통하지 않는 문장이므로 뒤로 미룬다 (필자).

6조 향원이 향외인과 같이 책임을 질 일을 저질렀을 때에는 영원히 삭제한다.

9조 향원이 억울한 일이 생겨 집회를 소집했는데도 고의적으로 불참하는 자.

10조 향원이 향회 때 먼저 가자고 주장하는 자.

11조 향회 때 소란을 피우는 자.

12조 어른을 모욕하는 언어와 행패를 부리는 자.

13조 향회의 임원이 윗사람에게 바른 말로 간하지 않고 아랫사람들을 검찰하지 못해서 백성들에게 고통을 준 자.

14조 향청 책임만 맡기를 도모하거나 능력 밖의 소임을 맡아서 향풍을 추락시킨 자.

15조 복장이 단정하지 못하고, 출입을 제멋대로 하며, 자세가 단정하지 못하거나 의법 처리하는 데 불공한 자.

16조 등급이 상이한 자가 鄕儒를 모욕하는 자.

17조 상인이 閑散者를 능멸하는 행위.

18조 임원 이외의 향원은 향청에서 유숙하지 못한다.

19조 향교와 향청의 곡물을 도용한 자.

20조 假향소에서는 임원이 임의로 免役시켜주지 못한다.

21조 旗牌官이 당청에 들어설 때 불손한 자.

22조 향사시에 화살을 주어 이득을 노리는 자.

25조 향원들이 향안을 소중하게 여기지 않아서 훼손시킨 자.

등 18개 조항이다.

다음은 임원의 자겨과 선출 및 수임기간 등의 조항을 알아보도록 하겠다.

제4조에서 選士의 시한은 26세로 한정하고 있고, 7조에서 향임의 임기는 1년으로 정하고 있다. 그리고 26조에서는 30세 미만인 향원은 공회에 참석은 하되 중요한 일은 관련시키지 말도록 하며, 30세 이상인 향원에 대해서만 통지하도록 한다.

상부상조하는 약정으로는 8조에서 향장 장례 때에는 20명의 역군을 책임 맡은 色吏가 맡아서 도와주도록 약정하고 있고, 선사를 할 때에는 유숙할 동안의 양식은 지참하도록 제27조에서 명시하고 있다. 그리고 관에서 부관한 일 이외에는 향청으로부터 牌를 발부받아서 독촉하도록 제23조에서 규정하고 있다.

다음은 罰則規定에 대해서 알아보기로 하겠다.

벌칙은 笞50에서 40, 20까지 3종류가 있으며, 벌금으로 할 때에는 3兩에서 2량, 1량 등 역시 3가지 종류가 있다. 그리고 죄의 경중에 따라서 관에 고발하기도 하나, 향회 자체에서 처벌하도록 규정하고 있는데 죄의 경중에 따라 향적에서 삭제해버리던지 鄕徒에서 돌려놓도록 하고 죄가 중한 자는 常人과 같이 黜鄕시켜버리도록 한다.

가장 무거운 죄는 정법을 망각하는 자와 무고하는 자이며, 長幼有序와 上下秩序를 문란하게 한 자, 정숙하게 할 향회에서 소란을 피운 자 등을 처벌하도록 규정하고 있다.

3) 구향안 좌목에 대한 분석

자료 2-5의 내용은 자료 2-1, 2, 3에서 제시한 구향안서, 개수정안, 중수서와 함께 좌목으로 편집되어 있다.

그 내용을 살펴보면 총 31장으로, 첫 장에 구향안서와 재수정서, 좌목의 순으로 편집되어 있다.

명단은 관직, 성명, 자, 출생간지의 순으로 한 장에 5명씩 기록하고 있다.

1652년(효종 3)에 작성한 개수정서 다음에 37명의 명단을 작성하고 있는데 그 연도는 을유년에 해당된다. 37명의 명단을 성씨별로 분석해보면 임씨 8명, 홍씨 11명, 유씨 1명, 장씨 4명, 성씨 2명, 윤씨 3명, 김씨 2명, 박씨 1명, 전씨 1명, 강씨 3명, 채씨 1명으로 되어 있는데 홍씨가 11명으로 으뜸이며, 임씨가 8명으로 그 다음이다.

을유년의 명단 다음에는 신유년과 1681년(숙종 7)에 작성한 '중수서'가 편집되어 있다. 중수서라고 하는 명칭과 위에서 제시한 서문 내용으로 보아 일단 중단되었다가 다시 시작했음을 알 수 있는데 36년간 중단되었음을 알 수 있다. 1689년(숙종 15, 己巳)에 작성한 명단에는 20명의 명단이 기록되어 있는데 임씨 3명, 홍씨 4명, 유씨 1명, 장씨 2명, 성씨 4명, 윤씨 2명, 김씨 1명, 최씨 1명, 전씨 1명, 강씨 1명 등 20명이다.

그 3년 뒤인 1692년(숙종 18, 壬申)에 작성한 명단에는 황씨 1명, 김씨 1명, 정씨 1명, 한씨 1명 등 4명으로 그 세가 위축되고 있음을 알 수 있으며, 그 5년 뒤인 1697년(숙종 23, 丁丑)에는 54

명의 명단이 기록되어 있는데, 그 내용은 임씨 10명, 홍씨 9명, 유씨 8명, 장씨 8명, 성씨 2명, 황씨 3명, 윤씨 2명, 김씨 1명, 이씨 1명, 최씨 3명, 정씨 1명, 박씨 2명, 유씨 2명, 양씨 2명 등 54명이다. 이때까지의 명단은 총 115명이며, 홍씨가 24명으로 가장 많다.

4) 개수정 좌목에 대한 분석

자료 2-6의 내용은 자료 2-5의 '개수정서'를 '신향안서'라고 하는 같은 내용의 서문을 첫 장에 편집하고 있으며, 그 다음에 2-5와 같이 한 장에 5명씩, 한지 94장에 향원 명단이 청 440명 적혀 있다.

자료 2-6 향안의 향원명단은 자료 2-5의 향원명단이 끝으로 마감된 1697년(숙종 23, 丁丑)으로부터 꼭 60년 뒤인 1757년(영조 33, 정축)부터 기록한 향원명단의 성씨별 통계이다. 그 내용은 임씨 11명, 홍씨 8명, 유씨 9명, 장씨 7명, 성씨 2명, 황씨 3명, 윤씨 1명, 김씨 2명, 이씨 1명, 최씨 3명, 정씨 1명, 박씨 1명, 유씨 2명, 양씨 1명, 여씨 1명 등 총 60명이다.

다음은 이보다 9년 뒤인 1766년(영조 42, 丙戌)에 기록된 향원명단의 성씨별 통계인데 임씨 6명, 홍씨 4명, 유씨 4명, 이씨 2명, 최씨 1명, 정씨 1명, 한씨 1명 등 총 20명의 향원명단이 기록되어 있다.

이보다 3년 뒤인 1769년(영조 45, 乙丑)의 향원명단의 성씨별 통계에는 임씨 6명, 홍씨 5명, 유씨 3명, 장씨 5명, 황씨 2명, 윤씨 1명, 전씨 1명 강씨 1명 등 총 24명의 명단이 기록되어 있고, 다음 해인 1774년(영조 50, 甲午)에는 장씨 1명만이 기록되어 있어 특이하다.

　1776년(영조 52, 丙申)에 기록된 향원명단의 성씨별 통계를 보면 임씨 10명, 홍씨 11명, 유씨 9명, 장씨 8명, 성씨 5명, 황씨 1명, 윤씨 2명, 김씨 2명, 이씨 1명, 정씨 4명, 박씨 3명, 유씨 2명, 한씨 1명, 여씨 2명, 민씨 1명 등의 명단이 기록되어 있다.

　1782년(정조 6, 壬寅)에 기록된 향원명단의 성씨별 통계에는 임씨 7명, 홍씨 10명, 兪씨 8명, 장씨 3명, 성씨 6명, 황씨 2명, 윤씨 1명, 김씨 2명, 최씨 2명, 정씨 1명, 박씨 1명, 양씨 1명, 柳씨 3명, 전씨 1명, 강씨 1명 여씨 1명, 맹씨 1명 등 총 47명이 기록되어 있다.

　1786년(정조 10, 丙午)에 기록된 향원명단의 성씨별 통계에는 장씨 3명, 성씨 2명, 이씨 5명, 최씨 2명, 박씨 1명, 양씨 2명, 柳씨 1명, 맹씨 1명, 채씨 1명, 민씨 1명, 慶씨 1명 등 총 20명의 명단이 기록되어 있다.

　1792년(정조 16, 壬子)에 기록된 향원명단의 성씨별 통계에는 임씨 26명, 홍씨 11명, 兪씨 12명, 장씨 8명, 성씨 9명, 황씨 10명, 윤씨 2명, 김씨 3명, 최씨 4명, 정씨 2명, 박씨 2명, 柳씨 5명, 양씨 2명, 유씨 3명, 전씨 1명, 강씨 1명, 맹씨 2명 등 총 104명이 기록되어 있다.

　위와 같은 통계를 가지고 그 순위와 점유률을 조사해보면 다음과 같다.

　임씨 96명(21.8%), 홍씨 58명(13.18%), 兪씨 53명(12.04%), 성씨 34명(7.73%), 황씨 27명(6.14%), 윤씨 8명(1.82%), 김씨 15명(3.4%), 이씨 15명(3.4%), 최씨 15명(3.4%), 정씨 13명(2.95%), 박씨 10명(2.27%), 柳씨 14명(3.18%), 楊씨 8명(1.81%), 한씨 8명

(1.82%), 전씨 4명(0.9%), 강씨 3명(0.68%), 여씨 6명(1.36%), 맹씨 3명(0.68%), 채씨 3명(0.68%), 민씨 2명(0.45%), 경씨 2명(0.45%)으로 총 440명에 임씨가 단연 수위를 점유하고 있다. 이에 舊案 명단과 新案 명단을 합친 통계는 다음과 같다.

임씨 117명(21.1%), 홍씨 82명(15.04%), 兪씨 63명(11.38%), 장씨 57명(10.27%), 성씨 42명(7.52%), 황씨 31명(5.69%), 윤씨 15명(2.57%), 김씨 20명(3.69%), 이씨 16명(2.93%), 최씨 19명(3.3%), 鄭씨 15명(2.75%), 박씨 13명(2.38%), 柳씨 16명(2.38%), 楊씨 9명(2.02%), 한씨 9명(1.65%), 전씨 6명(1.1%), 강씨 7명(1.1%), 여씨 6명(1.1%), 맹씨 3명(0.55%), 채씨 4명(0.55%), 민씨 2명(0.37%), 경씨 2명(0.37%), 안씨 1명(0.18%) 순으로 되어 있어 역시 임씨가 수위를 점유하고 있다.

4. 연기향안에 대한 종합적 고찰

1) 연기향안 성립의 상하한연대

연기향안의 성립된 절대연대는 개수정서 말미에서 '崇禎後壬辰中冬'이라는 기록으로 보아 1652년(효종 3, 임진)임이 밝혀졌다. 그러나 이보다 앞서 구향안인 '숭정상하계유명적'이 이미 오래되어 파권이 되었다고 하는 점으로 보아 그 이전에 이미 향안이 존해했음을 명시해주고 있다. '숭정연호의 사용연대가 1628년(인조 6)이므로 이를 기준으로 해서 상한 계유년은 1573년(선조 6)에 해당되고 하한 계유년은 1633년(인조 11)에 해당된다. 따라서 改修正序를 작성해서 신향안을 제작한 1652년보다 79년이나 앞선 1573년과 19년 앞선 1633년에 연기지방에는 향안이 존재하고 있었음을 알 수 있다. 구향안이 창설되었으리라고 잠정 결정하고 있는 1573년(선조 6)경은 이보다 2년 앞선 1572년(선조 4)에 율곡 이이가 연기와 인접한 청주에 '西原鄕約[21]'이 처음 제정 실시되던 연대는 1573년(선조 6, 계유)으로 올려보아도 무리가 없는 견해일 것 같다. 한편 연기와 동남쪽으로 인접한 회덕에도 우암 송시열과 동춘당 송준길과의 주도하에 1672년(현종 13)에 '회덕향약'을 제정 실시했는데 연기에 신향안이 제정 실시되던 1652년(효종 3)보다는 20년이나 뒤지며 구향안이 제정 실시되던 1573년(선조 6)보다도 무려 99년이나 앞섰음을 감안해볼때 그 당시는 연기지방이 회덕지방[22]보다도 향촌사회의 개혁운동이 앞서 실시되었음을 알 수 있다.

연기향교에 보관되어 있는 향안자료에는 향약강목이 있는데 이 글에서는 國朝列聖鄕約年譜를 비롯해서 五倫行實圖, 退溪李先生鄕約題辭, 율곡이선생 海州鄕約題辭 등이 수록되어 있고 그 뒤에 연기향약입의가 수록되어 있다. 그 말미에는 이 강목을 제정한 연대가 '有明崇禎紀元後四辛酉 卽 上之卽位十三也'로 명기되어 있으니 그 연대는 1921년(융희 13)에 해당된다. 따라서 연기향안의 존속연대는 처음 제정 실시된 1573년(선조 6)부터 살펴보면 약 348년간이나 실시되어 내려왔음을 알 수 있어 현존하고 있는 향약사료의 존속연대로서는 가장 오랫동안 실시되었던 것으로 잠정 결론내릴 수 있다.

---

21) 성주탁, 1990, 「율곡향약의 현대적 재조명」, 『율곡학술강좌』, 한국율곡사상연구원, 134쪽.
22) 성주탁, 1978, 「회덕향약고」, 『백제연구』 세9집, 충남대학교 백제연구소, 88쪽.

2) 서문에 나타난 사상적 배경

서문은 작성 연도가 불확실한 구향안서와 연대가 확실한 개수 정서와 중수서 3편이 있음은 앞의 고찰에서 밝힌 바 있다.

구향안서문을 살펴보면 향약은 하·은·주 3대에서부터 秦漢 시대에 이르기까지의 왕도 정치가 시행되던 至治 시대에 실시되었던 제도이며 나아가서 庠序에서 六禮·七敎·八政을 가르쳐 인재를 양성한 다음 사회로 진출시키려고 하는 의도는 공자와 맹자도 시도한 일이라고 그의 사상적 배경을 설명하고 있다. 우리나라에서도 이 제도를 본받아서 306향에 향교를 두고 향안을 만들어서 실시하도록 했는데 향규제정의 기본방침을 장유와 尊卑·邪正 및 賢愚의 질서를 강조하고 자손된 사람들은 선인을 본받아서 욕되게 하는 일이 없도록 강조하고 있다. 이와 같은 상하질서의식은 유교의 정통사상이므로 연기향안의 사상적 배경은 유교의 정통사상에 뿌리두고 있다고 단언하여도 과언이 아닐 것 같다. 구향안서는 문장 또한 雄文이므로 연기유학자의 학문적 수준도 가히 짐작할 수가 있다.

1652년(효종 2, 임진)제작연도가 확실한 개수정서와 중수서도 문장은 간략하지만 구향안서에 담겨진 정통유교사상을 바탕으로 작성되고 있음을 볼 때 유학의 정통사상을 그대로 계승하고 있음을 알 수 있다.

3) 一鄕立法과 서원향약과의 비교 고찰

앞에서 분석한 자료를 먼저 열거한 다음 서원향약 등과 비교 고찰해보고자 한다.

일향입법은 개수정서가 작성된 1652년(효종 3)에 유생들이 모여서 작성한 향규이다. 28개조에 달하는 향규는 대체로 다음과 같이 3가지로 분류해서 살펴볼 수 있다.

첫째, 향규 제①조에는 춘추향회를 통해서 향촌의 풍습을 바로잡고 관의 입회하에 향규를 개정한다고 하는 원칙론을 제시하고 있다.

둘째, 벌칙조항인데 그 내용은 다음과 같다. ②조 무고자, ③조 불효불목, 自恣自行者, ⑥조 향원이 향외원과 더불어 위법한 자, ⑨조 향회를 고의로 불참한 자, ⑩조 輕先去主張者, ⑪조 향회시 고성 喧嘩者, ⑫조 以少凌長, ⑬조 향회입원이 上不能規諫, 下不能檢察한 자, ⑭조 圖得鄕任者, ⑮조 不整粧束 任自出入者, ⑱조 임원외의 일반 향원은 향청유숙 불가, ⑲조 향교와 향청 곡물을 남용한 자, ⑳조 假鄕所에서는 임원除役 불가, ㉑조 旗牌官에게 불손한 자, ㉒조 鄕射時 화살을 주어 이를 도모하는 자, ㉕조 향안 파손 자.

향원이 아닌 常漢의 벌칙 조항은 ⑯조 등급상이자가 鄕儒를 욕보인 자, ⑰조 상인이 凌辱 閑散者

셋째, 임원의 자격과 수임기간 및 기타 조항에 관한 규약이다. 제④조에 選士의 연한은 26세로 하고 ㉖조에 공회참석 연령은 30세 이상인 자로 하고 ⑦조에 향임의 임기는 1년으로 규정하고 있고 ⑧조에는 향장 장례 때에는 20명의 역군을 동원시켜 도와주도록 하고 選士의 유숙 중에 수요되는 양식은 자담하도록 ㉗조에 규정하고 있으며, ㉓조에서는 관에서 부과한 일 이외에는 향청으로부터 패를 발부받아서 부과할 수 있도록 규정짓고 있다.

그리고 벌칙규정은 태 50에서 20까지 벌금으로 할 때에는 3량에서 1량까지로 하고 죄의 경중에 따라 관에 고발하며 향적에서 삭제 또는 출향시키는 벌칙을 규정하고 있다.

일향입법 취지문과 구향안서문에서 그 취지 및 사상적 배경을 고찰해보았는데 서원향약에도 입의문이 있어 그 사상적 배경의 상이여부를 알 수 있다.

서원향약 입의문은 총 4단의 문장으로 구성되어 있는데 제1단에서는 향약은 하·은·주 3대에 걸쳐서 같은 마을 사람들이 상부상조하는 정신을 바탕으로 실시해왔는데 그 내용은 孝悌(충신)를 기본정신으로 삼고 있으며, 가정과 학교에서 이것을 교육시켰다고 밝히고 있다. 제2단에서는 향촌사회를 미풍양속으로 교화시키기 위해서는 향약을 통한 교화사업으로만이 성취할 수 있다고 전제하고 향촌인사들과 상의하여 규약제정을 결정했는데 여씨향약을 참작해서 제정했다고 밝히고 있다. 제3단에서는 지도자격인 읍주와 계장이 솔선수범하지 않으면 소기의 성과를 걷을 수 없다고 밝히고 있으며 제4단에서는 도계약장 4인, 계장 25인(每掌 1인), 童家訓誨 1인, 邑掌 1인, 每里에 別檢을 둔다고 하는 기구조직을 규정하고 있다.23)

연기의 구향안서와 일향입법의 기구조직을 가지고 서원향약의 입의취지 및 기구조직을 비교검토해보면 사상적 배경이 공통적으로 하·은·주 3대의 지치시대에 두고 있음을 알 수 있으며, 입법방법에서 그 鄕儒들과 상의해서 결정하는 민주적 절차를 밟고 있는 공통점과 향청의 首任者나 契長 중의 지도자급 인사들의 솔선수범을 강조하고 있는 공통점을 가지고 있다. 제6단에서

---

23) 주20) 134쪽. 주 1-6) 이현영의 논문에서는 일향입법의 향규를 통해서 연기지방의 신분 구조와 향촌운영을 밝히고 있다.

는 선약적을 비치해주도록 했는데 선자는 능효부모 등 18개 조항이고 악자는 불효불자 등 22개 조항으로 되어 있다.

양자가 상이한 점은 향청 임원의 기구조직이다.

연기향안의 향규에서는 향장 등 기구조직에 대해서 구체적으로 기술된 바가 없고 다만 명칭만 있을 뿐인데 반해서 서원향약에서는 앞에서 열거한 바와 같이 도계장 4인 등 구체적으로 임원이 제정되어 있는 면을 보여주고 있고 나아가서 선약적을 비치해서 기록해두도록 하는 규정을 마련해놓고 있다. 반면에 연기향안에서는 서원향약에 없는 향장 장례 때에는 역군 20명으로 부역한다든지 향원이 향벌을 지키지 않으면 일등급 더하는 형벌을 받으며 選士와 향원의 연령제한 등 진일보한 면을 보여주고 있기도 하다.

양측의 벌칙규정을 비교해보면 다음과 같다.

양 향규의 서로 비슷한 조목

연기향안	서원향약
불효불목	불효不慈
이소능장, 능욕향유	少凌長賤凌貴
凌辱閑散者	
不整粧束	輕蔑禮法
誣　罔者	造言誣毀
향곡 남용	用度不節

양 향규의 서로 다른 조목

忘論正法	부부무별, 소박정처
鄕會托故不參	붕우무신, 스승을 공경하지 않는 자
향회시고성훤화하는 자	不敬祀事, 숭신이단
한산배가 향임을 도모하는 자	好作淫祀, 친족과 불목
향안을 찢는 자	이웃과 불목, 술마시고 도박하는 자
假鄕所임의제역하는 자	송사와 싸움을 좋아하는 자,
향안의 궤를 임의로 여는 자	세금을 나내는 자
향임 외 인사가 향청에서 동침하는 자	법령을 두려워 하지 않고 사리만
	도모하는 자
	기생을 끼고 술만 마시며 일을 하지
	않는 자

앞의 양안 대조표에서 알 수 있듯이 불효불목과 어른에 대한 불경문제 등 7~8개 조항만 유사성을 보일 뿐 대부분의 조항이 서로 다른 점을 알 수 있어 연기향안이 서원향약24)을 본받았다고 하지만 연기향촌 자체의 독자성도 지니고 있음을 알 수 있다. 서원향약은 덕업상권, 과실상규, 예속상교, 환난상휼을 기본 골격으로 하고 있는 여씨향약을 바탕으로 현지 실정에 알맞게 제정했다고 이미 지적한25) 바 있는데 연기향안에서는 그와 같은 점을 거의 찾아 볼 수 없어 연기향안의 독자성을 깊게 엿볼 수 있는 것이 특징이라고 할 수 있다.

김현영은 앞의 논문에서 연기향규를 통해 연기지방의 향촌사회구조를 다음과 같은 도표로서 설명하고 있다.

---

24) 주 22), 148쪽.
25) 주 22), 142쪽.

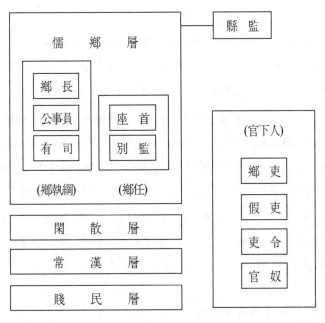

17세기 연기지방의 향촌사회구조[26]

5. 자료 5, 6 좌목을 통해 본 부안 임씨 가계에 대한 고찰

자료 2-5에 대한 분석은 본고 3-3) 조항에서 이미 분석한 바와 같이 구향안 좌목에는 총 115명의 명단이 기록되어 있는데 이것을 성씨별로 분석해보면 임씨 21명, 홍씨 24명, 장씨 14명, 兪씨 10명, 성씨 8명, 윤씨 7명 순으로 되어 있고, 신향안에 수록되어 있는 명단까지 합치면 총 555명 가운데 임씨가 117명으로 21.1%, 홍씨가 82명으로 15.04%, 兪씨가 63명으로 11.3%를 점유하고 있음을 이미 밝힌 바 있다. 이와 같은 수치를 감안해볼 때

---

26) 주 1-6), 144쪽.

연기향안의 주체세력은 임씨였음을 알 수 있다. 더욱이 이것을 뒷받침해주는 자료로는 구향안의 좌목 첫째 명단에 林頲을 등재하고 있음은 임씨가 연기향안 제정에 주체였음을 알 수 있다. 구향안 좌목 37명 가운데에는 임정 외에 林燁, 林應棹, 林振芳, 林應祥, 林之說, 林應悌, 林慶秀, 林碩芬, 林碩英, 林世柱, 林碩蕃, 林汝柏, 林鳳柱, 林必容, 林世寬, 林國擎, 林世蕃, 林蓁, 林薛, 林以柱 등 21명에 달하고 있다. 구향안에는 홍씨가 24명으로 22.8%를 점유하고 있으나 무관의 인사가 대부분이므로 아무래도 그 주도적 역할은 임씨가 한 것으로 보여지므로 우선 임씨의 가계를 살펴보고 얻어지는 자료를 가지고 연기향안 제정 연대를 알아보는 한편 그 기반도 알아보기로 하겠다.

1) 임씨의 유래와 계보

임씨의 시조는 고려 현종 때 金紫光祿大夫壁上三韓三重大匡太師平原扶安君 季美[27]로 시호는 文憲이다. 평원부안군으로 봉해졌기 때문에 본은 부안으로 한 것으로 알려져 있다.

부안 임씨가 연기지방에 거주지를 마련하기 시작한 것은 시조 季美의 10세손인 蘭秀 때부터이다. 그는 고려 충혜왕 3년(1342)생인데 탐라를 정벌한 큰 공으로 파격적으로 嘉善大夫行工曹典書를 제수받았다. 이 연유로 典書公파라고 부르고 있다. 이때는 이성계가 고려왕조를 무너뜨리고 조선왕조를 세우던 무렵이다 (1392). 난수는 불사이군의 충의정신으로 공주 삼강 상월봉 삼기촌에 獨樂亭을 세우고 종신토록 학문에만 전념하면서 고려충신 鄭圃隱, 吉冶隱을 사모하며 살았다고 한다. 이태조는 그의 학덕

---

27) 부안 임씨 대동보 上系 부안 임씨 대동보, 1987, 1쪽.

을 놓이 평가하고 수차에 걸쳐서 출사하도록 불렀으나 그대로 평생을 살다가 66세를 일기로 죽었다(1408). 시호는 文僖다. 공주 삼강삼기촌은 연기향안을 보관해 내려오는 남면 연기리를 중심으로 한 옛 지명이다.

연기구향안 좌목에 첫번째로 등재된 인물은 林頲이다. 그는 난수의 6대손이며 시조 李美의 16세손이다. 1614년(광해군 6, 갑인)에 태어나 1696년(숙종 22, 병자)에 83세를 일기로 죽었다. 그는 율곡 이이의 문인으로 조중봉, 서고청, 정우복, 이수광과 더불어 교류하던 성리학자였다고 하는 기록으로 미루어 광해조에 태어나 인조, 효종, 숙종기에 활약하던 인물임을 알 수 있다. 그는 37세(1651, 효종 2)에 문과에 급제하여 홍문관 교리를 제수받았는데 자신의 본이 부안임을 감안해서 자청해서 부안 등 12읍의 외직을 맡은 바 있다. 그는 청렴해서 청백리에 오른 바 있으며 죽은 후 이조판서의 증직을 받은 인물이다. 필자의 논문 자료 Ⅱ-5에 제시한 바와 같이 그의 자는 直卿이며 갑인생으로 判書의 직관을 가지고 있는 인물인데 판서는 정3품의 직관에 해당되어 상당히 높은 관직에 있었음을 알 수 있다. 그런 연유로 연기향안의 첫번째 인물로 등재했을 것으로 보이며 따라서 연기향안 제정에 결정적 역할을 했을 가능성이 높다. 임정 다음에 등재되어 있는 張漢楫은 을미생으로 임정보다 5년 연하일뿐 아니라 벼슬을 하지 않은 幼學의 士類 직함만 있다. 따라서 임정을 중심으로 한 부암 임씨 계보를 고찰해봄으로써 연기향안을 주도해서 제정한 주체세력과 그 제정연대를 도출해내보고자 한다. 분석한 명단은 개수정서를 작성한 1652년(효종 3, 임진)보다 7년 앞선 1645년(인조 23, 을유)에 작성된 좌목에 등재되어 있는 임엽, 임응도, 임응상, 임지열, 임응제, 임경수 등 6명을 고찰해보기로 하겠다.

林燁은 자가 季和요 庚申생으로 등재되어 있다. 따라서 갑인생인 임정보다 6세 아래인 1620년 생이요 항렬은 동행이며 12촌 종형제간이 된다. 大同譜에는 생몰연대가 없어 알길이 없으나 오히려 향안좌목에 기록되어 있어 출생연대를 알 수 있다.

좌목 서열 6번째는 임씨로서는 두번째로 등재되어 있는 임응도이다. 자는 士涉이요, 갑자생이다. 따라서 1624년생이니 임정보다는 10세 연하이며 6촌간이다. 좌목 서열 9번째로 등재되어 있는 임진방의 자는 子明이요 경자생(1660년)이며 임정보다는 46세나 연하이다. 임정의 종조부 益培의 증손이기 때문에 임정의 孫行에 해당하는 인물이다. 임씨 대동보에는 생몰연대가 없다. 임정과는 연령차가 있어 연기향안이 작성되던 초창기의 인물로는 볼 수 없다. 임정이 83세에 작고했을 때 임진방은 37세에 불과하므로 말년에 동참했으리라 짐작된다. 개수정서가 작성된 1652년(임진)에 임진방은 겨우 8세이므로 그는 장성한 이후에야 참여했으리라 생각된다.

林應祥의 자는 汝綏요, 신미생(1631, 인조 9)으로 임정보다 14세 연하요, 항렬로는 임엽과 같이 12촌간이다. 林之說의 자는 殷老요 갑술생(1634, 인조 12)이니 임정보다 17세 연하이며 13촌 숙질간이다. 通政大夫行軍資監을 역임한 인물이다.

임경수의 자는 子俊이요 무자생(1648, 인조 26)이니 임정보다 34세 연하이며 林之說과 같이 12촌간이다. 벼슬은 通政大夫龍讓衛副護軍을 역임하였다. 임응제의 자는 汝昇이요 정사생(1617, 광해군 9)이나 임씨 대동보에는 등재되어 있지 않다. 응제의 항렬은 임정과 동항이나 당내간은 아닌 듯하다. 임정과 동년배 인물이므로 향안 창제에 중요한 역할을 했을 것으로 기대되나 자세한 것은 알 수 없다.

이 자료를 가지고 분석해볼 때 연기향안은 부안 임씨 전서공파의 6세손인 임정을 중심으로 해서 제정된 것으로 판단된다. 항렬과 年齒 그리고 地位로 보아 부안 임씨뿐만 아니라 그밖에 다른 인물보다도 뛰어난 인물임을 알 수 있다. 계파로 보면 임정과 임징방, 임응도, 임응성은 임란수의 아들 穆의 후손이다. 應자는 6촌간이며, 芳자항렬은 7촌간이다. 林燁, 林之說, 임경수는 임란수의 막내 아들 興의 후손으로 행렬과 연치에서 林頲 계보보다 열세임을 감안해볼 때 임정 계파가 연기향안 제정에 주도적 역할을 했을 가능성이 높다. 이것을 도표로 만들어보면 다음과 같다.

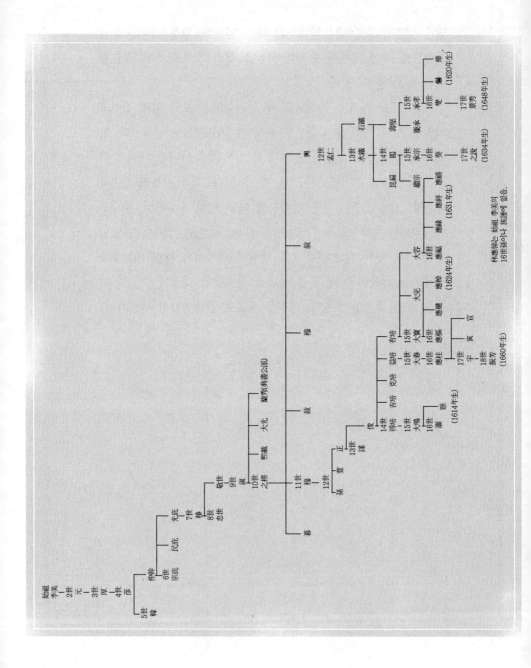

6. 연기향안의 특성 및 향약사적 위치

앞에서 서술한 바 있는 연기향안의 자료 소개와 이에 대한 분석 그리고 고찰을 통해서 얻어 진 자료를 가지고 연기 향약의 특성과 향약사적 위치를 규명해보고자 한다.

첫째, 향약 관계 자료의 풍부함이다. 향안관계 자료 4책, 향약 관계 자료 2책, 향교관계 자료 21책, 서원관계 자료 6책 등 총 33책에 달하는 방대한 자료이다. 이와 같이 많은 자료가 보존되어 내려오는 것은 흔하지 않은 일로 생각된다.

둘째, 연기향안 성립의 상안연대와 하안연대를 알 수 있었다는 점이다. 연기신향안이 작성된 연대는 1652년(효종 3, 임진)이며, 이보다 앞서 제정된 구향안이 작성된 시기는 1573년(선조 6)으로 판단되고 있다. 연기향안에 큰 영향을 주었다고 판단되는 서원향약의 제정연대는 이보다 2년 앞선 1571년(선조 4)로 알려져 있어 상호 밀접한 관계를 가지고 있음을 알 수 있다.

한편 연기와 인접한 회덕지방에는 1672년(현종 13)에 향약이 제정 실시되었으므로 연기지방이 약 1백 년 앞서 향약이 실시되었음을 알 수 있어 회덕지방보다 선진적인 고을이었음을 알 수 있다. 또한 연기향약의 실시 하안연대가 1921년(융희 13)이라고 연기향약입의에 명기되어 있어 연기지방의 향약실시 존속연대는 약 343년 동안 계승되어 내려온 것으로 알려져 있다. 이와 같이 장기간 존속되어 내려온 기록도 흔하지 않은 일이라고 판단된다.

셋째, 연기향안 제정의 사상적 배경은 하·은·주 3대에서부터 전해오는 유교의 정통사상에 입각해서 연기향안이 제정되고 있음을 밝히고 있다.

넷째, 그러나 일향입법의 향규에서는 중국 呂氏鄕約이나 이를 계승한 주자의 향약과는 전연 다른 28개의 항목의 향규를 규약으로 제정하고 있으며, 그 내용은 서원향약과도 또 다른 점을 보이고 있어 연기향약의 독자성을 시사해주고 있다. 이는 유교의 정통사상을 계승하면서도 시의에 맞게 향규를 제정 실시하는 유교의 '時中之道' 사상에 입각해서 제정되었음을 알 수 있다. 아울러 일향입법 자료를 통해 연기지방에는 鄕長·公事員·有司 등의 鄕執綱과 座首·別監 등의 향임 등을 포함한 儒鄕層과 閑散層·常漢層·賤民層 등의 향촌사회로 구성되어 있었음을 알 수 있다. 官僚層으로는 縣監·鄕吏·假吏·使令·官奴 등이 있었던 것으로 알려져 있다.

다섯째, 좌목에 등재되어 있는 명단을 통해서 얻어진 자료이다. 구향안 좌목 명단에는 115명, 신향안 좌목 명단에는 440명이 수록되어 있어 총 555명에 달한다. 이 가운데 임씨(부안)가 117명이며 다음은 홍씨가 82명, 세번째로는 兪씨가 63명이다. 이와 같은 수치를 감안해볼 때 연기향안 제정과 운영의 주도적인 세력은 부안 임씨임이 자명하다.

부안 임씨 중에서도 전서공파의 6세손인 임정이 항렬과 연령, 직위로 보아 주도적인 역할을 했을 것으로 판단되고 있다.

여섯째, 이상의 자료를 가지고 연기향안의 향약사적 위치를 평가해볼 때 결코 가볍지 않다고 하는 점이다.

기호지방의 향약은 1571년 율곡 이이 선생이 제정 실시한 서원향약을 효시로 1978년 해주에서 실시한 해주일향약속이 그 기반을 이루고 있는데 연기 구향약의 제정 실시 연대는 서원향약보다 2년 뒤인 1573년에 제정 실시된 것으로 판단되어 기호지바

향안실시에 선두적 역할을 했다고 판단된다. 신향안이 제정 실시된 1652년(효종 3)을 기준으로 하더라도 해주향약 실시연대보다 81년 뒤지지만 회덕향안 실시연대보다는 20년을 앞서서 제정 실시되었음을 알 수 있다. 따라서 반향으로 알려진 회덕지방보다도 앞서서 연기지방에 향안 실시가 이루어졌다고 하는 것은 연기지방이 향안 실시에서 선도적 역할을 했다고 해도 과언이 아닐 것이다.

7. 맺음말

연기향교에 전수되어 내려온 향약에 관련된 자료는 총 33책에 달한다. 이번에 분석 고찰해본 자료는 그 가운데 1/10에 불과하므로 연기향안 연구는 이제부터 시작이라고 할 수 있다.

그리고 연기향안은 기호지방에서 제정 실시한 鄕約年祖로서는 선도적 역할을 했음을 엿볼 수 있다. 그 존속기간도 약 350년 동안 실시되어 내려온 것으로 판단되어 이 또한 타 지방과 다른 특수성을 지니고 있다. 그 뿐만 아니라 이웃에서 가장 많은 영향을 받았으리라고 판단되는 서원향약과도 판이하게 다른 점이 있어 그 특수성과 주체성을 엿볼 수 있다. 또한 향규를 통해서 17세기 연기향촌 사회의 구조를 알아볼 수 있다고 하는 점은 큰 소득이라고 할 수 있다. 좌목에 등재되어 있는 총 555명 인사의 자료를 통해서 부안 임씨가 117명으로 21.1%를 점유하고 있어서 그 주도적 역할을 했던 것으로 판단되며, 그 가운데에서도 전서공파의 6세손인 임정이 영도적 역할을 했던 것으로 판단된다.

朝鮮後期社會와 文化

제 1편 鄕約과 社倉

1. 「栗谷鄕約의 현대사적 재조명」, 『栗谷學術講座』, 율곡사상연구원, 1990.
2. 「懷德鄕約考」, 『백제연구』 9, 충남대학교 백제연구소, 1978.
3. 「尤庵宋時烈과 懷德鄕約」, 『한국사론』 8, 국사편찬위원회, 1980.
4. 「尤庵의 靑川社倉座目해제」, 『佳羊林湖洙敎授回甲紀念論文集』, 湖西史學 7·8 합집, 湖西史學會, 1981.
5. 「尤庵의 靑川社倉硏究」, 『宋子學論叢』 창간호, 충남대학교 송자학연구재단, 1994.
6. 「燕岐鄕案해제」, 『民族文化의 제문제』, 于江 權兌遠 교수 정년기념논총 간행위원회, 1994.

제 2편 文化

1. 「芝峰李睟光硏究」, 『想苑』 2, 충남대학교 문리과대학, 1958.
2. 「同春堂 宋浚吉의 생애와 유적」, 『儒學硏究』 4, 충남대학교 유학연구소, 1996.
3. 「明齋年譜」, 『明齋 尹拯의 생애와 사상』, 충남대학교유학연구소, 2001.
4. 『明齋家狀』, 東源 撰, 필자 역.
5. 「壬辰倭亂과 余大男」, 『日本속의 韓國文化』, 계룡장학재단, 2000.

제 3편 附編

1 박현숙, 「17세기 여기 향안 연구」, 충남대학교 교육대학원, 1994.

찾아보기

성주탁

1929년 생
충남 연기 출생
충남대학교 문리과 대학 졸
동국대학교 대학원 석·박사 과정 수료, 문학박사
충남대학교 교수 역임(1994. 8. 정년퇴임)
충남대학교 백제연구소장 역임)
충남대학교 박물관장 역임
현 충남대학교 명예교수

논문 | 백제성지연구 등 50여 편
　　　보령 보령리 백제고분 발굴조사보고서(1984)
저서 | 蛇山城 공저(1994)
번역 | 중국도성발달사(1993)

朝鮮後期社會와 文化

초판인쇄 | 2002년 11월 25일
초판발행 | 2002년 11월 30일
발행인 | 김선경
지은이 | 성주탁

발행처 | 도서출판 서경문화사
　　　　서울 종로구 동승동 199 – 15(105호)
전화 | 743 – 8203, 8205
팩스 | 743 – 8210
등록년월일 | 1991년 3월 6일
제 1 – 1664호

ISBN | 89 – 86931 – 51 – 6　　93900
정가 | 15,000원